KB208495

우리의 삶의 터전인 한국은 지금 각자가 속한 이익단체에서 쏟아내는 자극적인 구호 및 주장들로 가득 차 있다고 해도 과언이 아닐 것이다. 그런 흐름 가운데 이철규 선생의 글은 매우 잔잔하고 담백한 이야기로 가득하다. 그를 둘러싼 자극적인 환경에도 불구하고 그는 그것들을 일상 안에서의 신앙을 통한 "온전함"integrity 으로 소화하며 우리의 "옥시토신" 분비를 촉진한다. 나 자신부터 그가 인용한 아우구스티누스의 말대로 "잘 심긴 임플란트"처럼 과거와 현재를 아우르는 현재의 일상을 잘 살아갈 수 있기를 바라며, 신앙인으로서 어떻게 매일의 삶을 살아야 할지를 고민하는 분들께 이 책을 추천한다.

강지헌 | PCK/DSI(Dental Service International) 파송 말라위 선교사
말라위 에바다 선교치과 병원 원장

이 책의 참 주제는 하나님 나라와 종말론이다. 이 엄청난 주제를 저자는 치과의사로서 살아가는 일상(진료 중에 만났던 환자들의 이야기, 읽은 책들과 본 영화들에 대한 소개, 기도문과 강연)을 통해 잔잔하고 부드럽게 풀어간다. 이 책은 저자의 실제 모습 그대로 소리를 높이지 않고 정말 부드럽고 온화하게, 주님을 향한 우리의 믿음과 사랑이 확신에 가득 찬 신앙고백이 아니라 일상의 윤리로 표현되어야 함을 단단히 각인시킨다. 저자의 바람처럼 이 책을 읽는 우리의 삶도 하나님께 드려진 소제물이 되었으면 한다. 김근주 | 기독연구원 느헤미야 전임연구위원

일터 신학과 종말론적 세계관으로 무장한 채 믿음을 따라 치열하게 살아가는 저자의 삶이 그대로 녹아 있는 이 책은 그리 무거운 책이 아니다. 평범한 치과의사가 진료실의 일상적 풍경을 담담하게 그려내고 있어서 가벼운 마음으로 읽다 보면 깊은 감동과 함께 흐뭇한 미소가 절로 나온다. 그런데 만일 이 책에서 다루는 에피소드들을 내가 직접 겪고 살아내야 할 이야기라고 본다면, 다시 말해 우리들의 삶에 적용해야 할 모범이고 따라야 할 진리라고 한다면 결코 가볍게 볼 수 없다. 저자는 치과의료인뿐 아니라 현재를 살아가는 모든 이에게 왜, 어떻게 사느냐고 물으며 가슴을 깊게 파고드는 날카로운 통찰을 선사한다. 쉽게 잊히지 않을 그의 스토리들이 어떻게 향기를 발하고 퍼져가며 세상을 바꿔갈지 기대가 된다. 김명진 | 크리스탈치과 원장, 치과의료선교회 회장

이철규 박사는 나와 치과대학과 대학원, 레지던트 시절을 같이 보낸 한 학년 후배다. 학창 시절 불교학생회에서 활동하며 아침마다 목탁을 치고 불공을 드리던 사람이 예수님을 만나 변화된 이래로 지금까지 신실한 그리스도인으로 살아가는 모습을 보면 마치 살아 있는 바울 사도를 만난 듯하다.

나는 인턴 시절에 성경적인 삶을 살기에는 현실의 벽이 너무 높다는 데 좌절해 의학 공부를 그만두고 신학대학교에 진학할지를 두고 고민했었다. 교회 학교와 대학 캠퍼스에서 온실의 화초처럼 신앙생활을 했던 많은 사회 초년생들이 지금도 그런 갈등을 느끼고 있을 것이다. 예수를 철저히 섬기면서 세상을 바로 살아가는 것은 그리 녹록지 않다. 이 책을 통해 많은 사람이 저자가 직업인으로 살아가면서 얻은 경험과 성경을 통해 터득한 예수님의 지혜를 같이 나누길 바란다. 독자들이 저자의 뛰어난 감성과 깊은 신학적 해석을 통해 우리 삶의 미세한 부분까지도 섬세하게 터치하시며 인도하시는 하나님, 우주를 창조하시고 역사를 이끄시는 하나님을 만나길 바란다.

김태우 | 서울대학교 치의학대학원 치과교정학교실 교수
서울대학교 기독학생회 데카 지도교수

때론 무료하기 그지없는 일상에서 하나님의 은혜의 흔적을 발견하기란 여간 어렵지 않다. 세심한 관찰과 내면적 성찰 없이는 삶의 리듬을 조절하기가 불가능할지 모른다. 신앙을 기반으로 일터에서의 반복적인 일들을 해내기란 더더욱 어렵다. 저자는 한 신앙인이 일터에서 겪는 일들을 실타래 풀듯이 펼쳐 보인다. 이 책은 치과의사이며 신학을 전공한 저자가 교회와 일터, 신앙과 삶, 일요일의 하나님과 월요일의 하나님 사이의 간격을 좁혀가려고 부단히 수고하며 흘린 땀방울들의 결정체다. 새 하늘과 새 땅의 도래를 희망하며 이 땅의 일터에서 수고하는 모든 분들에게 이른 아침 옹달샘의 상쾌함과 저녁 석양의 평온함을 선사해줄 책이기에 일독을 권한다.

류호준 | 백석대학교 신학대학원 구약학 교수
『일상, 하나님 만나기』의 저자

종교개혁 500주년을 맞이하는 2017년. 요즘 내가 깨달은 것은 "평신도"란 "목사가 아닌 일반 신도"를 구별하는 용어가 아니라 "하나님을 믿는 모든 성도가 하나님 앞에 평등하다"는 의미가 되어야 한다는 것이다. 주일 하루 동안 주님께 예배드리고 교회 공동체를 섬기는 것도 매우 중요하지만 평신도에게 더 중요한 것은 일상의 영성이요 생활신앙, 즉 "신앙과 삶의 일치"다. 그런 의미에서 "오늘"의 일상을 "그날"처럼 살아내려는 한 전문인 평신도의 일터 신앙이 진정성 있게 다가온다. 나 또한 전문인 사회선교사로 살아가고자 하는 기독법률가로서 일터에서의 영성, 동료 및 직원들과의 관계, 세금 문제, 의뢰인에게 얼마만큼 감정 이입해야 하는지, 승패와 과정 중 무엇이 더 중요한지, 가정생활과 자녀 교육, 사회선교 등등 묵상할 주제가 많았다.

일상에서 부딪히는 "소소해 보이지만 가치 판단이 필요한", "잡다해 보이지만 중요한 흐름"을 살아감에 있어서 어떤 기준과 마음으로 판단하고 결정하며 실천할 것인가? 이 책을 읽고 나서 우리 그리스도인들 가운데 크고 작은 회개가 일어나고, 한국교회에 거대한 전환이 시작되기를 간구한다. 각 소제목 아래 쓰인 앞서간 선배들의 명언과 조언은 덤으로 가져가시길 바란다. 저자와 독자 여러분이 앞으로 써 내려갈 스토리가 궁금해진다. 나도 함께 써 내려가고 싶다. 이 시대의 평신도 사도행전을 말이다.

박종운 | 법무법인 하민 변호사
(전)세월호 특조위 상임위원/안전사회소위원장
(현)서울지방변호사회 인권위원장

일터사역을 하면서 늘 일터와 관련된 좋은 가르침도 중요하지만 그 가르침을 일터 현장에서 구체적으로 실천하는 것이 더 중요하다는 생각을 해왔다. 치과의사인 저자는 바로 그 적용 사례를 아주 실감나게 보여준다. 일터사역은 전통적으로 일터에서 예배드리고 전도하는 것이라고 여겨졌다. 그러나 저자는 잔잔한 어투로 돈 문제를 정직하게 처리하고 맡겨진 일을 성실히 감당하며 일터에서 만나는 사람들에게 그리스도의 사랑을 전하는 것이 일터사역의 본질임을 가르쳐준다. 그의 간증이 어떤 설교나 강의보다 독자들에게 더 많은 감동과 도전을 주게 되리라 확신한다. 책 후반부에 있는 저자의 신학적인 고찰은 앞부분에서 나눈 일터에서의 경험 못지않게 감동과 도전이 된다. 평신도도 큰 부담 없이 읽을 수 있도록 쉽게 쓰였지만 책의 내용을 삶에서 실천하려고 한다면 많은 부담이 될 것이다.

방선기 | 직장사역연합 대표, 『크리스천 직장백서』의 저자

기독교 저널 한 곳으로부터 여름휴가 때 읽을 만한 신앙서적 추천을 의뢰받아 막 원고를 넘긴 뒤에 이 책의 원고가 도착했다. 미리 알았더라면 이 책을 단연 1순위로 꼽았을 것인데 이제라도 취소하고 다시 보낸다고 할까 망설였다. 저자는 한국적 평신도의 영성이 어떤 모습이어야 하는지를 명징하게 보여준다. 영성가 로널드 롤하이저의 말대로 "교회로부터 멀어지지만 영성을 구하는 사람이 늘어가는 때"에 일상과 사람의 냄새가 진하게 밴 평신도의 영성은 소중한 길잡이가 될 것이다. 결국 교회를 다시 일으켜 세우고 기독교 영성을 복원하는 것도 이처럼 삶과 노동의 현장을 치열하게 헤집고 나온 사람들의 신앙고백과 실천에 달려 있을 것인데 지면 위에 그 모범이 한 편의 영상처럼 아름답게 펼쳐진다. 신학과 신앙 에세이, 시와 소설을 넘나드는 저자의 내공 또한 소박하고 순후해 부러울 정도다. 평신도의 신앙 에세이라지만 오히려 목회자들이 자신의 부족함을 엿보기 위해 꼭 챙겨 읽어야 할 필독서다.

변상욱 | CBS 콘텐츠본부 본부장

탁월한 치과의사이자 신앙인인 저자는 삶의 현장인 진료실에서 발생하는 소소한 스토리들을 통하여 일상 가운데 어떻게 일과 신앙, 더 나아가 삶과 신앙의 일치를 이룩하느냐는 거대 담론의 촉발과 그에 관한 사유 과정을 담담하고 따뜻한 어조로 들려준다. 루터의 "만인제사장설"의 일상적 실천을 뒷받침할 직업세계에서 평신도가 일주일 중 6일 동안 실천해야 할 "일상노동영성"의 의미를 모색하며 고뇌하는 저자의 음성이 귓전을 때린다. "지금이야말로 생각이 필요한 때다. 생각하지 않고 살면 사는 대로 생각하기 때문"이라고.

양유식 | 스타일치과 원장, DSI 명예 이사장
온누리교회 장로

이철규 원장은 땀흘려 일하고 또 깊게 생각하며 신앙으로 살기를 고민하는 사람이다. 독자들은 이 책에서 소개되는 저자의 진솔한 경험담을 토대로 일터에서 늘 맞닥뜨리게 되는 갈등과 문제들에 대하여 어떻게 생각하고 대처하면 좋을지에 관해 도움을 받을 수 있다. 치과의사라는 특수 분야에서의 이야기지만 일터에서 신앙적으로 생각하고 행동한 저자의 이야기는 다른 직종에도 적용될 수 있는 것들이다. 아무쪼록 많은 분들이 이 책을 통해 얻은 경험을 가지고 자신의 일터에서 땀흘리며 일하고, 깊게 생각하며 신앙으로 살아나가는 각자의 책을 써나갈 수 있게 되기를 희망한다.

이대경 | 이철규이대경치과 공동원장, 건대중국인교회 운영위원장
IMT(Institute of Marketplace Transformation) 아시아 대표

이철규 원장의 귀한 책이 빛을 보게 되어 참으로 기쁘다. 요한계시록을 주제로 한 그의 신학석사과정Th.M. 논문의 지도교수였던 나로서는 그의 글에 드러난 신학적 안목, 특별히 요한계시록에 대한 통찰력을 보며 큰 보람을 느끼지 않을 수 없다. 적어도 요한계시록의 이해에 관한 한 청출어람이란 말이 딱 어울린다. 더욱 주목할 점은 저자의 일터에서 요한계시록의 신학을 삶으로 살아낸 흔적들이 매우 풍성하게 드러나고 있다는 것이다. 독자들은 이 책에서 신학과 삶이 일치하는 한 신실한 신앙인을 만나게 될 것이다.

이필찬 | 이필찬요한계시록연구소 소장, 예수가족교회 협동목사

교회의 예배에만 머무르지 않고 예수님의 부르심에 응답하며 자녀로 회복된 우리의 신앙을 세상에서의 삶 구석구석에서, 특히 우리의 땀과 노고의 현장인 일터에서 고백하고 실천하려면 어떻게 해야 할까? 복잡한 현대 사회 가운데 신앙의 정직성과 진정성을 추구하며 타협이 아닌 순종의 길을 찾아 무릎 꿇고 지혜를 구하는 사람은 드물고, 건강한 모범으로서 다른 이들에게 빛을 비추는 사람은 더욱 찾기 어렵다. 이 책의 저자는 진솔하고 따스하며 과장 없는 담담한 필체로 예수 그리스도 안에서 거듭난 자녀로서, 치과의사라는 전문직을 통해 일터에

서 영혼을 섬기며 하나님의 뜻을 이루어가는 자신의 이야기를 전해준다. 추천사를 부탁받고 책을 읽기 시작했으나 책장을 넘길수록 그의 글이 나를 비추는 거울이 되어 저자의 삶 앞에 부끄럽고 반성하는 마음이 들었다. 이 책을 통해 나 자신의 모습을 발견하게 되어 다만 그 은혜에 감사할 뿐이다. 오늘도 일터에서 수많은 상황 가운데 어찌해야 할지 고민하는 많은 그리스도인들에게 신실한 신앙과 직업윤리가 하나로 조화된 아름다운 하나님의 작품이요, 길잡이인 이 책을 기쁨으로 추천한다.

장승순 | 미국 조지아 공과대학교 재료공학과 교수

나는 지난 몇 년 동안 이철규 원장을 "한국의 필립 얀시"라고 불러왔다. 개인적인 만남을 통해 누구보다 원장님의 삶과 신앙에 깊은 감동을 받았고, 원장님의 글에 드러난 깊은 신학적 통찰력에 놀랐기 때문이다. 이 책을 읽으면서 예수님의 흔적이 짙게 묻어나는 삶이란 어떤 모습인지 알 수 있었다. 독자들은 내 말이 틀리지 않다는 것을 곧 발견하게 될 것이며, 믿음으로 사는 그리스도인의 신앙과 인격, 삶을 피부로 느낄 수 있을 것이라 확신한다. 책장을 넘기다 보면 곧 새로운 신앙의 여정을 떠나고 싶어질 테니 조심하라!

크리스 조 | 백석예술대학교 교수 및 교목
『라이프 업』의 저자

오늘을 그날처럼

어느 치과의사의 일터신앙 이야기

오늘을 그날처럼

어느 치과의사의 일터신앙 이야기

이철규 지음

Holy
WavePlus

각자의 스토리로 내 삶의 스토리에 동행해준

사랑하는 아내 이정선과 자녀 소연, 성민에게 감사합니다.

앞으로도 함께 써 내려갈

우리의 스토리를 기대하며 응원합니다.

잃어버린 스토리와 큰 스토리,
아름다운 상상력이 회복되기를

과거의 기억과 미래의 소망은 현재를 지탱하는 축이다. 애석하게도 우리의 신앙은 과거와 미래를 놓쳤다. 성도는 스토리를 망각했고, 교회는 스토리를 재해석하는 큰 스토리를 잃어버렸다. 그 결과 우리들의 교회에서는 십자가에서 출발하여 새 창조로 이어지는 아름다운 상상력이 사라졌다.

스토리

본시 우리 집은 기독교와는 거리가 멀었다. 지방 공무원이신 아버지는 번듯한 기술이 있는 사람들을 늘 부러워하셨다. 나는 무언가를 만들기 좋아하는 아버지의 유전자를 어설프게나마 물려받아서인지 자연스레 공대 기계과에 진학하는 것을 꿈꾸었다. 그러나 많은 전공 중 치과학을 선택한 것은 어린 시절 앞니를 세 번이나 다쳐본 경험 때문일 것이다.

대학 시절 유신의 소용돌이 속에서 인생의 의미에 대해 의문을 품게 되었고, 불교적 사유를 통해 젊은 날의 갈증을 상당 부분 채웠다.

시골 출신이라 환경적 도움 없이 오로지 혼자 힘으로 미래를 개척해야 하는 상황에서 기독교가 제시하는 구원의 은혜는 무책임한

종교적 환상처럼 느껴졌다. 차라리 "성불하세요!"라는 불가의 인사말
이 더 많은 깨달음을 얻고 강해지라는 축복 선언처럼 들렸다.

만남

대학교 4학년 여름, 차분하고 단정해 보이는 아내를 만난 것은 일종
의 작은 메타노이아metanoia(전환점)였다. 신앙으로 힘든 환경을 극복
하고 있던 아내는 철딱서니 없는 나에 비해 월등히 성숙하고 기품 있
는 사람으로 보였다. 우리의 만남은 그야말로 내 삶의 큰 축복이었다.

그녀의 손에 이끌려 교회를 기웃거릴 무렵, 불교 집안에서 자란
형제들과 어머니까지 기독교 신앙을 고백하는 놀라운 일이 벌어졌
다. 다른 말로는 설명하기 어려운 은혜였다.

수련의를 마치고 신혼의 신부를 뒤로한 채 군의관 훈련소에 입대
했을 때의 일이었다. 영천 3사관학교 충성교회 시멘트 바닥에 쭈그
려 앉아 예배를 드리다가 특별한 은혜를 받아 주체할 수 없는 눈물
이 흐르는 것 아니겠는가? 누가 보면 상을 당한 사람이라고 오해할
정도였다. 자의식이 강한 나로서는 매우 수치스러웠지만 희한하게도
불가해한 힘에 의한 오열 뒤에 평안이 찾아왔다. 그러나 일상의 관성
은 강하고 질겨서 눈물은 곧 말랐고 은혜도 언제 그랬냐는 듯이 휘발
되었다.

군 복무를 마치고 치과대학교 교수 자리를 얻고자 했지만 고향의
대학에는 자리가 나지 않았다. 내키지 않는 마음으로 개업할 곳을 찾
아다니다가 사기를 당해 겨우 마련한 종잣돈마저 잃고 망연자실하던
차에 주님이 새벽에 다시 나를 만나주셨다. 건기의 사막 속 와디 같

15

던 눈물샘이 다시 촉촉해지면서 얼마간 심령이 회복되었다.

땡전 한 푼 없이 개업해, 숨 가쁘게 박사 과정을 밟아갈 무렵에는 안락한 삶을 꿈꾸었다. 그때는 소나타와 골프라는 성공의 표징을 잡으려고 버둥거리는 내 손을 거세게 비트는 하나님의 손길이 폭력처럼 느껴졌다.

그렇게 한동안 멀어져 있던 하나님을 다시 만난 건 둘째가 태어났을 때였다. 아이가 아픈 상황이 마치 하나님이 나를 급히 부르시는 초대장 같았다. 거세게 조여드는 그분의 손길이 내 환도뼈를 치고 무릎을 꿇게 했다. 신기했다.

죽기보다 싫었지만 무릎을 꿇고 나니 안도감과 평안함이 나를 감쌌다. 고통은 위장된 축복이라는 상투적인 표현을 실감하는 순간이었다.

짙은 양복에 검은색 일수 가방을 옆에 끼고 교회를 향하는 녀석들을 보면 나약해 빠진 놈들이라고 비웃었는데 내가 바로 그런 모습이 되었다. 또한 거센 파도가 몰아치는 신정론의 바다에서 가족이라는 작지만 탄탄한 배의 동반자가 되어준 아내와 자녀들과의 만남은 우주적 축복이었다.

교회에서 하라는 일들을 충실하게 하면 신심이 좋아질 것 같아 각종 훈련과 활동에 힘썼다. 그러는 동안 내 신앙의 겉옷은 그럴듯해졌지만 정작 속은 빈 강정처럼 점점 부실해졌다. 왜 교회 생활을 열심히 할수록 인격은 거칠어지고, 삶은 자꾸 메말라 가는지 이해가 되지 않았다. 그런 내 모습이 나도 싫었다.

참된 인간성에 목말라 할 무렵 진정한 회개의 은혜가 임했다. 보혈의 찬송으로 시작된 회개의 역사였다. 머리로만 이해하던 지식이 가슴에 도달하려면 눈물 골짜기를 거쳐야 함을 깨닫게 되는 경험이었다. 툭하면 눈물이 흘렀고 누가 뭐라고 하지 않았는데도 죄스러운 의도가 스스로 부끄럽게 느껴져서 아내와 자녀들에게 용서를 구했다. 그러면서 마음의 평강을 찾았다. 늘 찬송을 흥얼거리다가 방언의 은사가 임해 하루에도 몇 시간씩 기도가 마르지 않았다. 기도 후에 임하는 상쾌함은 말로 표현할 수 없었다.

모색

주신 은혜대로 살고 싶다는 소망이 생기면서부터 의료 현장에서 관행처럼 해왔던 일들이 죄로 보이기 시작했다. 직원과 환자를 대하던 태도, 거래처를 다루던 거친 매너, 자신을 변호하기 위한 습관적인 변명과 과장 등 내 삶의 모든 부분이 내가 받은 은혜와는 접점을 전혀 찾을 수 없었다.

현행의 의료보험 수가로는 병원을 운영하기 힘들다는 자괴감으로 심각한 고민에 시달리던 때 마침내 탈출구가 보였다. 미국 캘리포니아 주 치과의사 면허 시험에 외국인들도 응시할 수 있게 된 것이다. 그러나 필기시험은 통과했지만 장거리 비행 후 시차 적응도 되지 않은 상황에서 우리 시간으로 자정부터 아침까지 진행되는 실기 시험을 치렀다가 두 차례나 고배를 마셨다.

그 일을 계기로 가만히 내 다짐을 돌이켜 보았다. 왜 나는 이 땅을 떠나려 했던가? 내가 받은 은혜와 일치되는 삶을 살고 싶다는 열망을 실현할 수 없는 현재의 의료 환경과 제도에 대한 환멸 때문이었다. 여기까지 생각이 미치자 "나는 이 황폐한 토양을 개간하려 노력한 적은 있던가?" 하는 질문을 던지게 되었다.

그때부터 의료 윤리 공부를 시작해 기독교 윤리로 방향을 돌렸다. 이후 윤리학이 신학의 응용 학문임을 깨닫고 신학 공부를 하게 되었는데 신학의 여러 분야 중 무엇이 내 삶의 방식을 바꾸게 될지 심사숙고한 끝에 요한계시록과 종말론 탐구에 주력하게 되었다.

또 다른 만남

그 어간에 중국에서 1기 사역을 마친 뒤 캐나다에서 신학 공부를 끝낸 이대경 선배와 동역을 시작했다. 모든 면에서 따라가기 벅찰 정도로 모범적 신앙인인 선배를 내 삶의 이정표이자 사역의 인도자로 삼은 것이다.

또한 선배의 개인 지도 아래 성경 해석학과 그리스어를 배우고 도움을 받아가면서 신학을 공부하는 과정을 통해 신앙과 삶을 일치시키는 법을 익혔다.

당시 선배로부터 듣게 된 일터 신학Marketplace theology이나 비즈니스 미션Business As Mission은 신학이나 선교를 한다는 사람에게조차 생소한 단어였지만 일터에서 느낀 바를 담은 가이드북을 함께 만들어 보자는 비전을 나누면서 마음이 뜨거워지는 것을 느꼈다.

신학 공부는 내게 새로운 세상을 열어주었다. 아무런 선행 지식 없이 시작한 공부였지만 삶과 신앙의 일치에 대한 갈증과 성경적 당위성에 대한 질문을 붙잡았기에 버틸 수 있었다. 지금은 모두 학내 사태로 캠퍼스를 떠나셨지만 신학 지식과 사회 정의 구현에 대한 열정이 충만하셨던 교수님들과의 만남 또한 큰 축복이었다.

큰 스토리

누구나 자기만의 스토리를 가지고 있다. 사람들은 삼삼오오 모여 서로의 스토리에 공감하며 함께 울고 웃는다. 그러나 그것을 품는 더 큰 스토리 없이는 이 모든 것이 그저 개인적 푸념에 불과할 것이다. 더 큰 스토리를 흔히 거대 서사Meta-narrative라고 부르며, 스토리를 해석해주는 스토리story about stories라고 설명한다.

팀 켈러는 『팀 켈러의 일과 영성』(두란노, 2013)에서 "거대 서사는 본질적으로 세상에서 살아가는 인간의 삶이 어떠해야 하고, 무엇 때문에 균형을 잃어버렸으며 그것을 다시 바로잡으려면 어떻게 해야 하는가에 대한 근본적인 스토리"라고 말한다.

나도 신앙인이자 의사로서 어떻게 일과 신앙이라는 이질적인 세계를 연결할 수 있을지 오랫동안 고민했다. 신학교 문을 두드리고 5년여간 그 방안을 모색한 끝에 "회복적 종말론"이라는 거대 서사를 발견했을 때는 밭에서 보물을 발견한 듯한 심정이었다.

역사의식과 공동체 의식이 굳건한 신학자, 성경 본문으로 성경 속의 세계와 우리가 처한 현실을 연결하고 재해석할 수 있는 신학자, 정직한 헌신을 독려하는 목회자, 고된 일상에 지쳐 쓰러진 성도들을 일으켜 세우고 격려하는 목회자, 영원한 날의 기쁨을 바라보며 그 말씀을 붙잡고 일터와 가정에서 믿음대로 살려 애쓰는 성도들. 그들이 십자가의 은혜로 새 창조의 소망을 바라보며 그것을 공동체에 그려가는 세상을 꿈꾸는 것이 우리의 소명일 것이다.

아름다운 상상

요한계시록은 읽는 이의 상상력을 자극한다. 브루스 메츠거는 "요한계시록은 우리의 훈련된 상상력에 호소하는 유일무이한 책"이라고 했으며, 리처드 헤이즈는 "요한계시록은 우리 상상력의 전환conversion of our imaginations을 다룬 책"이라고 말했다.

남아프리카, 남미, 미국 등의 정치 종교 지도자들이 자유와 정의를 위해 한평생을 쏟아부으며 붙잡고자 했던 것도 하나님께서 주신 건전하고 정결한 상상이었다. "나에게는 꿈이 있습니다"로 시작하는 마틴 루터 킹 목사의 유명한 연설문에도 노예의 후손과 주인의 후손이 한 식탁에서 함께하는 아름다운 상상과 그 상상을 붙잡고자 하는 헌신이 있다.

요한계시록을 읽은 후 소박한 상상을 해본다. 그 상상은 진료 현장에서 치과의사·치과위생사·치과기공사·치과 기자재 및 재료상이 서로를 존중하는 오케스트라 같은 팀을 이루고 환자의 건강 회복이라는 가치를 창출함으로써 사회에 기여하는 것이다. 나아가 칭찬과 보상을 함께 나누며 사회적 건강과 신뢰가 회복되는 것이다.

이런 비전을 품은 지가 5-6년, 이것을 붙잡고 동료들과 한 걸음씩 걸어온 지가 약 5년이 되었다. 이 작은 책자를 통해 내가 나누고자 하는 자극과 상상들이 여러 일터에서 의미 있는 결실을 맺기를 소망한다. 나아가 이 책이 삶의 현장에서 구현되는 신앙적인 스토리는 물론, 큰 스토리와 아름다운 상상을 잃고 방향성 없이 흘러가며 우려의 대상으로 전락한 한국교회의 회복에 작은 도움이 되기를 소망한다.

종말에는 연속성과 불연속성이 공존한다. 그 연속성을 바라보며 오늘을 살고 싶다. 나는 오늘도 End가 아닌 And의 삶을 소망한다.

감사의 글

다른 사람의 육체적 고통에 마음 아파하고 다른 사람의 사회적 운명 때문에 마음이 흐트러지며 다른 사람의 영적 건강에 신경이 쓰여 평안이 깨지는 사람, 그런 사람을 목회자라고 부른다. 목회 현장에서 땀과 눈물로 수고하시는 목사님들께 감사의 말씀을 올린다.

이 땅에 치과의사로, 복음 전도자로 오셔서 헌신하셨던 뉴스마 선생님의 삶을 기억하며 머리 숙여 감사드린다. 삶의 현장에서 비전과 섬김으로 늘 이끌어주고 지지해주신 이대경 원장님, 이 글이 세상에 나오도록 끊임없이 격려해준 친구 이범의 목사님께 감사드린다.

한국교회를 향한 뜨거운 사랑으로 어려운 출판 환경 속에서도 고군분투하시는 새물결플러스 김요한 대표님께 존경과 우정을 담아 깊이 감사드린다. 단어 모음에 불과한 허접스러운 글을 가독성 있는 한 편의 아름다운 글로 새롭게 탄생시켜주신 새물결플러스 편집진 여러분께도 진심 어린 감사를 전한다.

1장

진료실에서
만나는
하나님

칫솔이 없었을 때는 무엇으로 이를 닦았을까?

이쑤시개와 치목(齒木)

이쑤시개의 역사는 기원전 6세기까지 거슬러 올라간다. 인도에서는 산스크리트어로 "나가다슬타"라 불리는 버드나무 가지를 잘라 만든 이쑤시개를 사용했다고 한다. 탈무드에는 케셈나무를 이용했다는 기록이 있고 기원전 4세기 그리스에서는 금이나 청동으로 이쑤시개를 만들었다고 한다.

한편 이슬람교 경전 코란에 따르면 마호메트는 기도 전에 목욕과 구강 세척을 의무화했으며 시si 나뭇가지를 물에 불려 붓처럼 만든 siwak이라 불리는 칫솔 모양의 치목을 만들어 이를 닦았다고 전해진다. 중동에서는 현재도 siwak을 시장에서 만들어 판다고 한다.

재미있는 것은 승려들의 필수 지참물인 비구 십팔물 중에도 이 치목이 첫째 항목으로 들어간다고 한다.

———

이병태, 『재미있는 치의학 역사 산책』
Malvin E. Ring, *Dentistry an Illustrated History*

진료실에 찾아오신 하나님

우리가 하나님의 뜻을 행하고 있는지 아닌지는 날마다 내리는 선택으로 결정된다. 우리에게 문제가 있다면 그것은 지식의 부족이 아니라 이미 알고 있는 내용에 반응하지 않는 태도이다.

———

제럴드 L. 싯처, 『하나님의 뜻』

20년 전의 일이다. 우리 병원에서 신경 치료를 도맡은 봉직의 선생님은 찬찬한 성품으로 환자들의 신뢰를 받던 분이었다. 어느 날 환자의 굴곡진 신경을 잘 찾으려다 뜻하지 않게 신경을 제거하는 파일이라는 기구의 끝이 부러져 남게 되었다. 선생님은 환자에게 "최선을 다했으나 아쉽게도 이런 일이 발생했다"고 정직하게 상황을 설명한 후 양해를 구했다. 그러나 오히려 그 환자는 이 일을 빌미로 내게 면담을 요청하며 해결책을 요구했다. 평소 알고 지내던 교회 청년이었

———

는데도 불구하고 언제 봤냐는 식으로 다가오는 그에게 마음이 많이 상했다.

근관치료에서 있을 수 있는 일이고 때로는 불가피한 일이라는 점을 설명하려고 대응할 말을 준비하고 환자와 마주 앉았다. 부글거리는 마음을 감추고 애써 미소를 지었다. 하지만 환자가 조목조목 따지고 드는 바람에 속이 긁혀 폭발하기 직전이었다. '그래, 참을 게 아니라 차라리 막말을 퍼붓고 끝까지 가보자! 다시 얼굴 안 보면 되지, 억지로 참을 필요 있겠는가?' 하는 생각이 넘실거리던 차에 순간적으로 머릿속에 섬광처럼 한 생각이, 아니 한 그림이 날카롭게 스쳐 지나갔다.

지금 이 대화를 두 존재가 듣고 있다. 한편에는 내 감정에 계속 기름을 부으며 내가 임계점을 넘어 폭발해 싸움이 번지기를 원하는 사탄이 있고, 반대편에는 주님이 안타깝고 안쓰러운 마음으로 묵묵히 내 입술 끝을 바라보며 어떤 말이 나올지 내려다보고 계신다.

죄가 없는데도 최후까지 아무런 항변도 하지 않으셨던 예수님께서 이 대화를 듣고 계신다 생각하니 마치 지금 내가 입 밖으로 뱉으려는 말 한마디를 숨죽여 지켜보시는 시선이 느껴지는 것 같았다.

상한 감정과 함께 내가 준비한 말들을 쏟아내면 슬프게 발걸음을 돌리실 그분을 생각하니 도저히 그럴 수 없었다. 그때 나도 모르게 내 의도와 정반대의 말들을 하고 있는 나 자신에게 놀랐다.

"얼마나 실망했겠나? 치료가 잘 되기를 원했는데 뜻대로 안 돼서 우리 마음도 무겁다. 지금은 증상이 없지만 앞으로 치아를 사용하는 데 어려움이 없도록 모든 정성을 다하겠다. 그 치아의 수명이 다한다면 내 책임이라고 생각한다."

내 입술 사이로 이런 말들이 독백처럼 흘러나왔다. 그러자 내 맞은편에서 요란한 소리와 함께 뒤로 벌렁 넘어지는 사탄이 보이는 듯했고, 내 뒤에서 파안대소하며 웃으시는 예수님의 숨결과 그 진동이 느껴지는 듯했다. 그날 저녁, 집으로 돌아오는 차 안에서 그분이 기뻐 크게 웃으시는 것을 온몸으로 느끼며 기쁨의 노래를 불렀다. 그분은 그렇게 내 진료실에 찾아오셨다.

10년이 흘러 그 청년이 병원을 다시 찾았다. 그간 치아를 잘 사용했지만 최근 들어 통증이 생겼다고 했다. 방사선 사진을 찍어보니 뿌리에 금이 가 더는 쓸 수 없어서 뺄 수밖에 없었다. 사실 치아가 금이 간 것은 신경치료를 받은 치아에 지속적인 힘이 가해졌기 때문이었다. 따지고 보면 우리 과실이 아니었지만 오래전에 한 약속을 지키기 위해 그 청년이 원하는 대로 임플란트를 해주었다.

주변에 깊은 울림과 파동을 남기며 웃으시던 주님의 모습이 그립지만, 이제는 내 마음속에 그때 경험한 울림이 새겨져 잔잔한 미소만으로도 함께 진동한다.

그가 찔림은

자아가 깨진다는 뜻은 나의 모든 권리를 하나님께 바친다는 것만을 의미하는 것이 아니라 오히려 내게는 지옥에 갈 권리밖에는 아무 권리가 없음을 인정하는 것이다. 권리 포기가 아니라 권리 없음의 인정이다.

———

로이 헷손, 『갈보리 언덕』

개업의에게 세금은 목에 박힌 가시와 같다. 늘 마음 한편에 불편함이 있지만 이러지도 저러지도 못하고 남들처럼 소득 신고도, 납세도 적당히 하며 살았다. 어디선가 의사들의 세금 문제에 관한 이야기가 들려오면 숙제 검사를 앞둔 학생처럼 마음이 편치 않았다.

그러던 어느 날 일주일 후 세무조사를 하겠다는 통지서가 병원으로 날아왔다. 진료실에 주님이 찾아오신 뒤로 뭔가 주님을 기쁘게 해드릴 일, 좀 더 의미 있는 일을 찾고 있던 차에 '이런 문제를 들이대다니 좀 심하신 것 아닌가' 하는 생각이 들었다. 시간이 어찌나 빠른지 작년 장부를 뒤적이고 차트를 만지작거리다가 속절없이 시간만 흘려보냈다.

너무도 답답한 마음에 당일 새벽부터 잠을 설쳤다. 할 수 없이 일어나 아무런 기대 없이 집 근처 교회로 무거운 발걸음을 옮겼다. 교회 한쪽 구석에 가 앉았지만 설교 말씀도 귀에 들어오지 않고 기도도 되지 않았다. 얼마간 시간을 보내고 주변을 둘러보니 깜깜한 예배당엔 인기척이 없었다.

짓누르는 중압감에 갑자기 내 처지가 마치 형틀에 묶여 태형을 기다리고 있는 죄인과 흡사하다는 생각이 들었다. 그 생각에 몰입하자 세무조사가 시작되는 상황과 형틀에 묶이고 몇십 대의 채찍을 맞는 장면이 서로 겹치면서 어깨 위로 두려움이 엄습했다. 목구멍이 막혀 기도는 고사하고 신음조차 하지 못할 정도로 두려웠다.

그런데 그 순간 내 등을 덮고도 남을 큰 어깨가 나를 감싸는 듯한 느낌을 받았다. 또한 내 등을 채찍으로 내려치는 듯한 느낌과 그것을 그분의 등이 다 덮어주신다는 느낌, 깊은 안도감과 그분이 너무나 고통스러워하시는 듯한 느낌들이 온몸에 퍼졌다.

죄송하고 민망하다는 생각이 그 느낌들과 뒤엉켜 내 눈에서는 뜨거운 눈물이 흘렀다. 입술 사이로 새어나온 오열은 점차 통곡으로 변했다. 그 사이 얼마나 시간이 흘렀는지 어느새 예배당 마룻바닥이 아침 햇살에 반짝였다.

병원으로 출근하자 얼마 지나지 않아 공무원 두 사람이 찾아왔다. 마치 새벽에 나를 위해 등을 대주셨던 주님께서 보내신 분들 같아 모든 요구와 질문에 공손하고 담담하게 답해드렸다. 그렇게 진행된 일주일간의 조사가 끝날 무렵 서로 간에 존중과 신뢰가 생겼고 그들은 협조에 진심으로 감사한다는 말을 남기고 떠났다. 추정된 세금을 납부하는 것으로 그 일은 마무리되었다.

몇 달 후 어느 날, 멀리서 찾아온 환자가 있어 누구 소개로 오셨는지 물어봐도 제대로 대답을 해주지 않았다. 치료가 끝난 뒤 조심스레 다시 묻자 자기 가족이 나를 조사했던 분인데 꼭 여기로 가보라고 하였단다. 내가 부담을 느낄까 봐 말은 하지 않았지만 자기 가족을 믿고 맡길 만하다고 생각했다는 것이다. 시간이 흘러 두 명의 조사관 중 다른 한 분이 퇴직 후 세무사가 되었고 이를 치료받기 위해 나를 찾아왔다. 치과 치료를 받으려고 하니 내가 제일 먼저 생각났단다. 우리는 지난 이야기를 나누며 즐겁고 유쾌하게 진료를 시작했다.

그 후로 소득신고를 포함한 각종 대소사 결정을 앞두고 눈앞의 이익을 위해 타협하고 싶을 때마다 "그가 찔림은 우리의 허물 때문이요, 그가 상함은 우리의 죄악 때문이라. 그가 징계를 받으므로 우리는 평화를 누리고 그가 채찍에 맞으므로 우리는 나음을 받았도다"(사 53:5)라는 말씀과 함께 송구하고 민망하던 그때의 느낌이 떠올랐다. 주님을 기쁘시게는 못할망정 다시는 나 대신 채찍을 맞게 해드리고 싶지 않았다.

나로 인해 기뻐하신 주님과 나로 인해 채찍질을 감당하셨던 주님, 그 두 모습이 이후 내가 진료실에서 옳고 그름을 판단하는 기준이 되었다.

직원 존중

나는 "정의"라는 단어를 한 사람이 타인을 향해 품는 "애정"을 내포하고 있는 의미로 사용하였다. 고용주와 고용인이 바람직한 관계를 유지하면서 서로에게 최대 이익을 안겨줄 수 있는 비밀은 바로 정의와 애정이다.

———

존 러스킨, 『나중에 온 이 사람에게도』

"빨래엔 ○○"이라는 카피는 가정주부뿐만 아니라 많은 이들의 기억 속에 남아 있다. 이 회사는 섬유유연제라는 독보적인 제품으로 한때 시장 점유율 50%를 차지하다가 몇 년 전부터 경쟁사에 추월당하더니 급기야는 20%대로 추락했다고 한다. 사람들은 그것이 직원들을 폭행하고 불신하며 비인격적으로 대우하는 소유주의 오만한 경영에서 비롯된 결과라고 입을 모은다. 그걸 보면서 고객 감동보다 직원

감동이 먼저라는 전직 임원의 말이 가슴에 와닿았다.

1990년대 후반에 위생사가 과잉 배출된 적이 있었다. 한 명을 채용하겠다고 공고를 냈더니 곧바로 열 명 이상의 지원자들에게서 연락이 왔고 면접을 보느라 진료가 곤란할 지경이었다.

용모 단정하고 재기발랄해 보이는 지원자들 사이에서 유독 평범해 보이는 지원자가 한 명 있었다. 지방 출신에다 눈길을 끄는 특징이 없어 상투적인 질문을 던진 끝에 희망 보수를 묻자 고개를 숙이고 눈가를 적신 채 면허시험에 떨어졌으니 실습생 보수로 족하다고 했다.

그날 저녁 곰곰이 생각해보니 다른 지원자들은 모두 좋은 직장을 잡을 것 같은데 이 사람은 여기가 아니면 직장을 구하기가 어렵겠다는 생각이 들어 마음이 편치 않았다.

다시 불러 찬찬히 살펴보니 성품이 좋고 성실해 보였다. 가정 형편상 아르바이트를 하느라 시험 준비가 부족했다고 한다. 내년에 다시 응시해 꼭 합격하기로 약속하고 실습생에 해당하는 일만 하는 조건으로 채용하였다. 특이하게도 그 지원자가 제시한 조건은 아무개 씨라고 이름을 불러달라는 것이었다. 그동안 호텔 메이드나 휴게소 음식점에서 아르바이트를 하다 보니 사람들이 자기 이름을 부르지 않고 하대하는 것에 마음이 많이 상한 듯했다.

솔직히 당시만 해도 스태프들에게 "미스 O" 대신에 "○○씨"라는 존칭을 써달라는 제안이 파격적이고 다소 당돌하다는 생각마저 들었던 게 사실이다. 그러나 그 직원은 성실히 일했고 점차 자리를 잡아갔다. 그로부터 2-3년이 지난 어느 날 그 직원이 급성 간염으로 한 달을 입원하게 되어 졸지에 선배직원 한 사람과 힘겹게 진료실을 꾸려가게 되었다.

그때, 그 사람을 위해 기도하던 중 마지못해 존대했을 뿐 진정으로 직원들을 존중하지 않고 사람을 수단으로만 대했던 것을 책망하며 돌이키기를 원하시는 하나님의 마음을 깨달았다. 그래서 여태껏 나 자신을 스무 평 공간의 왕으로 생각하고 직원들을 신하로 여길 뿐 소중한 인격으로 대하지 못했던 것을 직원들에게 사과했다.

이런 마음을 작게나마 표현할 방법을 고민하다가 함께 진료실 청소를 하기 시작했고, 직원들의 노고와 애환을 조금씩 이해하게 되었다. 다행히 그 직원은 빠르게 회복되어 퇴원했지만 나는 그 뒤로도 청소에 계속 동참했다. 함께 청소하는 장면이 일상으로 자리 잡을 즈음 직원들과 나 사이에 조금씩 이해와 신뢰가 생겨나기 시작했다. 점차 내 말투도 지시나 명령에서 부드러운 부탁으로 바뀌게 되었다. 어색한 침묵과 긴장은 점차 소통과 미소로 변해갔다. 틈틈이 서로 집안 사정이나 개인적인 고민을 나누고 점차 내가 어떤 경로로 신앙을 가지게 되었는지 들려주게 되었다.

그러던 어느 날 그 직원이 교회를 다니고 싶다기에 내가 출석하던 교회의 청년부로 안내했다. 그 직원은 원래도 밝은 성격이었지만 그 즈음에는 더욱 명랑해져서 항상 주위 사람들을 편하게 해주었다. 시간이 흘러 그녀가 선배가 된 이후에는 후배들을 진심으로 존중해주며 직장 분위기를 밝게 만들어주었다.

그녀는 결혼하고 직장을 옮겨 다른 곳에서 실장으로 일하다가 지금은 가사에 전념하고 있지만 그녀가 남기고 간 밝은 일터 분위기를 생각하면 항상 고맙기 그지없다.

———

당시 나는 2년 가까이 진료실 청소를 했던 것으로 기억한다. 그 기간에 나는 아내와 마트에 가면 새로 나온 청소도구를 사는 취미가 생겼다. 요즘도 가끔 아내와 대형 마트에 가면 청소 용품을 기웃거리다가 아내의 핀잔을 듣곤 한다.

눈과 귀를 통해서

예수님의 말씀과 행동이 모두 아버지이신 하나님과의 신앙적 교제에서 온 것과 같이 우리의 모든 말과 행동 또한 우리와 예수님의 신앙적 교제에서 오지 않으면 안 됩니다.

———

헨리 나우웬, 『영혼의 양식』

오래전 캐나다 토론토 대학에서 열린 임플란트 연수회에 참석한 적이 있었다. 실시간 수술Live surgery을 통해 수술을 집도하는 교수와 대화하면서 수시로 질문하고 답하는 시간을 가졌다. 지금은 흔해졌지만 그때만 해도 실시간으로 수술을 한다는 것은 낯설고 신기한 광경이었다. 새로운 기술을 통해 신지식을 배운다는 신기함보다도, 정말 희한하다는 생각이 들었던 점은 수술 중인 교수가 수시로 스태프에게 드릴링의 각도는 맞느냐, 평행하냐, 위치는 맞느냐, 잘되고 있느냐고 묻는다는 것이었다. 처음엔 별로 대수롭지 않게 생각했지만 나중에 생각해보니 그의 행동에는 스태프에 대한 깊은 신뢰와 존중이 배어 있었다.

반면 우리는 진료실에서 환자에게 치료 계획을 설명하거나 또는 치료를 진행할 때 스태프들을 무시하거나 아예 의식하지 못할 때가 너무 많다. 이렇게 한번 생각해보면 어떨까?

하나님께서 우리 스태프들의 눈과 귀를 통해 우리의 치료 행위를 보실 뿐 아니라 대화 내용도 듣고 계신다고…. 그렇게 생각하면 환자와 스태프들에게 치료 내용을 설명하기 위해 더욱 노력을 기울이게 되리라는 생각이 든다. 스태프들을 이해시키는 것이 정직한 진료의 출발점이다. 스태프들이 원장이 말하고자 하는 내용에 수긍하면 원장 대신 환자들에게 진심 어린 설명을 하게 될 것이다. 반대로 원장이 옳지 않거나 일관성이 결여된 치료 계획을 강행한다면 스태프들은 불편한 마음을 가지고 점차 원장에 대한 신뢰를 잃게 될 것이다. 그러다 결국 그들의 속앓이가 하나님을 향한 탄식이 될 것이다.

진료의 방향과 질이 스태프들에게 인정받지 못한다면 치과계 전반의 신뢰가 떨어지게 된다. 사회적 신뢰를 한번 잃으면 어떤 노력으로도 회복하기 어려울 것이다.

몇 년 전 세상을 시끄럽게 했던 치과계 소독 문제가 그랬고, 지금 논란이 되는 네트워크 치과의 과잉진료 문제도 마찬가지다. 이제는 또 어떤 문제가 세상 사람들의 입에 오르내리게 될까? 심히 염려되는 상황이다.

한때 폐 금 문제로 직원들을 보기가 떳떳하지 못했던 적이 있다.

환자의 보철물에서 제거된 폐 금을 모아 처분한 돈을 병원 운영에 쓰는 것이 관례처럼 행해지곤 했다. 그런데 과연 그것이 직원들에게 이해가 될까 하는 생각이 들었다. 그들이 납득하지 못하는 일이라면 하나님께서도 용납하지 않으실 것 같다는 생각이 들어 이 문제를 두고 직원들과 함께 솔직하게 의견을 나누었다.

"먼저 환자의 동의를 구하자. 그리고 동의하신 분들의 폐 금을 모아 처분해서 적절한 곳으로 송금하자!"고 의견이 모였다. 그리하여 동의서 양식을 만들고 국제기아대책기구의 소년·소녀 가장 돕기에 보내기로 결정했다. 그 결정에 스태프들도 만족해했고 그 의견대로 시행한 지 몇 년이 되었다. 이제는 환자의 동의를 얻는 데서부터 처분과 송금 등 일체의 과정은 스태프들이 알아서 처리하고 나는 그 결과만 보고받는다.

스태프가 "우리 원장님은 항상 치료 과정을 진정성 있게 설명하고 진료에 최선을 다하고 있다"고 확신할 수 있다면 얼마나 좋을까? 하지만 의사들도 때로는 실수를 하며, 필요 때문에 사실을 과장할 때도 있다. 그러나 빠르게 실수를 인정하고 진심 어린 설명으로 스태프들의 양해를 구한다면 그들이 오히려 좋은 진료를 위해 발 벗고 나설 것이다. 나아가 원장의 심경까지 세심하게 신경 써줄 것이다.

진료실의 작은 부분 하나하나를 투명하게 만드는 것, 그것이 치과계 전반의 신뢰를 회복하는 출발점이라고 생각한다.

영혼의 생리식염수

고통, 불행, 죽음 등의 악이 없는 세상은 결과적으로 인간의 삶을 무의미하고 무가치하게 하며 그들을 창조하고 사랑하여 선으로 인도하고 구원하려는 신의 의도에서 벗어난다.

———

김용규, 『백만장자의 마지막 질문』

10여 년 전 하나님께서 은혜를 부어주시던 어느 날, 여느 때처럼 아침 묵상을 통해 하늘 아버지의 따스한 사랑을 입고 출근하였다. 점심 시간이 다가올 무렵 정기적으로 예방 관리를 잘 받으셔서 별다른 문제가 없던 60대 여자 구환이 한 분 찾아오셨다.

잇몸이 부었다고 해서 보니 평소와 다르게 꽈리처럼 부풀어 오른 그분의 잇몸을 보고 딱히 원인이 될 만한 것이 없어 보여 지나가는 말로 혹시 피곤한 일이 있느냐고 물었다. 그러자 그분은 갑자기 얼굴

색이 어두워지며 한숨을 내쉰다.

"어젯밤 한 숨도 못 잤어요. 눈조차 붙이지 못했어요!"

"무슨 걱정이라도 있으세요?"

"제가 벌받은 거예요. 어려서부터 부모님의 신실한 신앙을 유산으로 물려받았지만 믿지 않는 시댁에 시집와 신앙을 다 까먹고…. 제 아들은 남들이 부러워할 수재예요. 최근에 손자를 보았지요. 그런데 아이가 정상이 아닌 것 같아요. 팔다리 움직이는 것을 봐도 그렇고, 발달이 다소 늦은 정도라고 생각했는데 아무래도 정상이 아닌 것 같아 걱정이 태산입니다."

손자의 안부를 자세히 묻고 아직은 발달기이니 성급히 결론 내리지 마시고 전문의의 최종 진단을 기다려보자고 위로했다. 그리고 내 경험을 이야기했다.

어려서부터 몸이 약했던 둘째 아이를 아내와 함께 병원에 데리고 다니느라 힘들었던 일, 그 일로 한때나마 하나님을 원망하고 자책했던 일들, 그러던 중 말씀을 통해 하나님의 주권을 깨닫고 오히려 감사하게 되어 이제는 그 아이가 건강하게 잘 커가고 있다는 소식을 두서없이 나누었다.

또한 이 모두가 누군가의 죄 때문에 일어난 일이 아니요, 오히려 하나님께서 하시고자 하는 일을 나타내려 함일 것이라는 말씀을 나누었다. 다만 양심이 호소한다면 부디 신앙을 회복하고 하나님께로 돌아가기를 바란다고 권하고 간단한 소독을 해드렸다. 그분은 이런 위로를 듣게 될 줄 미처 몰랐다며, 그냥 왠지 모르게 이곳으로 이끌려 찾아왔는데 정말 오길 잘했다며 한결 가벼워진 발걸음으로 돌아갔다.

다음날 약속은 없었지만 그분이 다시 찾아오셨다. 어제의 대화를 곰곰이 되짚어보던 중 마침 수요일 저녁 예배를 드리러 가고 싶다는 생각이 들어 가까운 교회로 향했는데 실로 오랜만에 뜨거운 감동을 얻어 얼굴이 눈물로 범벅이 되었다고 했다. 그 말 속에는 내면에서부터 차오르는 기쁨이 배어 있었다.

폴 투르니에는 이렇게 말한다.

분명히 질병은 어떤 병이건 두 가지 전혀 다른 차원의 문제를 제기한다. 첫째는 그 질병의 성질, 원인, 발생 등의 과학적인 문제이고, 둘째는 그 질병의 의미와 목적에 관한 영적인 문제다. 따라서 질병은 병리적인 진단과 함께 질병의 의미와 목적에 관한 영적인 진단이라는 두 진단을 요구한다. 전자는 객관적이고 의사가 내리는 것이고 후자는 주관적으로 환자 자신이 자기의 가장 깊은 곳에 있는 양심의 활동을 통해 내린다. 질병은 그런 면에서 때론 유익한 결과를 가져온다고 한다.[*]

의사로서 우리는 첫 번째 진단에 집중해야 하지만, 신앙인으로서 우리는 환자 스스로 두 번째 진단을 내리는 것을 돕거나 적어도 그것을 방해하거나 무시하지 않도록 주의해야 한다. 의사들은 심적 부담을 주는 이러한 대화에 무의식적으로 마음을 닫기 쉽다. 그러나 환자들의 작은 신음에 귀 기울여야만 이러한 소리를 들을 수 있다.

[*] 폴 투르니에 지음, 마경일 옮김, 『성서와 의학』(다산글방, 2004).

미국 기독의사 및 치과의사회Christian Medical & Dental Associations에는 Saline Solution(생리식염수)이라는 프로그램이 있다. 이 프로그램은 의료인들이 일터를 사역지로 전환해 그 속에서 그리스도인의 향기를 내뿜으며 살아가는 데 도움을 주자는 취지에서 개설되었다. 소금처럼 진하지도, 물처럼 연하지도 않은 생리식염수처럼 적정한 농도의 대화로 진료실에서 그리스도의 구원의 복음을 나누자는 뜻을 담은 이름이다. 의사가 환자의 고통에 공감하고, 대화를 통해 깊은 배려와 부드러운 위로를 건네면 환자 스스로 질병이 갖는 의미에 대하여 영적인 진단을 내릴 수 있게 될 것이다. 환부뿐 아니라 환자의 영혼에 따뜻한 생리식염수를 조심스럽고 부드러운 손길로 부어주자. 그리하면 환자 스스로 선한 양심이 되살아나 하나님을 향하게 될 것이다. 이것이 내게 맡겨주신 참된 의사의 직분이 아닐까 생각한다.

내 안의 일시 정지PAUSE 버튼

공부는 살아가는 것 그 자체입니다. 공부란 인간과 세계에 대한 올바른 인식을 키우는 것입니다. 세계 인식과 자기 성찰이면서 동시에 미래의 창조가 공부입니다. 공부는 모든 살아있는 생명의 존재 형식입니다.

———

신영복, 『담론』

오래전, 대학교에서 심리학 교수로 재직 중인 분을 치료한 적이 있다. 그녀는 치료가 다 끝나자 내게 "치료할 때 무의식적으로 하시죠? 기계적으로 하는 것이 아니고서야 어떻게 그렇게 마음이 평안하실 수 있나요?"라는 다소 도전적인 질문을 했다. 치료를 받으면서도 본인의 전공을 살려 나를 분석했다고 한다. 그리고 나름대로 '이 사람의 마음이 안정되고 평안한 것은 아마도 생각 없이 기계적이고 반복적인 행동을 계속하기 때문일 것'이라고 결론 내렸다는 것이다.

———

의사이자 목사인 마틴 로이드 존스는 의사들과 의대생을 대상으로 한 설교에서 의사들이 가장 경계해야 할 자세로 만물을 상대화시키려는 경향을 지적한다. 상대화란 끊임없이 가해지는 외부의 공격에 맞서 자신의 감수성을 지키기 위해 사용하는 보호막 같은 것으로, 모든 일에서 감정을 제거하고 객관화하는 태도다.

물론 끊임없이 가해지는 스트레스로부터 자신을 지키기 위해 이런 상대화가 어느 정도 불가피한 면이 있기는 하지만 이는 정신적인 습관으로 자리 잡아 결코 자신의 삶에서 정직하고 용기 있게 앞으로 나아가지 못하게 하는 폐단을 낳는다. 그 결과 고통, 기쁨, 경이 등의 감정을 모두 잃게 되어 인간이라면 당연히 가져야 할 생동감이 없어진다.*

그 교수님은 나를 이렇게 분석했던 것 같다. 물론 그럴 수도 있으나, 실제로 나는 판단의 분기점마다 많이 번민하고 괴로워하고 후회한다고 설명해드렸다. 당시에는 일과 후 저녁마다 기도 상 앞에서 하나님과 씨름하고 내면의 근심을 쏟아내지 않고는 편한 잠을 잘 수 없는 상황이었다.

교수님께 "저에게서 평안을 느끼셨다면 감사합니다. 그런데 그 평안은 많은 눈물을 통해 얻은 것입니다"라고 말씀드리자 "선생님을 분석해보니 자의식이 상당히 강해 눈물과는 별로 상관이 없는 사람으로 보인다"며 많이 놀라워했다.

그날 우리는 인간의 심리에 대하여 많은 이야기를 나누었다.

---

* 마틴 로이드 존스 지음, 정득실 옮김, 『의학과 치유』(생명의말씀사, 2003).

심리학은 수많은 분석을 내놓지만 답을 주지는 못한다. 거기에는 죄와 대속이 없기 때문이다. 오직 예수 그리스도 안에서만 참 평안을 누릴 수 있다. 그러기 위해서는 애통하는 마음이 선행되어야 한다. 우리의 상하고 통회하는 눈물과 그리스도의 보혈이 마치 중합 반응을 일으키는 베이스와 촉매처럼 작용해 화학적 반응을 일으켜 놀라운 능력을 나타내는 것 아닐까?

스티븐 코비는 그의 저서 『성공하는 가족들의 7가지 습관』(김영사, 2002)에서 우리에게 가해지는 자극과 우리의 반응 사이에 존재하는 간격의 폭이 사람의 성숙도를 보여준다고 말한다. 자극에 동물적이고 즉각적인 반응을 보이는 사람은 미숙한 사람이며, 깊이 숙고하고 반응하는 사람은 성숙한 사람이다. 코비는 성숙한 대처를 위해 자극이 올 때 일시 정지PAUSE 버튼을 누르자고 제안한다.

그러나 그것만으로는 충분하지 않다. 자극과 반응 사이에 일시 정지가 아닌 "일시 죽음" 버튼, 즉 그리스도와 함께 죽는 버튼이 있어야 한다(갈 2:20). 이 죽음이 있는 사람은 자기다운 반응을 보이지 않고 예수님처럼 반응하게 되는데 이를 통해 우리 안에 회개에 합당한 성품이 형성되어갈 것이다. 이러한 삶은 단순히 그리스도 중심 Christocentric의 삶을 넘어 그리스도 동형Christomorphic의 삶이 되고 우리 속에 그분의 형상이 점차 모양을 갖춰가게 될 것이다.

의사로서 나는 어찌 보면 매일 각양각색의 환자들 앞에 무방비 상태로 노출되어 있다. 세상은 나에게 그럴수록 더욱 공격적이 되라거나 견고한 방어막을 치라고 권한다. 그래야 나중에 골치 아픈 일을 겪지 않게 된다고 속삭인다. 그러나 신앙은 오히려 내게 무장을 해제하라고 한다. 보호막을 걷어내고 환자를 인격적으로 대하며 그들과 함께 울고 웃으라고 한다. 즉각적이고 동물적인 반응 대신에 일시 정지 버튼으로 잠시 숨 고르기를 하라고 한다.

진료실에서, 그리고 여러분 각자의 삶 모든 곳에서 한편으로는 경이로운 마음을, 다른 한편으로는 안타까워하는 마음을 회복하자. 감탄과 눈물! 이것이 우리를 진정한 평안으로 인도할 것이다.

그릇을 닦으며

개인의 삶에서 개별적인 열매가 맺히도록 하는 것은 우리의 궁극적인 목표가 아니다. 교회는 모든 관계에 있어서 하나님이 모든 창조물에 기대하는 그런 화목하고 변화된 삶을 세상 앞에 구현하도록 부름 받은 공동체이기 때문이다.

———

필립 D. 케네슨, 『열매 맺다』

그릇을 닦으며*

윤미라

어머니,
뚝배기의 속끓임을 닦는 것이
제일 힘든 줄 알았어요.

———

그런데
차곡차곡
그릇을 포개놓다가
보았어요.

물때 오른 그릇 뒷면
그릇 뒤를 잘 닦는 일이
다른 그릇 앞을
닦는 것이네요.

내가 그릇이라면,
서로 포개져
기다리는 일이 더 많은
빈 그릇이라면,
내 뒷면도 잘 닦아야 하겠네요.

어머니, 내 뒤의 얼룩
말해주셔요.

---

*   2000년 「조선일보」 신춘문예 동시 부문 당선작. 이 시의 작가는 현재 활동을 중단하고
    공부 중이다. 불교 시인 난포 윤미라와는 동명이인이다.

윤미라 님의 「그릇을 닦으며」를 읽고 나면 많은 생각이 떠오른다. 시의 내용은 이렇다. 설거지할 때 된장 뚝배기 같은 그릇 안에 묻어 있는 속끓임을 닦는 것도 물론 힘들고 어려운 일이지만, 그보다 더 중요한 것은 그릇의 뒷면을 닦는 것이다. 왜냐하면 그릇 안을 아무리 잘 닦아도 뒷면에 지저분한 오물이 남아 있으면 그릇을 포개놓을 때 다른 그릇 속에 오물이 묻기 때문이다. 그래서 사려 깊은 사람들은 그릇의 뒷면도 잘 닦아 올려놓는다.

우리는 이 시에서 말하는 그릇과 같다. 신앙을 정결케 하기 위해 속사람을 씻고 기도하고 말씀도 읽는다지만, 기도 상 앞에서 자기의 죄가 아닌 남의 허물을 먼저 떠올린다. 먼저 그 사람을 주께서 심판하신 뒤에 나를 다뤄주시기를 바라는 것이 우리의 악한 본성이다. 그런 점에서 내 들보보다 남의 눈의 티가 더 크게 보여 부글부글 끓어오르는 원망을 속끓임이라 표현한 시인의 솜씨가 감탄을 자아낸다.

그러나 된장 뚝배기 속끓임을 철수세미로 문지르듯 어찌어찌 어렵게 용서를 구하고 우리의 내면이 정결하게 되었다 해도, 그보다 더 중요한 일은 다른 사람에게 고통을 끼치는 나의 죄스러운 행동들을 바로 깨닫는 것이다. 우리는 자신의 뒷모습을 알지 못하니 자기 때문에 상처받는 사람이 있는 줄도 모르고 아무런 거리낌 없이 자기 오물을 남의 앞면에 척척 바른다.

다른 사람의 관점에서 자기를 바로 보는 것을 조망 능력이라고 한다. 자신을 조망하지 못하는 것은 진실을 보기 두려워하기 때문이다. 진실을 직시하는 것은 고통스럽다. 우리는 하나님 앞에서 자기 자신을 바라보기 싫어한다. 아니, 두려워한다. 그리고 스스로 옳다 하고 사람 앞에 높임 받기를 원한다. 하나님은 그런 우리를 미워하신다(눅 16:15). 하나님께서 조용히 책망하실 때 부끄럽고 아프지만 정직하게 죄를 인정하고 고백하는 것이 진정한 심령의 부흥이다. 부서지고 낮아진 마음이 되는 것이다. 자신을 정결케 하는 것은 본성을 거스르는 힘든 일이지만 오직 예수 그리스도의 보혈의 능력을 통해서라면 가능하다. 하나님께 용서를 받은 자는, 나로 인해 피해를 입은 사람에게 용서를 구해야 한다. 동시에 이루어져야 하는 이 두 가지 일을 분리하면 심각한 문제가 나타난다. 이것이 영화 〈밀양〉Secret Sunshine(2007)이 그리스도인들에게 던지는 화두다.

그릇의 앞면이 믿음이라면 그릇의 뒷면은 행동과 생활이라 할 수 있다. 앞면이 나를 쓰시고자 하는 주님과의 관계라면 뒷면은 내가 속한 공동체와의 관계다. 그릇을 앞뒤로 나눌 수 없듯이 믿음과 생활은 하나이고, 하나님 앞에서의 믿음은 삶의 현장에서 만나는 공동체 구성원들과의 관계를 통해 구현된다. 따라서 그릇의 내면에 담긴 사랑은 그릇 뒷면인 배려로 표현된다. 사랑 없는 배려는 통제나 이해 타산적 관계에 지나지 않는다. 역으로 배려 없는 사랑 역시 공허한 외침에 불과하다.

다른 사람을 변화시키는 것은 먼저 변화된 사람에 의해서 가능하다. 그래서 예수 그리스도께서 우리에게 주신 사명mission은 회개를 통한 죄 사함remission이었다(눅 24:46-47). 그러나 죄 사함을 통해 받은 이 사랑은 공동체 안에서 구체적인 관심과 배려로 표현되어야 한다. 포개진 그릇처럼 쓰임 받기를 기다리는 공동체 안에서 우리는 어떤 그릇인지 생각해본다.

이 시를 이런 기도문으로 바꿔보자.

주님,
남을 용서하는 것이
제일 힘든 줄 알았어요.

그런데 주님께
쓰임 받기를 기대하며
기다리는 공동체 안에서
다른 사람에게 상처 주는 저를 보았어요.

저의 죄를 깨닫고
회개하는 일이
더 어렵네요.

빛이신 주님께서
저를 비추실 때,
제 죄를 깨닫기 원해요.

주님, 저와 늘 함께하는
동료와 이웃에게
사랑으로 배려하고 관심을 두며
살게 해주셔요.

예수님의 이름으로 기도합니다.

아멘.

인테그리티

온전함integrity을 인격적 고결함이나 정직에 초점을 맞추지만 참된 온전은 진실성authenticity과 관계가 있다. 온전함은 "자신이 진술한 믿음과 일치된 행동을 하는 것"을 뜻하며, 값비싼 희생을 치르더라도 자신의 확신을 고수한다.

———

스캇 펙, 『스캇 펙의 거짓의 사람들』

몇 년 전, 아직 치과보험이 보편화되기 전의 일이다. 자기관리가 철저한 중년 사업가를 치료하게 되면서 서로 어느 정도 친분이 쌓였다. 그는 어금니 두 개의 임플란트 시술이 필요한 상태였는데, 치료 시기를 미루고 미루다가 마침내 우리 병원을 찾았다. 치료 계획을 잘 설명한 후 혹시 더 궁금한 점이 있냐고 묻자 그는 머뭇거리더니 인공뼈 시술비만 보장하는 치과보험 상품에 가입했는데 그 시술이 필요한지 알아봐달라고 부탁하면서, 만일 필요하지 않다면 시술을 했다는 내

———

용의 진단서를 작성해줄 수 있는지 물었다. 서로 아는 사이에 어렵게 꺼낸 부탁을 들어줘야 하는지 고민이 되었다.

불현듯 미국 치과의사 면허시험공부를 하면서 접했던 치과의료 윤리 시험 문제가 생각나 자료를 다시 뒤적여보니 우리보다 앞선 경험에서 나온 윤리적 쟁점들을 미리 정리해둔 그들의 노력에 감탄이 나왔다.

그들은 이를 "제삼자 지불 방식"Third party payment & managed care의 문제로 분류하고 미국 치과의사 윤리 강령American Dental Association's Principles of Ethics and Code of Professional Conduct, 5. B. 1.*에 명기해놓았다. 이에 따르면 제삼자에 의한 치료비 결제 중 환자 본인이 부담해야 하는 금액을 면제해주는 등의 행위는 보험회사에 잘못된 보고를 하는 것으로, 자격에 부합하지 않는 환자의 치료를 도우려는 목적이라 해도 사기나 허위진술 등과 마찬가지로 과잉청구에 해당한다. 그러니 진료 요건을 채우기 위해 진료 내용을 허위로 진술하는 것은 두말할 나위 없이 불법이다.

이런 내용을 파악한 뒤 그분께 그것은 단순히 당신의 편의를 봐주면 되는 일이 아니라 범죄일뿐더러, 더 나아가서는 사회 전체의 신뢰를 떨어뜨리는 행위라고 설명해드리고 정중하게 거절했다. 치료비가 정 부담이 된다면 약간의 할인을 해드릴지언정 그 요구에는 응할 수 없다고 말씀드렸다. 그분은 별것 아닌 요구가 거절당했다고 생각

---

* http://www.ada.org/en/about-the-ada/principles-of-ethics-code-of-professional-conduct

했는지 좀 불편한 기색을 보였지만 진실성 있게 설명하자 이내 수긍했고 오히려 나를 더 신뢰하게 되었다. 하지만 그 후 비슷한 부탁을 했던 사람들 중에는 치료를 받지 않고 다른 곳을 찾아간 경우도 있었다. 이렇게 되자 스태프들도 아쉬워하며 마음이 흔들렸다. 그러나 시간이 흘러 치과보험이 일반화되면서 보험설계사들이 고객을 유치하기 위해 병원에서 허위진단서를 발급받도록 유도하거나 심지어 일부 병·의원 관계자들과 결탁하여 환자를 유치해주는 대가로 허위진단서를 발급한 범죄가 발각되어 뉴스에 보도된 적이 있다. 이를 보면서 우리 스태프들은 그렇게 하지 않길 잘했다고 입을 모았다. 이런 일들이 있고는 환자들이 유사한 요구를 하면 스태프들이 앞장서서 그렇게 하지 않도록 설득했다.

"제삼자 지불 방식"의 가장 간단한 예로는 자녀의 치료를 의뢰받고 부모로부터 진료비를 받거나, 노인일 경우 아들·며느리 등으로부터 치료비를 받는 경우가 있다. 나아가 조합 단위의 상호 부조 형태는 물론, 회사의 직원 치료비 보조 및 각종 민간보험과 건강보험 등까지 다양한 형태로 발전해왔다.

미국에서는 1980년대 초반부터 고용주들이 피고용인들을 위한 의료 서비스를 제공했다. 처음에는 치료 행위마다 비용이 산정되는 통상 진료비usual and customary 제도로 출발했으나 의료비 총액이 증가하면서 포괄 진료비 개념의 관리 의료managed care 제도로 바뀌어 의료비 지출에 대한 관리가 강화되었다. 이런 변화로 인하여 의사와 환자의 상담에서 보험 수혜 여부와 그 한계라는 주제가 빈번히 다뤄지게 되었다. 환자들은 의사에게 보험회사의 요구에 맞춰주기를 요구

하기 시작했다.* 그러나 보험회사가 제시하는 치료 가이드라인이 의
사들이 생각하는 가장 적절한 치료 계획에 잘 부합하지 못하는 문제
가 있었다. 이 경우 의사들은 민감한 문제를 놓고 윤리적 판단을 내
리는 데 어려움을 겪었다.

"제삼자 지불 방식"은 기본적으로 신뢰를 바탕으로 한다. 만약 어
떤 학생이 치료를 받은 뒤 타지에 있는 부모에게 치료비를 부풀려 청
구하고 남은 금액의 일부를 자기 유흥비로 쓰겠다고 한다면 그 말을
들어줄 의사가 있을까?

이와 관련한 극단적인 예로는 몇 년 전 강원도 태백시에서 보험
설계사와 병원들, 주민 400여 명이 가담한 보험사기 사건이 있다. 경
찰은 태백시의 병원 3곳이 2007년 1월부터 4년 동안 환자를 허위
로 입원시켜 건강보험공단에 요양비를 부당 청구하는 수법으로 모두
17억 1,000만 원을 가로챘으며, 보험설계사와 가짜 환자들은 병원
으로부터 허위 입·퇴원 확인서를 발급받아 보험금 140억 원을 챙겼
다고 발표했다. 소도시 태백에서 이런 사기가 가능했던 것은 인구 감
소로 경영난을 겪던 병원과, 쉽게 보험금을 탈 수 있다는 소문에 솔
깃했던 주민들의 죄의식 및 고발 의식 부족, 그리고 관리 감독 기관
의 느슨한 지도 점검이 서로 맞아떨어진 결과라고 경찰은 분석했다.

서양 교육의 핵심 가치 중 하나가 "인테그리티"intergrity다. 이는
성경에 자주 사용되는 단어인데 아쉽게도 우리말에는 이와 상응하는

---

* David T. Ozar, David J. Sokol, *DENTAL ETHICS AT CHAIRSIDE: Professional Prin-ciples and Practical Applications*(WA: Georgetown University Press, 2002).

말을 찾지 못하여 "정직, 온전함, 충성심, 성실함, 완전함, 바름" 등으로 다양하게 번역된다. 성경은 다윗을 이런 미덕을 갖춘 사람으로 묘사하며 하나님께서는 이를 가진 사람을 마음에 합당한 자라 하신다. 나는 이 단어를 "진정성, 진지함" 등의 의미로 받아들이고 싶다. 눈앞의 이익 대신 옳은 길을 선택할 때 스스로의 성품도 건강해지고 사회의 신뢰도 회복될 것이라고 생각한다.

이 시점에서 우리는 미국 치과의사협회 윤리 강령에 의료윤리 4대 원칙인 환자의 자율성autonomy, 악행 금지do no harm, 선행do good, 공평justice과 함께 신뢰성veracity, truthfulness의 원칙이 포함되었다는 사실을 심각하게 받아들여야 할 것이다.

관계를 통한 사랑만 남는다

모든 질병은 환자가 자기 자신에게 돌아갈 것을 강요하며, 자기의 생활을 검토하게 한다. 그리고 그 때문에 또한 환자는 의사를 필요로 한다.

———

폴 투르니에, 『성서와 의학』

안양 할머니, 우리 스태프들에게는 욕쟁이 할머니라는 별명이 더 친숙한 분이시다. 이분이 우리 치과에 출입하신 지 벌써 20년이 넘었다. 조금이라도 못마땅한 구석이 있으면 카랑카랑한 목소리로 걸쭉한 욕을 하시는 통에 초기만 해도 나와 우리 스태프들은 어떻게 반응해야 할지 몰라 몹시 당황했다. 하지만 점차 그 욕설에 익숙해져서 어느 순간부터 당신을 어설프게 대하면 원장의 볼기를 때리겠다는 협박조차 친근하게 느껴지기 시작했다. 처음에 해드린 부분 틀니

———

를 10년쯤 사용한 뒤 남은 치아들을 발치하고 완전 틀니를 하게 될 즈음에는 기세등등하던 욕설이 점차 줄어들고 나와 농담을 주고받을 정도의 사이가 되었다. 어느 봄날, 안양 할머니는 손수 딴 봄나물로 만든 갖가지 반찬과 찰밥, 쑥떡을 해오셨는데 그날이 마침 병원 휴무일이었다. 먼 길을 왔는데 병원 문이 닫힌 것을 보고 복도에 허탈하게 주저앉아 계신 할머니를 같은 층의 신경정신과 원장님이 보고 어찌된 사연인지 물은 뒤 그분이 해오신 음식을 잘 받아뒀다가 다음날 전해준 적도 있었다. 신경정신과 원장님은 그분이 내 친척 할머니이신 줄 알았다가 오랜 환자라는 것을 알고 놀란 기색이었다.

언젠가는 점심시간이 다 됐을 때 병원에 오셨다가 허기진다고 짜장면을 시켜 나와 직원들과 함께 비벼 먹기도 했고, 내가 보고 싶다고 할아버지를 앞세워 안양서부터 들기도 버거운 큰 수박을 사오신 적도 있다. 할아버지께서는 서울에 수박이 없는 것도 아닌데 그 무거운 걸 안양서부터 사가냐며 오는 내내 투덜거리셨단다. 최근에는 오랫동안 병원에 입원하셔서 수척해진 몸으로 쑥버무리를 해서 가져오셨다. 그리고는 왜 틀니에 때가 껴서 더러워졌느냐고 타박하셨다. 그런 욕설을 듣는 적이 한두 번이 아닌지라 그때마다 연마를 해드렸지만 그날은 나도 지지않고 "할머니가 욕을 많이 해서 틀니가 더러워졌지"라고 대꾸했다. 그러자 파안대소를 지으시며 "미친놈아, 욕한다고 틀니가 더러워지느냐? 그래도 네 말이 맞다! 인제 욕 안 할게!"라고 하셔서 함께 웃었다. 잇몸이 너무 많이 가라앉는 바람에 10여 년 전에 해드린 틀니가 헐거워져 수차례 수정을 해드렸지만 이제는 더 조처할 방법이 없어 오실 때마다 아픈 곳만 갈아드리고 있다. 그러나 나는 틀니를 통해 할머니의 삶 속에 이미 의미 있는 사람으로 자리 잡고 있는 것 같다.

할머니를 처음 치료하기 시작했던 개원 초기에만 해도 내 머릿속에는 교합, 재료의 수축 팽창, 크라운의 정밀도 등 기술적 용어만 가득했다. 물리적인 최선이 최고의 치료라고 굳게 믿었고 상당한 자부심으로 치료에 임했다. 물론 그것이 잘못이라고는 생각하지 않지만, 이제는 그것이 전부라고는 생각하지 않는다. 그렇게 치료해드린 많은 치아가 세월 앞에서 마모되고 부러지고 소실되는 과정을 지켜보았기 때문이다. 물론 경험 부족으로 인해 환자들의 교합, 식습관, 잇몸질환 등 생물학적 고려사항을 미처 다 파악하지 못해 실패한 경우도 많았다.

치과의사의 하루 일과를 세 단어로 요약하면 소독disinfection, 상처관리debridement, 수복restoration이라고 할 수 있다. 끊임없이 더럽혀지고 나빠지는 환자의 구강 건강을 유지하기 위해 홀로 애쓰다 보면 매일 시시포스sisyphos와 같은 좌절감을 겪을 수밖에 없다. 의사들 중에는 예측이 불가능한 애매한 상황을 회피하기 위해 공격적인 진료나 과잉진료를 택하는 사람들도 있을 것이다. 그렇지만 그것은 결코 정당화될 수 없다. 반면 끊임없이 최선의 진료를 위해 노력하고 모든 결과를 자신의 책임으로 돌리며 필요 이상으로 자책하는 치과의사들도 있다. 그런 후배들을 볼 때마다 뜨거운 격려를 해주고 싶다. 그들에게 아무리 뛰어난 의사라 해도 환자에게 젊음을 되돌려주거나 그의 건강을 영원히 회복시킬 수는 없다는 사실을 명심하라는 충고도 건네고 싶다. 환자에게 의사가 돌볼 수 있는 데도 한계가 있음을 인식시키고 지나온 삶과 남은 시간을 생각해볼 기회를 주는 것 역시 환자의 심신에 유익하다고 믿기 때문이다.

정성을 다했는데도 근관치료 후 씌운 이에 염증이 재발한 환자가 찾아올 때, 오랜만에 찾아온 환자의 치아가 뿌리까지 썩어 보철치료의 흔적만 남아 있을 때, 잘 만든 보철물이 잇몸 염증으로 허망하게 무너져갈 때는 당황스럽다. 그러나 환자가, 정성을 다해 진심으로 자신의 건강을 살핀 사람으로 의사를 기억해줄 때는 의사와 환자 모두 시간의 흐름 앞에 속수무책일 수밖에 없는 연약한 사람들임을 발견하게 된다. 시간이 흐름에 따라 그 깨달음이 환자에게는 성숙으로, 의사에게는 겸손으로 작용할 것이다.

이미 오래전 고인이 되신 한동대학교 부총장이셨던 박을룡 박사님이 생각난다. 그분이 오랜만에 내원하셨기에 "그동안 잘 지내셨냐"고 안부 인사를 건넸더니 쾌활한 목소리로 "원장님, 저 암 걸렸어요!"라고 말씀하시는 것 아니겠는가. 워낙 아무렇지 않게 답하시는 통에 나는 물론 대기실에 있던 환자들까지 충격을 받았다. 그분과 그날 거대한 시간 앞에 선 유한한 인간의 마음가짐에 대해 여러 이야기를 나누었던 기억이 난다. 내 가슴속에는 아직도 남은 시간 앞에서 당당하고 겸손하며 지혜로운 태도를 보여주셨던 그분에 대한 존경심이 남아 있다.

좋은 치료도, 그것을 위한 애탐과 조바심 및 자부심까지도 모두 언젠가는 사라질 것이나 좋은 사람과의 관계에서 나눈 사랑만은 끝까지 남는 것 같다.*

---

* 지금은 고인이 되신 안양 할머니, 주님 품 안에서 안식하고 계시는 박 부총장님을 추억합니다.

무엇을 심을까?

케빈 밴후저는 이렇게 말한다. "창조라는 드라마에서 하나님과 인간은 배우와 관객의 역할을 번갈아가며 맡는다. 다시 말해 인생은 신과 인간이 함께 공연하는 무대다."

크리스토퍼 스미스·존 패티슨, 『슬로처치』

수년 전, 모 종합병원의 치과 과장이었던 친구 하나가 주일 오후에 혼자 여의도를 산책하던 중 겪었던 일이다. 한쪽에서 사람들이 웅성거리는 소리가 들리기에 가보니 어린아이가 한강에 빠졌고 주변에 몰린 사람들이 "어! 어!" 하며 안타까워하고 있었단다. 그는 바닷가 출신임에도 샌님이라 수영 실력이 어설펐지만 아이가 한 번, 두 번 수면 위를 오르락내리락하더니 세 번째로 가라앉는 것을 보고는 짧은 시간에 수많은 생각이 머릿속을 스쳐 지나갔다고 한다. '내가 여

기서 저 아이를 구하려다 물에 빠져 죽으면 내일 신문에 뭐라 나올까?' 하는 데까지 생각이 미쳤지만, 길다면 길고 짧다면 짧은 망설임 끝에 자기도 모르게 물로 뛰어들었고 주변 사람들의 도움을 받아 어찌어찌하여 아이를 건져냈다. 후에 그 친구는 "만약 그 아이가 죽은 채로 건져지는 처참한 광경을 보게 되었더라면 아마 남은 인생 내내 의사로서 합당한 일을 하지 못했음을 자책하고 괴로워하며 살았을 거다! 내가 그 애를 살린 게 아니고, 그 애가 나를 살린 거다!"라고 말했다.

작지만 의미 있는 일들을 하고 나면 오히려 더 크고 깊은 기쁨을 얻게 된다. 이 친구가 몰랐던 사실은 우리의 기억이 일생뿐 아니라 영생토록 이어진다는 것이다. 우리는 죽음 이후에는 마치 컴퓨터가 다시 포맷되는 것처럼 모든 기억을 이 땅에 두고 가는 것으로 생각하지만 성경은 그렇게 말하지 않는다.

복음서에 의하면 제자들은 십자가에서 죽으셨다가 부활하신 예수님을 만나고도 처음에는 예수님을 알아보지 못하다가 마침내 그분을 알아보고 대화를 나누며 함께 식사를 한다. 이렇듯 삶과 죽음 사이에는 기억과 삶의 방식에서 불연속성도 존재하지만, 동시에 연속성도 존재한다.

오늘 우리가 하는 행동이 지상에서의 남은 생애뿐 아니라 영원한 날을 향해 씨를 뿌리고 심는 행위가 된다. 그날을 위해 기쁨의 씨앗을 심을 수도 있고 후회의 씨앗을 심을 수도 있다. 다행히 살아 있는 동안 후회를 심었다는 것을 깨달으면 지난 일을 되돌리고 다시 기쁨을 심을 수 있다. 하지만 영원한 날이 오면 상황을 변화시킬 수 없다.

따라서 이 땅을 사는 동안 부지런히 후회의 잡초를 뽑고 기쁨의 묘목을 심어야 할 것이다. 영원한 날에 이 기억들이 우리를 즐겁게 할 것이기 때문이다.

이런 생각으로 사는 것이 바로 미래의 관점으로 현재를 사는 것이다. 그런 면에서 요한계시록 4-5장에서 찬양하는 천상의 무리는 천상의 존재가 보여주는 현재의 실재를 묘사한다. 천국은 미래에 주어질 운명일 뿐 아니라 지금 여기서의 일상적인 삶의 영역에서 자신의 삶이 하나님의 영역에 속함을 드러내는 것이다. 그리스도인에게는 미래와 현재가 긴밀히 연결된 삶을 살아가면서 미래의 관점으로 현재를 변화시킬 책임이 있다. 그런 의미에서 다른 이와 함께 기쁨을 나누는 것은 미래의 영원한 날을 기약하며 자신을 위해 기쁨을 심는 행위라고 할 수 있다. 따라서 그 친구는 누구보다도 자신에게 가장 큰 기쁨을 선사한 것이다.

10여 년 전, 고운 자태의 중년 부인이 찾아오셔서 앞니 보철치료를 원했다. 그분은 5년 전부터 시력을 잃어가고 있어 겨우 지척을 분간할 정도밖엔 볼 수 없지만 최대한 예쁘게 보철치료를 해달라고 했다. 무엇보다도 치과 치료를 받기 무섭다며 세심한 배려를 요청했다. 그분의 심정을 헤아려 모든 과정을 자세하게 설명해주면서 환자의 불안감을 없애려 노력했다. 무사히 진료를 마쳤고 그로부터 10년이 훌쩍 지난 일이라 까맣게 잊고 있었는데 최근 그분이 다시 찾아왔다. 다시 오고 싶었지만 그 사이 시력을 완전히 상실해 여러 차례 헛걸음하셨다고 한다. 그동안 우리 병원 앞을 지날 때마다 사람들에게 수차례 묻기를 반복했다고 한다. 그날도 백화점에 오는 길에 보이는 건물마다 들렀다가 마침내 우리 병원을 찾아 내 목소리를 확인하고는 눈물을 글썽거렸다. 그리고 10년 전 해준 세심한 배려에 고마웠다는 감사와 격려의 말씀을 해주셨다.

그분은 시력을 잃었지만 자기 처지를 원망하기보다는 오히려 매사에 감사하며 한때나마 미워했던 사람들을 어떻게든 의지적으로 용서하다 보니 점차 다른 사람을 사랑하게 되었다고 한다. 그러면서 "사람이 일평생 해야 할 일은 용서하고 감사하는 것과 남에게 덕을 많이 끼치는 것"이라고 말했다. 우리는 한참 동안 두 손을 붙잡고 서로를 위로하고 격려했다.

그분이 가시고 나서 내가 행한 작은 친절이 다른 사람에게 큰 위로가 될 수 있음을 생각하면서 오늘도 범사에 감사하며 남에게 유익을 끼치는 삶을 살자고 다짐했다. 그것이 현세의 보람일 뿐 아니라 영생의 기쁨이 될 것이라고 확신한다.

사람은 누구나 시간이 흐르면서 점차 늙어가게 되어 있지만, 세월의 흐름이 나이뿐만 아니라 정신적 성숙함을 가져오고 완고함이 아닌 유연함을 동반하기를 소망한다. 그것은 지금 무엇을 심는지에 의해 좌우될 것이다.

신뢰와 사랑의 호르몬

생기 넘치는 조직은 서로를 향한 의존과 관심, 기여, 그리고 순전한
기쁨이라는 공통분모가 존재한다. 이를 유지하고 강화하는 것이 리더
십 예술의 일부이며, 반드시 필요한 것이 훌륭한 대화다.

———

맥스 드프리, 『리더십은 예술이다』

미국 클레어몬트 대학교의 신경경제학센터Center for Neuroeconomics
Studies 책임자인 폴 잭Paul Zak은 무엇이 사람을 도덕적이며 관대하게
만드는지에 관심을 가지게 되었다. 그는 수학과 경제학을 전공하고
경제학 박사학위를 취득한 학자로서 인간의 두뇌 활동에 주목하여
도덕성이 어떻게 상황에 대한 이기적 인식을 변화시키는지를 연구했
다. 그는 사람이라면 응당 자신의 이익을 우선시한다는 통념에 도전
했다. 그리고 사람 간의 신뢰를 구축하는 데 옥시토신이 중요한 역할

———

을 한다는 사실을 처음으로 밝혀냈다. 그의 연구는 경제학 역사상 가장 시사하는 바가 큰 연구라는 평을 받으며 주목을 끌었다.

옥시토신은 포유류의 두뇌에서 분비되는 신경전달 물질로 출산시 자궁 수축과 모유 수유에 관여한다. 그러나 최근 연구에 의하면 옥시토신은 성적 쾌감, 짝짓기, 사회적 인식, 모성적 행동에 관여하는 등 광범위한 역할을 하는 것으로 밝혀졌다. 사랑 호르몬love hormone 이라고 불리기도 하는 옥시토신이 부족하면 공감 능력이 떨어지고 사회 적응에 어려움을 겪거나 사이코패스의 원인이 될 수도 있다.

그의 연구에 따르면 옥시토신은 평상시에는 거의 분비되지 않다가 다른 사람의 신뢰를 받으면 혈중 농도가 높아지면서 그 영향으로 다른 사람에게 관대해진다고 한다. 그는 옥시토신을 흡입한 그룹이 대조군보다 더욱 관대해지는 것을 발견했다. 이를 통해 그는 옥시토신이 다른 사람을 신뢰하도록 하는 신뢰 물질trust molecule임을 밝혀냈다. 또 옥시토신이 인간의 공감 능력을 증가시켜 타인의 아픔과 즐거움에 동참하고 어려운 사람을 돕는 도덕성의 기초가 되므로 도덕 물질molecule of morality이라고도 불린다.

부적절한 양육을 받았거나 심한 스트레스를 겪은 사람의 몸에서는 타인의 신뢰를 얻어도 옥시토신이 분비되지 않는다. 흥미롭게도 남성호르몬인 테스토스테론은 옥시토신의 분비를 억제해 사람을 이기적으로 만들뿐 아니라 다른 이의 이기심을 정죄하며, 나아가 적극적으로 처벌하려고 든다.

마사지, 댄스, SNS, 함께하는 식사, 합창, 애완동물, 용서 등을 통해 사람들과 교감하며 긍휼한 마음으로 드리는 기도 등이 옥시토신

분비를 촉진한다. 특히 옥시토신을 분비하는 가장 손쉽고 확실한 방법으로는 포옹hug을 추천한다. 그는 하루에 여덟 번씩 포옹하면 옥시토신 분비가 더욱 활발해지고 따라서 삶이 한결 행복해질 것이라고 한다. 더 나은 인간관계가 행복을 불러오기 때문이다. 이렇듯 옥시토신은 사람과 사람 사이를 연결하고 서로 교감하게 해준다.

한번은 모로코에 가서 치과 강의를 한 적이 있다. 강의를 마치고 자유토론 시간에 그곳 수련의들에게 질문을 받았는데, 개업을 할 때의 마음가짐과 동업을 하게 된 과정, 그리고 어떻게 하면 동업을 유지할 수 있는지에 관한 궁금증이 가장 컸다. 그도 그럴 것이 그곳 의사들은 해가 바뀌면 국가에서 지정해준 도시에서만 병원을 열 수 있었다. 따라서 나중에 원치 않는 지역에서 개원하기보다는 비록 아직 경험이 부족하더라도 원하는 지역에서 서둘러 개원하고 싶다는 것이 공통적인 의견이었다. 준비가 부족하니 약점을 보완해줄 파트너와 함께 개원하면 좋을 것 같은데 아무래도 동업 관계가 지속될지 고민된다고 했다.

나는 개업의로서, 또 그리스도인으로서 어떻게 하면 진료 현장에서 신앙과 일치된 삶을 살 수 있을지 고민하던 중 같은 뜻을 가진 분을 만나게 되어 공동 개원을 하게 되었다고 말해주었다. 그들은 다시 내게 수입 배분은 어떻게 하는지, 갈등은 없는지 물었다.

나는 동업은 계약이 아니라 결혼 같은 언약관계라고 답했다. 따라서 동업할 파트너 선택도 결혼 상대를 선택하는 것처럼 해야 한다는 요지의 말을 했다. 진료와 수입 배분 문제에 대해서는 상황에 따라 한쪽이 좀 더 일하거나 혹은 덜 일할 수 있는데, 부부간에 어느 한

쪽이 일을 많이 했다고 더 많이 먹겠다고 한다면 좋은 관계가 될 수 있겠느냐고 반문했다. 그게 가능하냐고 반신반의하면서 상당히 놀라는 수련의들에게, 나는 결혼과 마찬가지로 동업을 할 때도 같은 신앙과 비전의 토대 위에서 신뢰를 쌓아가는 것이 중요하다고 말해주었다.

가끔 사역을 앞세워 공동 개원을 원하는 경우도 있다. 사역자나 선교사 지망생들 중에는 배우자를 선택할 때 인생을 함께할 짝보다는 사모나 동역자를 찾는 사람들이 종종 있다. 행여 사역이 끝나면 관계를 청산하기라도 한단 말인가? 그렇다면 그 관계는 계약관계일 뿐 진정한 결혼이라고 말하기 어렵다.

일터를 사역지처럼 여기고 싶다면 먼저 서로 신뢰하고 사랑할 필요가 있다. 때로는 신뢰와 사랑의 가치가 훼손될 수도 있겠지만 그렇게 반응할 수밖에 없는 우리의 죄 된 본성을 바로 보며 주님의 은혜를 구한다면 조금씩 관계가 회복될 것으로 생각한다. 처음에는 쑥스럽겠지만 주변 사람들에게 마음을 담아 신뢰의 몸짓을 보내보자. 그 결과 아주 작은 하나의 몸짓을 통해 불신의 굳은 땅을 뚫고 신뢰라는 새싹이 움트면서 어느덧 우리 안에 따스한 사랑과 존경이 피어날 것이다. 대개 감정emotion이 행동motion을 유발하지만, 때로는 역으로 행동이 감정을 불러일으키기 때문이다.

사람을 찾으시는 하나님

하느님에 대한 인간의 관심에서 진정성을 의심하는 경향은 하느님의 존재를 의심하는 경향 못지않게 심각한 도전이다. 우리는 하느님의 존재를 증명하는 것보다 신앙의 진정성을 입증해야 하는 절박한 단계에 와 있다.

———

아브라함 헤셸, 『사람을 찾는 하느님』

IMF 외환위기로 나라 안이 뒤숭숭하던 시절이었다. 설마 외환위기가 나에게까지 영향이 있으리라고는 상상도 못 했건만, 그 여파는 내 삶에까지 침투했다. 우리 병원이 입주한 건물의 건물주였던 중견 제약회사가 레저산업에 투자했다가 부도를 내고 건물은 경매 처분되었다. 그 틈을 타 한 재미교포가 헐값에 건물을 인수했다. 그는 비상식적으로 건물을 관리해 세입자들을 불안하게 하더니 급기야 단수·단전 사태가 벌어지는 지경까지 일을 악화시켰다. 여러 가지 불안한 일

———

들이 벌어지자 병원을 옮기지 않을 수 없다는 생각이 들었다.

다른 건물을 알아볼까 고민을 거듭하던 차에 그나마 남아 있던 옆 건물에도 치과가 들어와 도무지 옮길 만한 곳이 없어 보였다. 이 건물에서는 권리금은 고사하고 보증금도 받지 못할 것 같은 난처한 상황에서 하나님을 향한 내 신뢰가 급격히 흔들리고 있었다. 하나님께서 혹시 이 일을 통해 내 신앙을 견고케 하실지 모르겠다는 가냘픈 희망만을 힘겹게 붙잡고 있었다. 그때 읽었던 시편 말씀들은 답답한 내 마음을 대신해 하나님께 탄원하는 내용 같았다. 그러나 시간이 갈수록 상황은 나빠지기만 할 뿐, 말씀은 단지 내가 상황을 어떻게 인식하는지, 하나님을 향한 나의 신뢰는 견고한지 알아보는 시험지처럼 보였다.

병원을 옮길 자리를 물색하기 시작하자 병원을 내놓은 적도 없는데 어떻게 소문이 났는지 몇몇 사람이 찾아왔다. 그저 눈 딱 감고 입을 다물면 권리금과 보증금을 챙길 수도 있었겠지만 내 양심과 나를 향한 하나님의 시선에 비추어볼 때 그럴 수는 없었다. 그래서 찾아온 분들께 이곳에 들어오지 않는 게 좋겠다고 말씀드렸다. 정 원하면 권리금을 받을 생각이 없으니 현 건물주와 계약을 하되 건물이 경매 처분되면 보증금을 날릴 수도 있다는 사실을 알려주었다.

내 이익과 타인의 유익 사이에서의 갈등, 그것이 내가 맞닥뜨린 첫 번째 유혹이었다.

병원 자리를 알아본 뒤 날짜를 정하고 별다른 기대 없이 보증금을 돌려달라고 요청하려던 중, 평소에 친하게 지내던 관리실 직원이 건물을 원상 복구해야 보증금을 청구할 수 있다고 살짝 귀띔을 해주었다. 문제는 기존의 보증금도 떼일 판에 돈 들여 원상 복구를 하는 게 타당하냐는 것이었다.

받을 권리와 해야 할 의무 사이에서의 우선순위의 문제, 그것이 두 번째 시험이었다.

이전에는 무슨 일이 생기면 친구나 선배들에게 전화를 걸어 하소연하고 부탁도 하곤 했는데 이번에는 아무런 대응을 하지 않자, 아무래도 불안해 보였는지 가족들은 여기저기 좀 알아봐야 하지 않겠냐고 타박했다. 그러나 그러고 싶지 않았다. 내게는 무엇보다 상식과 양심에 따른 판단이 중요했고 내 마음이 평안하면 바른 판단을 내린 것이라고 생각했다. 그래서 원상 복구를 마쳤으니 보증금을 돌려달라는 내용증명 우편을 한 통 보내고는 그간의 마음고생을 훌훌 털고 가까운 곳으로 치과를 옮겼다. 썩 내키지는 않았으나 돈에 혈안이 된 건물주를 위해 복을 빌어주는 것이 내가 할 수 있는 유일한 조치였다. 얼마간 새 장소에 적응하느라 분주했는데, 그로부터 한 달 뒤 그 건물의 관리 책임자가 찾아왔다. 건물주가 보증금을 갚아주라고 해서 왔다는 것이었다. 다만 사정이 좋지 않으니 먼저 반을 지급하고, 한 달 뒤에 나머지 반을 주겠다고 한다. 그럴 사람이 아닌 것 같은데 그런 조치를 하다니 의아한 일이었다. 한 달 뒤 잔금을 받고 나서야 실감이 났고 하나님의 손길에 감사했다.

일 년쯤 시간이 흘러 법원에서 편지 한 통이 날아왔다. 건물 경매 처분이 완료되었으니 등기 설정된 보증금을 신청하라는 것이었다. 그럴 리가 없는데 이상했다. 이리저리 알아보니 그 건물의 임자가 이미 바뀌어 있었다. 그때 일 년 전에 찾아왔던 관리 책임자로부터 연락이 왔다. 보증금을 지급한 뒤 일부러 등기를 해지하지 않았으니 그 돈을 받아 자기에게 주면 사례를 하겠다는데 한마디로 나눠 갖자는 제안이었다. 그 건물 때문에 이미 적지 않은 손해를 봤기에 손해를 좀 줄일 수 있는 방법이었지만 내가 갈 길이 아니었기에 법원으로 찾아갔다. "진작 등기 해지를 하든지, 그냥 받아가든지 할 것이지 분배가 다 끝난 상황에서 적은 돈 가지고 번거롭게 됐다"고 타박하는 법원 서기의 핀잔을 받아가며 포기서를 작성하고 나오는 발걸음이 무척이나 가벼웠다.

그렇게 해서 권리 없는 돈에 대한 미련이 남았는지 확인하는 듯한 세 번째 시험이 지나갔다.

그때 하나님은 한 사건을 제시하면서 내가 당신을 찾는지, 그분의 시선을 느끼면서 옳은 길을 선택하는지 확인하셨던 것 같다. 이런 경험을 통해 사람이 하나님을 찾을 때에야 하나님도 사람을 찾으신다는 사실을 깨달았다. 하나님은 다른 사람과 자기 자신에게 상처가 되지 않는 옳은 길을 선택하는 사람, 하나님의 시선으로 보았을 때 꼭 가야 할 길을 가는 사람을 원하신다.

스프링복의 비극과 기적

나를 압도하는 밤은 온통 햇살 같은 눈부심, 나는 내가 아는 하나님께
감사하노라. 그분이 환경을 지배하기 때문에 난 움츠리거나 소리 내어
울지 않았다. 그리스도는 내 운명의 주인, 그리스도는 내 영혼의 선장.

―――

도로시 데이, 「인빅터스 기독교 버전」

남아프리카 공화국의 상징이자 남아공 국가대표 럭비팀의 마스코트
는 스프링복springbok이다. 스프링복은 점프력이 좋고, 번식률이 높은
초식 동물로 무리지어 다닌다. 먹을 풀이 많을 때는 문제가 없는데
풀이 부족하면 앞줄에 있는 동물들이 풀을 먼저 먹어 치우니까 뒤에
있는 무리가 조금씩 달리기 시작한다. 그러다 보면 후미에 있는 무리
는 더 속도를 내게 되고, 그 결과 점차 풀을 먹는 본래의 목적은 잊고
앞서나가는 데만 몰두하느라 무작정 달리게 된다. 이때쯤 되면 스스

―――

로 멈추지 못하고 낭떠러지를 만나 몰살할 때까지 달려 비극적인 최후를 맞이한다.

지금 치과계의 현실이 이와 비슷하다. 치과의사 중 일부가 수익 내기에 급급해 덤핑 치과들을 만들어 임금 착취, 과잉 진료 등의 윤리적 문제들을 일으키더니 결국 여러 거래처를 도산시키고 자신도 파산과 개인회생을 신청하는 수순을 밟았다. 함께 몰살의 길로 가는 것이다.

한편 스프링복은 기적의 상징이기도 하다. 남아공은 1994년에 오랜 백인 통치를 끝내고 넬슨 만델라가 최초의 흑인 대통령에 당선된다. 만델라는 이듬해 럭비 월드컵을 유치하고 "스프링복스" Springboks 팀의 주장 프랑수아를 불러 국가의 단합을 위해 꼭 우승해 달라고 부탁했다. 이는 사실 남아공 국가대표팀의 실력으로 볼 때 불가능한 요구였다. 게다가 선수의 대부분은 백인이라, 백인 통치에 한이 맺힌 흑인들은 오히려 다른 나라 팀을 응원했다고 한다. 그러나 기적이 일어났다. 남아공 대표팀이 럭비 세계 최강국인 뉴질랜드 국가대표팀 올블랙스All blacks와 결승에서 맞붙자 흑인 관중도 스프링복스를 응원하기 시작했다. 기적 같은 우승을 얻어낸 뒤 흑인 관중은 백인 선수를, 백인 관중은 만델라를 향해 큰 환호를 보냈다. 그때 만델라는 흑인들 사이에서 혐오의 상징으로 통했던 녹색 스프링복스 유니폼을 입고 시상식에 나타났다. 이렇게 하여 남아공의 흑백 갈등은 전환점을 맞아 화합을 향해 성공적으로 나아간다.

이 드라마틱한 이야기를 잘 묘사한 것이 영화 〈우리가 꿈꾸는 기적: 인빅터스〉Invictus다. 인빅터스는 "천하무적"이라는 뜻을 가진 라

틴어로, 영국 시인 윌리엄 헨리가 지은 시의 제목이기도 하다. 스프링복스 팀은 2007년 럭비 월드컵에서 또 한 번 우승한 뒤 넬슨 만델라의 수인 번호였던 46664번 유니폼을 입고 만델라를 찾아간다. 이제 스프링복스는 인종화합과 통합의 상징이 되었다. 이 영화에서 주장 프랑수아 역으로 열연한 맷 데이먼은 만델라가 갇혀 있던 감옥을 찾아가, 그가 오랜 수감 생활 동안 겪었을 고통과 두려움에 공감하면서 주장으로서 가졌던 우승에 대한 중압감을 이겨내는 과정을 잘 보여준다. 이처럼 스프링복스는 두려움과 탐욕으로 인해 벌어진 비극의 상징이기도 하지만, 동시에 두려움을 이겨내고 불가능해 보이는 화합을 이루어낸 승리의 상징이기도 하다.

마치 스프링복처럼 우리 치과계의 구성원들 모두가 너 나 할 것 없이 앞만 보고 달리게 된 까닭이 무엇일까? 남보다 더 먹겠다는 욕심과 남의 떡이 더 커 보이는 비교 때문이다. 그런데 이 두 가지는 사탄이 가진 무기다. 하지만 우리에게는 그에 상응하는 기도와 성령 충만이라는 무기가 있다. 얼핏 보기에는 볼품없어 보이지만 이 무기를 통해 싸움의 주체는 우리가 아닌 하나님이 된다. 우리는 두려움에 짓눌려 다수와 함께 몰살당하는 길로 가야 할까, 아니면 두려움을 극복하고 소수만이 택하는 옳은 길로 가야 할까?

지금이야말로 생각이 필요한 때다. 생각하지 않고 살면, 사는 대로 생각하게 되기 때문이다.

하나님의 초대

우리가 우리 생활에서 일어나는 일들을 통제하기는 힘듭니다. 그러나 일어난 일들을 어떻게 통합하고 기억할 것인가는 충분히 통제할 수 있습니다. 우리가 우리의 인생에 존엄성을 부여하는 것은 바로 이 영적인 선택입니다.

―――

헨리 나우웬, 『영혼의 양식』

1990년 3월경 군의관 제대를 앞두고 개원 자리를 알아보러 다닐 무렵의 일이다. 애초에 대학교수직에 뜻이 있었지만 마땅히 오라는 곳이 없어 마지못해 개원을 준비하던 터라 개원이 썩 내키지는 않았다. 모아둔 돈이 없으니 이미 자리 잡은 사람들을 부러운 눈으로 바라보며 적은 돈으로 개업할 수 있는 자리를 찾던 중 영등포 인근의 허름한 공장 밀집 지역에 치과가 매물로 나왔다는 소식을 듣고 중개인과 함께 찾아갔다.

―――

60대로 보이는 원장님과 다행히 이야기가 잘되어 계약금으로 400만 원을 전했다. 며칠 후 약속한 날에 중도금을 어찌어찌 마련해서 치과로 찾아갔더니 치과 문은 굳게 닫혀 있었고, 약속을 했던 원장님을 만날 수도 없었다. 중개인이 여기저기 수소문을 해보더니 이분이 삼중 계약을 한 뒤 인수금을 받고 사라졌다고 했다. 복잡한 사생활과 관련이 있었던 것 같다.

그 소식을 듣자 하늘이 캄캄해졌다. 스물아홉의 나이에 감당하기엔 너무 무겁고 차가운 시련이었다. 가족들에게 면목이 없고 답답해 책상 밑에 머리를 처박고 누워 지내던 어느 날 누군가로부터 새벽기도에 나가보는 게 어떻겠냐는 권유를 받았다. 당시는 교회 문을 이제 막 겨우 넘나들기 시작한 터라 새벽기도에 나간다는 것은 낯설고 버거운 결심이었다. 하지만 다른 뾰족한 대안이 없는지라 망설임 끝에 차가운 새벽바람을 맞으며 처음으로 새벽기도를 가보았다. 월요일부터 시작한 새벽기도였지만 셋째 날이 되어서야 그때가 고난 주간이라는 것을 알게 되었다. 가룟 유다가 예수님을 파는 내용의 설교를 듣고 마음 깊은 곳에 찔림을 느꼈다.

비록 예수님을 파는 거래를 한 건 아니지만 예수님의 개입과 승인이 없는 거래는 모두 내 눈앞의 작은 이익을 좇은 것이기에 결과적으로 나와 예수님을 파는 거래라는 생각이 들었다. 남들이 볼까 봐 흐르는 눈물을 애써 숨기며 잘못을 고백하고 회개 기도를 했다.

교회에서 돌아오자마자 서둘러 출근한 다음 대학원 의국 세미나에 참석하기 위해 발걸음을 재촉했다. 이른 아침 치과대학의 엘리베이터 안은 세미나에 참석하는 대학원생들로 비좁았다. 그때 다른 과 선배 한 분이 "야, 철규 너 사기당했다며? 어떻게 당했냐?"라는 말을 하는 바람에 엘리베이터 안 사람들의 시선이 모두 내게 꽂혔다. 갑자기 사람들 앞에서 발가벗겨진 것 같은 창피한 느낌에 얼른 엘리베이터를 빠져나와 서둘러 의국으로 향했다. 그러나 그 선배는 기어이 나를 쫓아와 어찌 된 일이냐고 꼬치꼬치 캐물었다. 방 안에 있던 모든 사람이 무슨 일인가 궁금해서 이것저것 물어대는 통에 정말 쥐구멍에라도 숨고 싶은 심정이었다. 나중에 안 일이지만 그 선배는 마침 병원을 내놓고 도심으로 옮기려던 차에 내 소식을 듣고 안타까운 마음에 작지만 그런대로 운영이 잘되는 자기 병원을 넘겨주려고 내 이야기를 듣고 싶어 했던 것이다. 정녕 나에게 예비된 하나님의 손길이었다. 대화는 순조롭게 진행되어 그 주 토요일에 모든 거래가 마무리되었고 아내와 태중의 아기와 함께 맞이한 부활절 아침은 처음 느껴보는 큰 감격을 선물했다.

그때 하나님께서 주신 깨달음은 내 앞에 닥친 어려움은 하나님이 나를 만나길 원하셔서 보낸 초대장이라는 것이었다. 세속의 욕심으로 가득한 우리의 귀는 하나님의 세미한 음성을 자주 놓치게 된다. 그래서 잘못된 길을 가고 있으면서도 도로 표지판을 읽지 않고 무작정 앞으로만 내달리는 우리 앞에 하나님께서는 장애물을 설치하신다. 나는 마침내 우리의 잰걸음을 멈추게 함으로써 그분 자신을 만나게 하시는 하나님의 깊은 뜻을 알았다.

욥기를 보면 난관에 봉착한 욥은 핍박받는 자신의 억울함을 호소하며 이 세상의 악한 문제들을 해결하지 않으시는 하나님이 과연 어디 있냐고 불평한다. 그러나 하나님께서는 악의 문제를 해결하시기보다는 오히려 자신이 창조주이시며 세상의 주인이심을 선포하신다. 하나님은 현상에 대해 답을 요구하는 우리의 시선을 현상 너머의 본질이신 그분 자신에게로 돌려놓으신다. 모든 문제의 답이 그분 자신이기 때문이다. 이런 깨달음을 얻고 나니 어려움을 통해 우리를 곁으로 초대해주신 하나님의 손길에 깊이 감사하게 되었다.

비록 그때 당시는 나에게 이런 악한 일을 행한 가해자에 대한 미움으로 기도를 시작했지만, 하나님께서는 오히려 못난 나를 불쌍히 여기시고 은혜를 부어주셨다.

당시에는 그는 악한 가해자고 나는 선량한 피해자라고 생각했지만, 선과 악의 경계가 나와 그 사람 사이에 존재하는 것이 아니라 그와 나 사이를 관통한다는 사실을 뒤늦게 깨닫게 하셨다. 내 속에도 동일한 죄성이 있으며 나 자신도 조금만 마음을 잘못 먹으면 얼마든지 그보다 더한 악을 행할 수 있음을 여러 차례 발견했기 때문이다.

사람이 선한 자와 악한 자로 확연히 나뉜다는 식의 단순한 사고로는 현존하는 악의 문제를 해결할 수 없으며 악을 행한 사람을 용서할 수도 없다. 피해자와 가해자 사이를 관통하고 지나가는 끈끈한 섬유조직 같은 악을 바로 바라보고, 예리한 검으로 내게서 악의 문제를 벗겨내 회개할 뿐 아니라 또한 그에게서 악의 문제를 벗겨내 용서하는 것이 우리를 향한 하나님의 뜻이라는 것을 알게 되었다.* 따라서 우리가 할 일은 우리의 불순종에 대해 회개하고 타인을 용서하며 긍휼을 베푸는 것이다.

---

* 톰 라이트 지음, 노종문 옮김, 『악의 문제와 하나님의 정의』(IVP, 2008).

　지금도 생존을 위해 치열하게 애쓰며 매섭고 차가운 도전 앞에서 분투하고, 무엇보다 사람과의 관계에서 좌절하는 후배들의 어깨를 감싸며 나지막히 말해주고 싶다.

　"어려움은 그대를 향한 하나님의 초대의 손길이라는 것을 알고, 떨군 고개를 들어 하나님께 시선을 돌리자"고 말이다.

차라리 통곡할지언정

내가 볼 때, 그리스도인으로 사는 것은 답 없이 사는 법을 배우는 과정이다. 이렇게 사는 법을 배울 때 그리스도인으로 사는 것은 너무나 멋진 일이 된다. 신앙은 답을 모른 채 계속 나아가는 법을 배우는 일이다.

———

스탠리 하우어워스, 『한나의 아이』

얼마 전 한 치과의사가 환자를 폭행하는 모습이 담긴 동영상이 포털 사이트를 달구었다. 그 사건 뒤에 숨은 진실을 알 길이 없지만 '젊은 치과의사가 오죽했으면 그랬을까?' 싶은 안타까움과 '그래도 참았어야지' 하는 생각이 번갈아들며 마음이 무겁고 괴로웠다. 어쩌다 의사들이 여기까지 온 걸까? 이미 의료가 인술이 아니라 상술 중에서 저급한 상술이 되어버린 지 오래다. 의사는 환자의 질병을 이용해 한 푼이라도 더 받아내려 하고, 환자는 그런 의사를 불신의 눈으로 보면서 나를 괴롭히면 가만두지 않겠다는 전의에 불탄다. 이제 더는 환자의 입에 안심하고 손을 넣기 두려운 지경까지 이르렀다.

A 교수는 유방암 분야의 국내 최고 명의로 꼽힌다. 나는 군의관 시절 외과, 내과, 치과 의사, 단 세 사람만 근무하는 의무실에서 그분을 실장님으로 모시고 함께 복무했다. 유머 있고 소탈하며 진실한 성품 때문에 동료 군의관은 물론 주변 사람들도 그를 많이 따랐다. 내가 군의관 기간 동안 신앙생활을 근근이라도 이어나갈 수 있었던 것도 따지고 보면 독실한 신앙인인 그분 덕이었다. 그분이 군 복무를 마치고 대학병원에 들어간 이후로 간간이 연락은 하고 지냈지만 무얼 하며 지내는지는 잘 몰랐다.

유방암 분야에서 독보적인 입지를 구축하셨다는 소식을 듣기는 했지만, 세월이 꽤 흘러 몇 년 전 어느 날 일간지에 실린 그분의 기사를 보고 깜짝 놀랐다. 그분은 자기가 수술한 환자들이 멀리서 항암 치료를 받으러 왔는데 머물 곳이 없어 근처 여관을 전전하는 것을 보고서는 도저히 그냥 있을 수 없어 본인 명의의 대출금으로 병원 앞에 아파트를 얻어 환자를 위한 쉼터를 마련했다고 했다.

"새순의 집"이라고 불리는 그 쉼터에 병원 의사들이 돌아가면서 방문해 환자들을 살핀다는 것이었다. 이 쉼터에서 환자들은 서로를 위로하고 격려하며 투병생활의 애환을 이겨낸다고 했다. 그뿐만 아니라 환자들과 함께 찜질방에 가서 시간을 보내고 이야기를 들어주면서 상담도 해준다고 했다. 이러한 진정성이 환자들에게 전달되어 환자들 스스로 돈을 모아 새순의 집 2호, 3호가 개설되었다는 소식이 들려왔다.

　최근에 잘 아는 집사님의 부인이 유방암 진단을 받고 그분께 수술 예약을 했다. 이 일로 오랜만에 그분과 통화를 하면서 환자를 부탁했다. 그 뒤 전화로 다시 후속 조치와 관련해 이야기하려 했으나 연락이 닿지 않아 의국에 사정을 말씀드렸더니, 비서가 "이메일로 질문하면 자세히 답해드리니 그렇게 해주세요" 한다. 나중에 알고 보니 환자 중에 전도할 사람, 위로가 필요한 사람이 있으면 기꺼이 도움의 손길을 건네고 복음을 전하는 편지를 보낸다고 했다. 의사 일을 마치 목회처럼 하고 계신 것이었다. 이 교수님의 스토리를 알게 된 뒤 '저분은 진료를 목회처럼 하는데 나는 무얼 하고 있나?' 하는 자책감이 들어 어떻게 하면 내 일도 사업이 아닌 사역이 될 수 있을지 고민했다. 곰곰이 생각해보니 그분의 "목회"와 나의 목회는 성격이 달랐다. 그의 목회 대상은 생명의 불씨가 꺼질 위기에 처한 사람들을 붙잡고 위로하는 목회지만, 나의 목회는 일상생활을 영위하는 데는 결정적인 문제가 없지만 그럼에도 불편과 고통을 겪는 사람을 돌보는 것이라는 점이 다르다는 사실을 알고는 조금 위안이 되었다. 그러나 한편으로는 결국 의료의 본질은 같다는 생각이 들어 나를 찬찬히 돌아보게 되었다.

　예로부터 의사는 법률가 및 성직자와 함께 전문인professional이라는 별개의 직업군으로 분류된다. 근래에 들어 전문인의 영역이 점차 확대되고 있지만 본래 전문 직업은 다른 영역에 비해 판단의 독립성, 비밀 보장의 의무, 24시간 헌신이 요구된다. 일과를 마치고 퇴근하여 넥타이를 풀고 편한 옷으로 갈아입는다 해도 정신적 넥타이만은 풀지 못하는 게 전문인이다. 따라서 의료는 기술의 진보에 도덕적 헌신이 결합함으로써 발전해왔다.

캐머런은 그의 저서에서 도덕적 의료를 세 마디 말로 요약 정리한다. 첫째는 하나님, 스승, 환자와의 관계를 의미하는 삼중의 계약이다. 둘째는 환자의 생명에 해를 가하지 않으며 환자의 행복을 우선으로 추구하는 이중의 의무다. 셋째는 치료자라는 유일한 역할이다. 이를 풀어보면, 의사의 직분이란 의사와 환자와의 수평적 관계와 하나님과 스승의 수직적 관계 속에서 수행되어야 하되, 환자를 위험에 빠트리지 않을 뿐 아니라 환자의 행복을 추구해야 하고, 더 나아가 환자의 심신을 치료하는 것이어야 한다.*

의학적 치료는 의사 한 명과 환자 한 명이 만나는 인간적 작업인 동시에, 하나님의 허락을 받아 사람을 돌보는 사역이다. 따라서 의사는 직업인으로서의 역할뿐 아니라 말과 행동을 통해 환자에게 특별한 호소력을 가지며 환자의 심신에 깊은 영향을 미치게 된다. 이렇듯 환자는 의사가 갖는 권위의 원천이며, 의사가 누리는 사회적 지위와 보상의 원천이고, 더 나아가 의사의 발전과 학습, 이해, 지식의 원천이 된다.** 따라서 치과의사의 경우 환자의 입속을 들여다보며 핸드피스를 들기 전에 환자와의 인격적 관계부터 세우는 것이 우선이다.

의료인이라면 수필가 아나톨 브로야드가 전립선암으로 사망하기 직전에 쓴 글을 새겨볼 필요가 있다.

* 니겔 캐머런 지음, 권성수 옮김, 『기독교 의료윤리』(도서출판 햇불, 1993).
** 에릭 J. 카셀 지음, 강신익 옮김, 『고통받는 환자와 인간에게서 멀어진 의사를 위하여』(들녘, 2002).

나는 의사들이 내게 많은 시간을 할애해주길 바라지 않았다. 단 5분이라도 내가 처한 상황을 심사숙고해주고 한 번이라도 그들의 진심 어린 배려를 받고, 잠시라도 그들과 내가 교감하고, 나의 신체적 어려움뿐 아니라 정신도 위로받으며, 환자를 일률적으로 대하지 않고 나의 전립선뿐 아니라 마음까지도 살펴주기를 원한다. 이것이 없다면 나는 그저 하나의 질병에 지나지 않는다.*

치과 환자의 약 10%가 정신과 환자라는 통계가 우리를 주눅들게 하더라도, 일부 환자들이 우리를 힘들게 하고 더 나아가 이 사회의 제도가 우리로 하여금 의사가 된 것을 후회하게 만들고 낙심시킬지라도, 그럼에도 차라리 서로 부둥켜안고 통곡을 할지언정 환자에게 분을 내지 말고 참아야 한다. 그것이 의사의 도리니 말이다.

---

* 버나드 라운 지음, 서정돈·이희원 옮김, 『치유의 예술을 찾아서』(몸과마음, 2003).

나는 당신의 삶에 개입합니다

우리는 예수님이 생수 강물을 흘려보내시는 중앙천이 되어야 한다. 이것은 한때의 체험이 아니라 계속 흐르는 강물이다. 강의 원류에 붙어 있으라. 그러면 강물이 꾸준히 흘러 생기가 없거나 마르지 않을 것이다.

———

오스왈드 챔버스, 『주님은 나의 최고봉』

내 선친께서는 40대 중반부터 틀니를 끼기 시작하셨다. 나는 어렸을 때부터 서랍 속에서 헌 틀니가 뒹구는 모습을 보았기에 내게 그것은 낯설지 않은 물건이었다. 그것을 함부로 가지고 놀 수는 없지만 신기한 장난감처럼 친숙하게 느꼈다. 어린 마음에 아버지가 뜨거운 찌개를 후루룩 드시는 것을 보면 틀니를 끼는 것이 부럽기도 했다. 자라면서 틀니를 꺼내 들고 주머니칼로 내면을 조정하시거나 먹지를 입에 물고 교합조정을 하시는 아버지의 모습을 자주 보았기에, 치과대

———

학에 들어가고 의치를 전공하게 된 것은 어쩌면 당연한 결과였는지도 모르겠다.

레지던트 1년 차 때 처음 배정받은 틀니 환자는 아직도 내게 굴욕적인 사건으로 기억된다. 당시에는 본을 뜨는 인상채득 과정이 과연 잘된 것인지 확신할 수 없어 선배의 지도를 받아가며 단계별로 치료를 진행했다. 다행히 결과는 만족스러웠지만 환자는 수납 창구에서 "나를 치료한 의사가 틀니 시술을 처음 하는 게 분명하다. 나는 실습 대상이었기 때문에 치료비를 반만 내겠다"고 소란을 피우는 통에 과장님께 불려가 꾸중을 들어야 했다.

시간이 흘러 조금 손놀림이 익숙해질 무렵부터 아버지의 틀니를 처음부터 끝까지 내 손으로 해드릴 수 있었다. 그런 나를 대견해하시는 아버지의 모습을 보며 치과의사가 된 보람을 느끼기도 했다. 그러나 뿌듯한 순간도 잠시, 퇴근 후 저녁상 앞에서 그날의 치료를 가혹하게 평가하시거나 불편감에 대한 학술적 토론을 벌이실 때면 되도록 환자와 같이 식사하는 일은 피해야겠다는 작은 깨달음을 얻기도 했다. 개업 후에도 틀니 환자들에게는 각별한 애정이 있었다. 가급적 치아 배열과 교합조정은 내가 직접 하겠다고 결심하고서 주말이면 집에 교합기를 가지고 와서 책상에 펼쳐놓곤 했다. 우리 아이들이 신기한 눈빛으로 교합기를 바라보던 기억이 지금도 새록새록 난다.

어느 노 목사님의 틀니를 처음 봤을 때는 참 마음이 아팠다. 이미 마모될 대로 마모된 데다가 부러진 곳을 붙여 누더기가 된 틀니로 식사를 하고 설교를 하시다니…. 목사님이 목회하시던 곳은 서울의 변두리에 위치한 작은 교회인지라 연로한 목사님의 틀니 치료비를 교회가 감당할 수 없었던 같다. 정황을 감안해 무료로 시술을 해드리니 목사님은 뛸 듯이 기뻐하셨고 그 이후로 매번 성경 말씀을 카드에 적어 보내주는 방법으로 고마움을 표현하셨다. 그분은 식사를 맘껏 할 수 있고 소리 높여 찬양을 부를 수 있다는 사실에 감사하며 우리 가정을 위해 기도해주셨다. 적어도 하루에 세 번은 내가 생각나서 기도를 할 수밖에 없었다고 하셨다. 나중에는 힘든 일이 있을 때마다 목사님께 전화로 기도를 부탁드리기도 했다. 따지고 보면 오히려 내가 헤아릴 수 없이 많은 치료비를 받은 셈이 되었다.

치과 치료가 환자의 삶에 개입하는 행위라는 것을 어렴풋이 알고 있었지만, 이 사건을 계기로 특히 틀니 치료는 매 순간 환자의 삶 속에 깊이 개입하는 일임을 깨닫게 되었다. 치과의사는 환자가 하루 세 번의 식사를 할 때마다 원망과 저주를 퍼붓는 대상이 될 수도 있고, 감사와 축복의 대상이 될 수도 있다. 어느 치과의사 출신의 시인은 그의 시 「완전 틀니를 만들며」*에서 이렇게 말했다.

당신의 운명에 개입합니다.
며칠 전만 해도 타인이었던 제가
감히 당신의 삶의 반려가 되다니
…
당신은 제게 찬탄과 감사의 마음을 갖기도 하고
불편함 때문에 원망의 눈빛을 보낼 겁니다.

* 김영환, 『지난날의 꿈이 나를 밀어간다』(쌤앤파커스, 2011).

저 또한 밤마다 당신 생각으로 뒤척이고

…

죽어서도 가지고 가실 나의 당신

당신과 나 사이에 틀니가 있습니다.

당신은 나의 운명에 개입하였습니다.

틀니 치료는 생각보다 어렵다. 치료가 끝나도 환자가 만족할 때까지 안심할 수 없기 때문이다. 특히 아랫니 틀니의 난이도가 더 높다. 오죽하면 보철과 의사들 사이에서 치료 전에 환자에게 미리 "제가 윗니 틀니 전공이니 치료비를 두 배로 받겠습니다. 그 대신에 아래는 공짜로 해드리지요! 그러니 공짜로 하는 아래 틀니에 대해 불평하면 안 됩니다"라고 말해두라는 농담이 돌 정도다.

언젠가 내 친구가 틀니를 만들어놓고 끼워드리기 직전에 환자가 돌아가셔서 치료비도 다 받지 못했다고 투덜댄 적이 있다. 나는 농담 삼아 이렇게 말했다. "감사해야지! 끼워드리자마자 돌아가신 다음 밤마다 꿈에 나타나 불편하다고 하셨으면 어쩔 뻔했어?" 그러자 그 친구가 "어휴, 정말 그러네. 다행이군!" 하고 웃었다.

인상과 교합에 대한 지식과 기술적 노하우가 틀니 치료의 성패를 좌우한다. 그러나 그것만이 전부는 아니다. 의학은 자연과학이지만 의료는 인문학이라는 말이 있듯이, 환자의 삶을 이해해야만 좋은 치료를 할 수 있다. 틀니 치료는 더욱 그렇다. 더군다나 틀니 환자의 상당수는 불안과 우울증을 앓고 있기 때문에 각별한 주의를 기울여야 한다.

틀니 치료가 시작되면 나는 틈틈이 환자들의 삶의 이야기를 듣는다. 언제 이를 빼셨고, 언제 틀니를 처음 끼셨는지, 그때의 느낌은 어땠는지, 은퇴 전에는 무슨 일을 했는지 묻는다. 지나가는 말로 가족과 자녀들에 대해서도 질문을 던지곤 한다. 치료에 필요한 정보를 포함한 환자의 심리적 상황을 이해하기 위한 목적도 있지만, 무엇보다 삶의 애환을 공유하고 싶기 때문이다. 환자들은 처음에는 마음을 쉽게 열지 않지만, 점차 자기 이야기를 듣고 싶어 하는 의사에게 마음을 열게 된다. 서른두 개 치아 각각에 얽힌 사연을 나누다 보면 어느덧 환자와 친구가 되기도 한다.

자신의 틀니 비용조차 남겨두지 않고 가진 것을 자녀들 지원에 전부 쏟아붓고 딸이나 며느리 손에 이끌려 오시는 노인들에게 틀니는 인생의 훈장과 같다. 이 훈장을 정성껏 만들어드리는 것이 하나님께서 치과의사인 내게 주신 귀한 직분이고 특권이다.

우리는 이렇게 당신의 과거와 미래의 삶 속에 개입한다. 매년 해가 바뀔 때면 틀니를 통해 나와 엮인 어르신들의 안부가 특히 더 궁금해진다.

당신과 함께한 30년

우리 의사들의 직업은 목사와 같은 성직이다. 나는 교회가 목사를 임명하는 것과 똑같이 의사도 임명했으면 하는 바람을 가지고 있다. 우리가 온 마음과 영혼을 다해 우리의 직업에 몸을 바치는 것도 바로 이신념 때문이다.

─────

폴 투르니에, 『성서와 의학』

그를 만난 지도 어느덧 30년 가까이 되어간다. 잘 다려진 군복같이 단정하고 깔끔했던 20대 후반의 군의관 시절, 일 년간의 최전방 근무를 마치고 국방부 청사 의무실에 배치되어 그를 만났다.

당시 30대 후반의 P 상사는 정보 관련 업무로 낮과 밤이 바뀌어 늘 피곤에 절어 있었다. 피로가 고스란히 잇몸에 전달된 탓인지 그의 구강 상태는 엉망이었다. 군부대 시설에서 해줄 수 있는 치료라고는 고작해야 잇몸치료 정도였지만 나는 정성을 다해 그를 치료했다.

─────

　내가 제대한 뒤 개인 치과를 개원하자 P 상사는 군 병원을 마다하고 나에게 찾아왔다. 그는 정기적으로 관리를 해주어도 이미 잇몸이 무너져 돌이킬 수 없는 상태였고 급기야 치아를 몇 개 빼야 하는 상황이 되었다.

　세월이 꽤 흘러 그도 예편하고 군무원으로서 제2의 공직 생활을 시작하였다. 서로의 호칭이 군의관님에서 원장님으로, 상사님에서 P 선생님으로 점차 바뀌어갔다. 하지만 그의 입안은 늘 나에게 버거운 숙제였다.

　경제적 형편도 그렇지만 구강 상태 역시 근본적인 치료를 실행할 수 없는 조마조마한 상황인지라 임시 의치를 만들어 사용하는 게 최선이었다. 그는 허술한 틀니와 흔들리는 치아를 가지고도 웃음을 잃지 않고 매년 찾아와 서로 살아가는 이야기를 나누곤 했다.

　언젠가는 내가 해외 의료 봉사활동을 다닌다는 이야기를 듣고 수줍어하며 자기도 요리를 좋아해 주말에 보육원에서 짜장면을 만들어 주는 봉사활동을 시작했다고 말했다.

　시간이 흘러 공직에서 은퇴할 나이가 되자 언젠가는 임플란트 치료를 받아야 할 것 같아 꾸준히 적금을 부었으니 이제 원장님이 맡아서 해달라며 찾아왔다. 해야 할 치료가 너무 많고 아무래도 우리 치과 의료비가 부담이 될 테니 좀 저렴한 곳도 함께 알아보시고 결정하라고 했으나 그는 그동안 30년 가까이 자신의 잇몸을 지켜주신 원장님이 있는데 어디를 가겠냐며 치료를 부탁했다.

　그렇게 일 년 가까이 치료한 끝에 그는 젊은 시절의 미소를 되찾았다. 이제는 머리카락이 많이 빠지고 얼굴에는 주름이 가득했지만 여전히 웃음만은 P 상사라 불렸던 때 그대로였다.

그의 치아 하나하나, 입안 구석구석에 그와 내가 함께한 세월의 흔적이 남아 있다.

"아, 내가 이렇게 당신의 삶에 개입해왔군요. 참 오랜 세월을."

힐링 토크

복음은 승인해야 할 목록이라기보다는 연주해야 할 음악과 같다. 포용의 은혜는 우리에게 그것을 지금 여기에서 삶으로 변화시키라고 말한다. 복음은 선포해야 하는 동시에 실천해야 하는 것이다.

———

스캇 맥나이트, 『배제의 시대, 포용의 은혜』

"좋은 치과 기도 모임"에서 한 후배가 "아침 열기"라는 프로그램에 대해 알려주었다. 직원들과 업무 외의 대화를 나누며 서로의 기쁨과 슬픔, 꿈과 소망을 공유하는 내용으로 이루어진 프로그램이라 한다. 일주일에 한 사람씩 돌아가며 말문을 열면 다른 직원들이 격려와 조언 그리고 지지를 해주는 대화 방식이었다. 너무나 좋은 취지여서 언젠가 꼭 우리 직장에서도 하고 싶었지만 많게는 13년 차, 적게는 4년 차인 직원들이 얼마나 쑥스러워할지 보지 않아도 예상되었다.

———

　최근에 우리 병원의 막내 직원이 실장을 통해 퇴사하겠다는 의사를 밝혔다. "인사 위원회"를 만들어 선임 직원들과 함께 면접하고 채용을 결정한 사람이기에 각별한 마음이 있었다. 그간 우여곡절이 있었지만 선배들이 책임감을 가지고 자발적으로 그의 업무 능력 개선을 돕는 모습을 보고 직원들과 함께 채용하기를 잘했다고 생각했다.

　둘이 따로 마주앉아 그만두려는 이유를 묻자 뜻밖에도 그녀는 선배들이 너무나 친절하고 좋은 분들이지만 선생님 같아 그 사이에서 심한 중압감을 느꼈다고 했다. 아마도 천성이 착하고 근심거리를 속에 쌓아두는 스타일이어서 더욱 그랬나 보다. 마음이 안타까웠다. 업무의 효능과 생산성을 강조하다 보면 이런 애환이 있는지도 모르거나, 알면서도 무시하며 지나가게 되는 것 같아 자책감이 컸다. 본인의 의지가 확고하여 퇴사 결정을 돌이킬 수는 없겠지만 한솥밥 먹던 사이니 우리 병원을 나가기 전에 조금이라도 자존감을 회복했으면 좋겠다는 생각이 들었다. 본인과 직원들에게 취지를 설명하고 며칠 후 아침 미팅 시간에 힐링 토크를 하기로 했다.

　직원들 표정을 보니 '굳이 이렇게까지 할 필요가 있나' 싶은 쑥스럽고 어색해하는 기색이 역력했지만 애써 무시한 채 아침 미팅을 시작했다. 나는 최근에 읽은 『산둥 수용소』라는 책 이야기를 꺼내며 다시 한번 모임의 취지를 잘 설명했다. 우리에게는 어떤 환경에서도 "일상화"하는 뛰어난 능력이 있지만, 일상에서 가장 관건이 되는 성품을 형성하기 위해서는 부단한 자기 노력과 주변의 격려가 필요하다는 내용이었다.

　먼저 막내가 성장 과정에서 기뻤던 일과 힘들었던 점을 나누자 스태프 한 명 한 명씩 돌아가며 그간의 미안했던 마음을 털어놓았다. 이제껏 딱히 제대로 표현한 적이 없던 막내의 착한 성품에 대한 감사와 격려의 말들이 쏟아져 나왔다. 공감 능력이 뛰어난 여성들인 만큼 대화 내내 눈물이 함께했다. 이렇게 3-40분 동안 뜨거운 시간을 가지고 나니 서로에 대한 소중함과 감사한 마음이 가득해졌고 기도로 힐링 토크를 마쳤다.

통상 아침 미팅 때는 약속된 환자와 진료 내용에 대한 이야기를 나누지만, 그날은 오로지 우리 자신에 관한 이야기를 나누었다. 다시 직원들의 얼굴을 살펴보니 쑥스러움은 이미 휘발된 지 오래고, 따뜻함과 뿌듯함이 가득했다. 새로운 사람에게 인수인계를 하는 동안 아무쪼록 무사히 마음이 회복되었으면 하는 바람이다.

일단 떠나기로 한 사람은 잘 보내는 게 우선이라는 생각이 들어, 스태프들에게 막내가 그간 우리 병원에서는 경험하지 못했지만 다른 직장에서 반드시 알아야 할 업무들을 짧은 시간이나마 가르쳐주라고 말해두었다.

떠날 사람은 축복하며 보내고 싶고, 새 사람은 기대하며 맞이하고 싶다.

사랑스러운 원 선생

인생의 다른 모든 것보다 하나님을 더 갈망하고 그의 나라가 다른 사
람들의 삶으로 확장되는 것이 무엇을 소유하는 것보다 더욱 큰 기쁨
이 될 때, 그때 복음이 우리 안에서 역할을 다하는 것이다.

─────

J. D. 그리어, 『복음본색』

몇 해 전 중국 상해에 치과를 개원했다. 이대경 원장님의 오랜 신앙
동역자인 재중 동포 오 사장님과 이른바 "좋은 치과"를 만들어보자는
비전으로 출발했다. 규모는 작지만 정직과 성실을 바탕으로 실력 있
고 친절한 치과를 만들어보자는 각오를 다졌다. 물론 중국이라는 낯
선 환경 때문에 처음에는 염려와 기대가 교차했고 따라서 선뜻 개원
을 결정하기 어려웠다. 그러나 많은 어려움을 극복하고 오늘까지 비
교적 순항할 수 있었던 것은 우리가 좋은 치과를 만들어보자는 비전

─────

을 공유했기 때문이다.

원 선생은 4년 전 병원을 개설할 때 참여한 개원 멤버다. 그는 초등학교 때 연변 대표로 축구대회에 출전하여 중국 전체에서 2등을 차지할 정도로 뛰어난 축구선수였다. 그러나 일찍이 선수로서의 미래에 한계를 느껴 운동을 그만두고 치과 기공 학교에 진학하여 기공사 자격을 취득했다. 그런대로 생계는 해결되었지만 배움에 대한 꺼지지 않는 열정 때문에 공부를 계속한 결과 어려운 검정고시를 통과하여 마침내 치과의사가 되었다.

풋풋한 스물일곱 살 청년이던 성격 급한 원 선생이 어느덧 삼십 대에 접어들었다. 과거의 그는 다혈질에 친구와 술, 운동을 좋아하는 평범한 중국 청년이었다. 한국에서 힘겹게 고국에 있는 외아들을 뒷바라지하는 어머니에게는 늘 아픈 손가락과 같은 존재였다고 한다. 그는 중견 사업가로 자리 잡은 오 사장님의 배려로 우연히 우리 팀에 합류했는데, 우리 병원 의사라면 교회에 다녀야 한다는 농담 섞인 말에 불같이 화를 내며 그럴 거면 직장을 그만두겠다고 했다.

기회가 되면 원 선생과 깊은 대화를 하고 싶었지만 그것마저 쉽지 않았다. 주말 항공 셔틀로 한국과 중국을 오가며 늘 시간에 쫓기다 보니 진료 틈틈이 짧은 대화를 주고받는 것이 고작이었다. 그렇게 속절없이 시간이 흘렀고 그의 진료 실력은 눈에 띄게 일취월장하였다.

최근 그는 우리와 함께 일하는 내내 마음 한편에 불안감이 존재했음을 고백했다. 세 분의 박사님들은 그리스도인이니 때가 되면 분명 자기더러 교회에 가자고 할 텐데 그때 어떻게 대꾸할 것인지 눈치만 보고 있었다는 것이다. 그런데 우리는 약속이나 한 듯 아무도 그에게 교회에 가자는 말을 꺼내지 않았다. 그는 나중에는 오히려 그 점이 이상해서 친구들에게 이렇게 말했다고 한다. "이분들 참 이상해. 교인이라면 분명 교회에 가자고 할 법도 한데 이상하게도 지금껏 내게 교회에 나가자는 말을 한 번도 안 해. 가짜 교인이 아닌가 싶어."

어느덧 4년이 흘렀다. 그는 이제 말이 아닌 일터에서의 삶을 통해 자신에게 잔잔한 영향을 끼친 세 분이야말로 진정한 고수라고 농담 섞인 어조로 말한다. 어느 날 그가 수줍게 주머니 속에서 뭔가를 꺼내 보였다. 내 눈앞에 펼쳐진 것은 우리를 역할모델로 하여 작성했다는 그의 인생 설계도였다. 박사님들처럼 누군가에게 도움을 주는 사람이 되고 싶은 꿈이 생겼다는 그의 말에 놀란 나는 격려조차 잊고 말문이 막힌 채 잠시 머뭇거렸다. 그는 더 열심히 공부해서 하루빨리 주치의 면허를 취득하여 언젠가 박사님들로부터 익힌 실력과 가치관을 바탕으로 치과 지점을 설립하고 싶다고 했다. 또 중국 치과의들에게 신기술을 전수하는 실력 있는 의사가 되고 싶다는 포부도 밝혔다.

교회에 헌금하면 그 돈을 목사 차 바꾸는 데 다 써버린다는 괴소문(?) 탓에 교회를 향해 굳게 닫혀 있던 그의 마음이 조금씩 열려가고 있다. 이제는 박사님들이 왜 교회에 나가는지 궁금하다고 말하는 모습이 너무도 기특하고 사랑스럽다. 나는 원 선생이 원한다면 적당한 때를 잡아 하루이틀 더 체류하는 한이 있더라도 직접 찬찬히 설명해주겠다고 약속했다.

그로부터 다시 몇 개월이 흘렀다. 그가 주님의 자녀가 되기로 했다는 소식이 들려왔다. 얼마나 기뻤는지 모른다. 우리의 평범한 삶의 방식을 본받고 싶다 하니 한편으로는 머쓱하면서도 다른 한편으로는 기쁘고 감사할 뿐이다.

리더십은 영향력이라는 말과, 그리스도인은 향기요 편지라는 말을 새삼 깨닫게 된다. 주말마다 공항과 치과로 숨가쁘게 뛰어다녔던 지난 4년의 세월이 헛되지는 않은 것 같아 위안이 된다.

심고 뿌리고 거두고 자라게 하시는 주님의 영원한 계획과 섭리 속에 조금이나마 동참하게 해주신 그분의 손길을 찬양한다.

2장

내 삶의 자리

일상, 진료실 단상

마야 문명은 임플란트 시술의 원조

1931년 온두라스에서 발견된 기원후 600년경으로 추정되는 유골에는 아래 앞니에 조개껍데기를 갈아 만든 임플란트 세 개가 박혀 있었다. 최초의 임플란트 시술 증거로 보이는 이 유골은 임플란트가 뼈와 견고하게 유착되어 사망 직전까지 훌륭하게 사용되었을 것으로 보이며 조개껍데기의 색상은 주변 치아와도 잘 어울린다. 미적으로도 기능적으로 성공적인 임플란트라 보인다. 이 유골은 하버드 대학 피바디 고고학 민속학 박물관에 보관되어 있다.

———

이병태, 『재미있는 치의학 역사 산책』
Malvin E. Ring, *Dentistry an Illustrated History*

공동 개원의 시작

신앙이 위대한 까닭은 세상이 지금 어떤 모습인지를 정직하게 묘사할 수 있으면서도 세상이 마땅히 그러해야 할 모습으로 바뀔 수 있는 가능성을 여전히 믿기 때문이다.

_____

짐 월리스, 『가치란 무엇인가』

통합

이대경 선배와 2004년에 동업을 시작했으니 벌써 강산이 한 번 바뀔 만큼의 세월이 흘렀다. 이 선배가 연변으로 선교사 파송을 받아 나가면서 일하던 치과를 인수한 게 1993년 말이었다. 그 뒤 선교지에서 1기 사역을 마친 선배는 신학 공부의 필요성을 느껴 캐나다 리젠트 칼리지에서 4년에 걸친 공부를 마쳤다.

_____

어느 날 선배의 기도 편지에 나의 오랜 고민이던 삶과 신앙의 일치에 대한 언급이 있었다. 자세히 기억나진 않지만 대략 이런 내용이었다.

"의사로서, 또 선교사로서 살아온 지난날들을 돌이켜보니 부족함이 느껴져 신학교에 와 있다. 공부를 마치고 나면 중국에서 2기 사역을 펼치기로 계획했다. 선교사로서 일터에서의 삶을 대하는 태도는 이원론적이었다. 그러나 진정한 신앙은 일터에서 발휘되어 삶과 신앙이 일치integration되어야 한다고 생각한다. 앞으로의 사역은 이러하기를 소망한다."

편지를 읽고는 인생의 동지를 발견한 것 같아 반가운 마음에 캐나다로 전화를 걸어 꼭 다시 중국으로 나가셔야 하냐고 묻고, 여기 와서 같은 고민을 하는 후배들을 도우며 함께 답을 찾아보는 게 좋지 않겠냐고 졸랐다.

당시 나는 수년 전 하나님의 은혜를 깊이 맛본 이후 어떻게 하면 주일의 신앙과 일터에서 보내는 6일의 신앙을 일치시킬 수 있을지에 대하여 심각하게 고민하던 중이었다. 경쟁·효율·생산성이라는 기업의 가치가 판을 치고 있는 일터에서 정직·배려·존중·관용, 내가 대접받기 원하는 대로 타인을 대접하는 황금률, 환자를 내 몸같이 사랑하라는 주님의 명령 등 신앙적 가치를 조화시킬 수 있을지가 문제였다.

그러나 이 고민을 이해하고 함께 나눌 사람이 없었다. 교회는 신자들의 주중의 삶에는 관심이 없는 것 같았다. 많은 헌금이 아닌 정직한 헌금, 가치 창출, 타인에게 유익을 끼친 만큼의 대가로 받는 치료비 등을 중요히 여기고 격려와 권면을 받기를 기대했지만 내 신앙적 고민을 나눌 사람이 없었다.

가끔 해외 진료 봉사를 나가 보면 아무리 많은 환자를 보더라도 서로 넉넉한 마음으로 일하지만, 막상 일터로 돌아오면 메마른 광야를 걷는 것 같아서 다시 선교지로 돌아가고 싶은 마음이 들기도 했다. 이것이 나만의 느낌일까 싶어 선교회원들에게 물어봤더니 많이들 공감했다. 봉사 팀원을 직원으로 채용하여 함께 일하면 행복한 일터가 될 줄 알았더니 건조하고 힘들기는 마찬가지 였다는 말도 들었다.

선배는 내 바람과 달리 2기 사역을 위해 중국으로 출발했다. 그러나 마치 주님이 강권적으로 간섭하신 것처럼 불과 몇 달 만에 서울로 돌아왔다. 취업하기로 했던 병원이 너무나 상업적이고 기대한 바와 여건이 아주 달랐다고 했다.

그 대신 사역의 방향을 바꿔 선교회를 섬기는 국내 본부 사역과 중국 유학생들에게 복음을 전하는 사역을 하겠다는 비전을 품고 귀국했다. 선배가 그간의 사정을 이야기하면서 "혹시 선후배 중에서 구강외과 의사를 찾고 계시는 분, 수술하기 싫어하시는 분 있으면 아르바이트 자리를 좀 구해주세요" 하고 부탁하기에 "있지요"라고 대답하면서 손가락으로 나를 가리켰다. 우리는 서로 눈을 마주치며 빙긋이 웃었다. 그렇게 우리의 동업은 결정되었다.

카이노스

동업을 결정하고 나자 모든 일이 일사천리로 진행되었다. 혼자 진료

할 때는 최소 면적으로 충분했지만 둘이 함께 하려면 더 넓은 진료실이 필요하고 직원도 새로 채용해야 했다. 문제는 옆 사무실에 이미 입주자가 있어서 공간을 넓힐 수가 없다는 점이었다. 고민 끝에 건물 관리실에 말했더니 친절하게도 그분들을 설득해서 다른 곳으로 옮겨주고 우리에게 바로 옆 공간을 내주었다. 직원 채용 광고를 내고 인테리어를 시작하기 전에 우리는 어떤 치과를 운영할지에 대해 여러 차례 이야기했다.

기독 경영이란 무엇일까에 대해서도 깊이 논의했다. 직원을 모두 그리스도인으로 뽑아 매주 직장에서 예배를 드리는 것이 기독교 경영일까? 그것도 나쁘지 않겠지만 모든 일을 하나님께서 받으실 만한 가치와 원리에 따라 행하고 하나님의 주권에 순종하며 살아가는 것이 진정한 기독 경영일 것이라는 데 의견이 모였다.

그럼 우리가 추구할 목표, 즉 성경적 가치관을 무엇으로 정할까에 대해 고민이 시작되었다. 두 사람이 깊이 공감하고 동의하는 "삶과 신앙의 일치"라는 모토를 상징할 단어가 무엇일지 생각해보았다. 그러나 우리의 목표라기보다는 다짐에 가깝고 이에 상응하는 단어가 마땅히 없어 대체할 말을 찾기 시작했다. 우리 치과가 어떤 치과이기를 원하는가에 대해 다시 숙의하다가 선배는 "보좌에 앉으신 이가 이르시되 '보라, 내가 만물을 새롭게 하노라' 하시고 또 이르시되 '이 말은 신실하고 참되니 기록하라'"(계 21:5)는 말씀을 제시했다.

만물을 새롭게 한다는 것은 타락한 만물을 갈아엎고 새로이 창조하는 것이 아니라 깨어진 형상인 만물을 다시 "회복"시키는 새 창조 renewal를 뜻하기에, 회복이라는 개념을 모토로 채택했다.

회복 또는 수복restoration은 치과의사인 우리에게 친숙한 단어다. 치과의사가 썩고 부서진 치아의 형상을 복원하고 제 기능을 할 수 있게 한다는 의미에서다. 단순히 환자의 무너진 치아나 구강 건강을 회복시키는 것뿐 아니라 환자의 심신, 그들과 하나님 사이의 관계가 회복되는 화목제물의 역할도 감당하는 것이 진정한 의사의 모습이라고 생각했다.

또한 직원과의 관계 회복도 중요했다. 직원들을 존중하고 그들을 인격적으로 대함으로써 자존감을 회복해 직업적 성취감을 얻고 즐겁게 일할 수 있는 일터로 만들고 싶었다. 직원들이 존중받고 신뢰받는다면 굳이 환자에게 친절히 대하라고 잔소리할 필요가 없다. 그뿐만 아니라 직원들도 이해할 수 있는 치료 계획을 세워 실행하는 것이 환자와의 신뢰 회복에 밑거름이 된다. 이런 기초 위에서 환자들의 신뢰가 회복되고 더 나아가 사회적 신뢰 회복이 이루어진다고 믿는다. 그래서 만물이 회복된 형상을 묘사하는 "새롭다"는 단어에 주목했다.

하나님은 태초에 창조하신 모든 것을 보시고 심히 좋다고 말씀하셨다. 그러나 죄와 타락으로 인해 만물과 하나님과의 관계가 단절되고 만물의 형상은 어그러졌으며 만물 상호 간의 관계 또한 붕괴되었다. 그리스도는 이 모든 것을 새롭게 하시고 마지막 날 하늘과 땅의 모든 것을 회복시키신다. 성도는 지금 여기서 회복의 기쁨을 미리 맛보며, 회복된 가치관과 삶을 이 땅에 소개해야 한다. 이것이 새 창조의 신학이고 새 창조의 삶이다.

우리는 "새롭다"라는 뜻을 가진 그리스어 카이노스καινός를 우리의 가치관을 상징하는 단어로 선택했다. 회복된 관계, 회복된 가치관,

회복된 삶을 매일 추구할 일터의 영성으로 택하고, 그 외의 모든 소소한 이슈들은 그 가치관을 기준으로 삼아 결정하기로 했다.

일터에서 회복될 관계들(환자와 의사, 의사와 직원, 직원과 직원, 의사와 기공사 및 재료상들), 심성들, 가치와 의미, 일터에서 하루하루 시행될 보람된 일들을 생각하니 가슴이 설레었다. 건물마다 치과가 있지만, 그럼에도 하나님이 보시기에 우리 일터가 존속해야 할 이유를 비로소 찾은 것 같아 흥분되었다. 우리의 동업은 그렇게 시작되었다.

회복을 기대하며

기독 경영이란 하나님의 주권이 있는 사회적 공동체로서 기업이 하나님과 사람을 탁월하게 섬기기 위한 가치 창출 활동에 성경적 원리를 적용해가는 과정이다.

———

배종석 외, 『기독경영 JusT ABC』

말씀을 들은 대로, 은혜받은 대로 살고 싶다는 생각에 어떻게 하면 삶과 신앙을 일치시킬 수 있을까 하는 나의 고민은 점점 깊어졌다. 하지만 양심적 진료를 하고 싶다는 절실한 소망을 간직하기에는 의료계의 현실이 혹독했다. 도덕적 사회에서 신뢰받는 개인으로 살고 싶다는 갈망이었는지 도피 욕구였는지 확실치 않았으나 나는 용기를 내어 미국 치과의사 면허시험에 도전하였다.

40대 초반이라는 다소 늦은 나이에 후배들과 함께한 미국 면허

———

시험은 무모한 도전이었다. 졸업 이후 덮어두었던 기초 의학 서적을 뒤적이느라 힘들었고 시험 과목 중 하나인 의료 윤리학을 처음 접하고는 큰 충격을 받았다. 어찌어찌 문제와 답만 암기해서 필기시험을 통과하긴 했으나 그 계기로 그들이 직업윤리를 지켜나가기 위해 얼마나 많은 노력을 하는지 알게 되었다. 그들은 자신의 이익과 상충할 때조차도 윤리적 결단을 내릴 수 있도록 철저히 훈련시키고 있었다. 그 사회는 후학들에게 미리 닦아놓은 윤리ethics라는 포장도로를 가라고 권하며 그 길을 벗어나 사회에 해를 끼칠 경우 법law이라는 가드레일을 만들어 엄하게 처벌했다. 그리고 이러한 윤리 교육을 기독 의료인들이 선도하고 있다는 점이 놀라웠다. 나는 그들이 어떻게 신앙을 지도받았기에 교회 안에 머무르지 않고 건강한 사회를 건설하는 데 기여하는지 궁금했다.

그러나 이런 사회로 진출하는 것은 마치 잘 익은 과실을 향해 담장 너머로 손을 내미는 것과 같다는 생각이 나를 괴롭혔다. 내가 한국 사회의 유익을 위해 얼마나 이바지했는지 돌아보지 않을 수 없었다. 나는 함께 공부했던 후배들과 치과 의료 윤리학 스터디를 시작하는 것으로 도전을 마감했다. 모임은 오래가지 않았지만, 그것을 기점으로 내 탐구생활은 시작되었다.

의료 윤리는 생명의 시작과 끝에 발생하는 민감한 이슈들을 다루는 생명윤리bioethics가 주가 된다. 그러나 치과 의료 윤리는 진료 과정에서 발생하는 미세한 이슈들을 다루는 전문인 직업윤리professional ethics에 속한다. 나아가 윤리란 개인과 사회가 추구하는 가치관과 세계관의 반영이라는 것을 깨달았다. 그러니 우선은 의료 윤리와 기독

교 윤리부터 공부해야겠다고 생각하던 차에 웨스트민스터신학대학
원에 개설된 성경적 세계관 과정을 통해서 세계관과 윤리는 신학의
응용 분야라는 것도 알았다.

시간이 흐르면서 공부의 방향이 점차 "어떤 사상이 사람의 행동
양식을 결정하는가?"라는 질문의 답을 찾는 것으로 좁혀졌다. 어떤
학자는 과거에 받은 은혜가 동기라고 주장한다. "현재가 궁극적 완성
을 결정짓는 것이 아니라, 궁극적 완성이 현재를 결정짓는다"는 게할
더스 보스Geerhardus Johannes Vos의 말처럼 종말에 대해 어떤 인식을 가
졌는지에 따라 오늘 우리의 행동이 결정된다. 현세의 삶과 내세적 삶
사이에 연속성이 존재한다고 믿는다면 오늘 우리의 행동은 무의미한
몸짓이 아닌 영원의 날을 향한 씨 뿌림으로서 의미가 있을 것이다.

이생과 내생의 연속성은 반드시 "다시 살아남"을 매개로 한다. 따
라서 기독교 신앙에서 가장 핵심이 되는 사상을 손꼽으라면 누구나
부활 신앙이라고 말할 수 있다.

나는 일터와 신학교를 오가면서 "종말적 삶", "부활", "윤리적 관점
으로 읽는 요한계시록" 등의 생각을 어떻게 조화시킬 것인가에 온통
신경을 집중했다.

이러한 생각을 잘 정리해서 상업주의가 판치는 혼탁함 속에서 신
앙을 지키고자 애쓰는 의료인 후배들과 나누고 싶었다. 닫힌 세계관
이 아닌 영원한 세계로 시야를 돌려 지금은 비록 고난처럼 보이는 일
도 영원한 날에 기쁨의 소재가 될 수 있다고 알리고 싶었다. 또한 이
러한 삶의 방식은 "희생"이 아닌 "주의 기쁨을 함께 누림"이라는 고귀
한 단어임과 동시에 의무임을 알려주고 싶었다.

내가 신학적 탐구를 해온 지난 10여 년 사이 의약 분업 사태를 시작으로 의료 환경이 급격히 변하고 의료인의 신뢰도는 곤두박질쳤다. 성급하게 의학전문대학원 제도가 도입되는 것을 보면서 의료 윤리 교육이 수반되지 않으면 상업주의의 파도가 의료계를 휩쓸 것이 너무나 쉽게 예상되었다. 하지만 나는 아직 스스로 본보기가 되지 못할 뿐 아니라 예상되는 문제를 지적하기에도 역량이 부족했다.

그사이 소독과 감염, 과잉 진료 등의 사안이 대두되었고 각종 바람직하지 못한 문제들이 치과의사들을 괴롭혔다. 그리고 이러한 이슈들이 드러날 때마다 사회는 우리의 직업윤리를 의심했다. 치과의사들이 대답을 미루는 사이, 우리를 돕는 직업군, 즉 치위생사, 기공사, 재료상들을 통해 그간의 문제들이 의료계를 넘어 사회로 쏟아져 나왔다.

사회는 우리에게 치과계의 다양한 직업군과 더불어 사회 공동체를 섬기는 오케스트라의 지휘자 역할을 맡겨주었다. 그러나 우리가 지휘자로서 바른 자세를 가지고 있다고 자신 있게 말할 수 있을까? 박수는 자기가 받고 핀잔은 단원에게 돌리는 지휘자가 있다면 그를 올바른 지휘자라고 할 수 있을까? 결과가 어떻든 간에 늘 동역자인 구성원들을 존중하며 격려하는 것이 지휘자로서 갖춰야 할 가장 중요한 덕목이다.

이런 생각을 품고 나와 뜻을 함께하는 신앙인 선후배들과 "좋은 치과 만들기 모임"을 만들었다. 정기 모임을 통해 그간 기독치과의사회 웹진을 통해 제기했던 문제들을 공유하고 서로의 생각을 나누었다.

"치과 공동체 구성원들을 존중하며 예의 바르고 품위 있게 대하자. 환자들을 정직하고 친절하게 대하자. 환자들의 고통과 불편을 해결해서 그들이 속히 각자의 자리로 돌아갈 수 있도록 하자."

기도 모임에서는 이런 다짐의 실천 방안을 고민하고 있다. 주께서 회복시키시는 새로운ㅋαινός 세상을 기대한다. 크고 기이한 일을 원하는 것이 아니라 그저 작은 소제물素祭物이 되기를 바랄 뿐이다. 고운 가루가 되어 우리를 주께서 빚으셔서 화덕과 번철에 굽고 부치실 날을 기다리고 싶다. 그때까지 부패하지 않고 스스로 모양내지 않기를 바랄 뿐이다. 가장 가까운 사람들과 살아 있는 관계를 맺는 이웃이 되기를 소망하면서.

소제물이 되기를

예수님과 올바른 관계를 맺으려면 가장 중요한 것은 자신의 의지는 완전히 깨뜨리고 예수님의 뜻에 순종하는 것을 깨달아야 합니다. 부서진 마음, 그것이 부흥의 시작입니다. 그것은 고통스럽고 굴욕적인 것이지만 생명의 길입니다.

———

로이 헷손, 『갈보리 언덕』

오래전 나는 하나님께 쓰임 받고 싶은 열망에, 아니 쓰임 받는 분들이 부러워 나도 좀 그 손길에 붙잡혀 쓰임 받게 해달라고 매달려 기도한 적이 있다. 당시는 예언적 중보 사역이라는 말이 유행하고 그 방면 저자들의 책을 분주히 찍어내느라 종이 값이 올라가던 시절이었다. 나는 나도 그런 은사를 받으면 참 좋겠다 싶어서 간절히 구했지만 하나님은 묵묵부답이셨다. 더 큰 은사를 사모하고 구하라는 말씀을 근거로 떼를 써보았지만 여전히 답이 없으셨다.

———

그때 끈질긴 기도 끝에 얻은 응답은 레위기 2장 말씀이었다.

레위기 2장은 소제에 관한 제사법을 기술한 내용인지라 나는 이게 과연 기도의 응답인지 알 수가 없었다. 그래서 지혜가 없어 깨닫지 못할 때 지혜를 구하면 미련하다 꾸짖지 않으시고 후하게 주신다는 야고보서 말씀을 붙잡았다. 결국 레위기 2장의 고운 가루 제사법은 이른바 헌신의 제사고, 내가 하나님께 쓰임 받는 헌신의 제물이 되길 원한다면 먼저 고운 가루가 되라는 뜻임을 깨닫게 되었다.

하나님은 "내게 쓰임 받고 싶으냐? 그러나 네 속에는 쭉정이나 거친 이물이 너무 많아서 내 손으로 너를 곱게 빚을 수가 없구나"라고 말씀하시는 듯했다. 우선 가루가 고와야 모양을 빚어 번철에 부치든지, 화덕에 굽든지, 솥에 삶든지, 불에 태우든지 할 것 아닌가. 즉 내가 먼저 고운 가루가 되어야 하나님이 원하시는 용도대로 나를 쓰실 수 있다는 것이다.

연이어 소제물에는 누룩과 꿀을 절대 넣을 수 없다는 말씀을 통해 이렇게 책망하셨다. "너는 사람들 앞에서 모양을 내고 싶어 하는데 고운 가루에는 모양을 부풀리는 누룩이나 사람들의 미각을 자극하는 꿀을 넣지 않는다. 오히려 담백한 소금으로 맛을 낸다. 그래야 쓰임 받더라도 변질되지 않는다." 화려한 겉모습으로 사람들의 시선과 입맛을 잠시 사로잡을 수는 있어도 변질되면 즉시 버림받는다는 사실도 알려주셨다.

교회 안에도 신앙의 연륜이 오래된 만큼 오히려 고집스럽고 거칠게 변한 분들이 있다. 그분들을 보면 '저분들도 처음에는 연한 인절미처럼 부드러웠을 텐데 어쩌다가 저렇게 이가 부서질 듯 딱딱한 떡처럼 굳어가는 걸까?', '나는 어떻게 해야 언제나 처음 모습대로 촉촉한 습기를 유지하며 주의 손길에서 빚어지는 고운 가루가 될 수 있을까?' 싶었다.

잠시 쓰임 받는 것보다 하나님과 지속적인 관계를 유지하는 것이 더욱 중요하다. 나 또한 메말라지지 않으려 늘 십자가를 붙잡고 통곡하던 시기가 있었지만 언젠가는 그 눈물 또한 마른다는 걸 알게 되었다. 그리고 십자가의 은혜가 밀어주고 새 창조에 대한 소망이 끌어주어야 참된 그리스도인으로 살 수 있다는 사실을 깨달았다.

한 입 베어 물자마자 뱉어내는 떫은 감이 아니라 한입에 삼키고 싶은 잘 익은 홍시 같은 사람, 너무나 딱딱해 입안에 넣을 엄두가 나지 않는 굳어버린 떡이 아닌 입안에서 스르르 녹는 따뜻한 인절미 같은 사람이 되고 싶다. 그러나 여전히 떫고 딱딱한 내 모습을 보면서 항아리 속에 들어가 떫은 물을 우려내거나 전자레인지에 넣고 돌리면 나아질까 싶을 때가 많다.

오늘 진료시간에 아름답게 늙어가시는 한 장로님과 대화를 나누며 사람의 참 매력을 발견했다. 몇 날을 붙잡고 말씀을 들어도 질리지 않을 것만 같은 분이었다. 사람들 사이에 있어도 은은하게 풍기는 그리스도의 향기는 감출 수 없나 보다.

나도 주께서 빚으시는 부드럽고 향기로운 떡이 되고 싶다.

아버지의 이름

야훼는 모세에게 "내가 있다"고 그들에게 말하라고 하셨다. 대지는
듣고 두려워하고 위에서나 아래에서나 대답했다. 마음속까지 감동하
여 오직 소리도 없이 "오오, 주여 스스로 계신 분이여"라고.

———

크리스토퍼 스마트, 「다윗에게 부치는 노래」(김용규, 『데칼로그』에서 재인용)

누군가의 소개로 찾아온 환자 한 분이 10여 년 전 신경치료를 받은
부위가 재발했는지 종종 통증이 느껴진다고 호소했다. 엑스레이를
보니 이전에 치료했던 선생님이 신경을 찾으려고 갖은 노력을 했으
나 도저히 찾지 못해 입구를 단단히 막아놓은 것 같았다. 어찌할 방
법이 없는데 환자가 아프다고 하니 치료를 포기하고 이를 빼자고 제
안하려 했는데 환자가 "선생님 이름을 듣고 찾아왔습니다. 소개해주
신 분 말씀이 여기로 가면 방법이 있을 거라고 하더군요"라고 하기에

———

차마 발치하자는 말을 꺼낼 수가 없었다. 할 수 없이 "신경이 너무 막혀 있네요. 전에 치료한 선생님도 최선을 다한 것 같은데 잘 될지는 모르겠지만 저도 한번 노력해보겠습니다"라는 말씀을 드리고 5시부터 치료를 시작했다. 퇴근 시간을 훌쩍 넘긴 끝에 신경 세 개 중 하나를 겨우 찾아냈다.

한 시간 넘게 부동자세로 숨죽이며 잘 보이지도 않는 뿌리 속 신경을 찾았다. 내가 이렇게까지 집중하도록 밀어붙인 동인은 "좋은 치과 만들기 모임"에서 "수익이 아닌 가치를 창출하자"는 취지로 나눈 말씀이나 "오늘의 작은 행동 하나가 곧 영원한 날을 향해 기쁨을 심는 것"이라는 요한계시록의 종말론적 윤리 같은 거대 담론이 아니었다. 그저 "선생님의 이름을 듣고 왔다"는 한마디였다.

그날 이후로 그 환자의 신경치료를 성공적으로 마무리하기까지 같은 치료를 수차례 반복하면서 어깨가 결리고 허리는 욱신거리며 이곳저곳에 근육통이 생길 정도로 고생했다. 그래도 내 이름을 믿고 일부러 찾아온 분을 실망시키지 않게 되었으니 후회는 없다.

또한 그 일로 '하나님 아버지도 그분 자신의 이름이 유일한 소망이라고 고백하며 그 이름을 부르는 우리를 위해서라면 모든 노고를 아끼지 않으시겠구나!' 하는 깨달음을 얻는 뜻밖의 큰 소득이 있었다. 하나님께서는 당신의 이름이 훼손되는 것을 가장 마음 아프게 여기고 노하신다는 점도 알게 되었다. 아버지의 이름, 그 크신 이름을 조심스럽게 부르며 오늘의 이 마음을 언제까지고 간직한 채 살고 싶다.

전문직 윤리

돌봄이란, 지금 이 순간 무력감을 느끼고 있는 형제자매와 함께 있어주는 일이다. 우리는 일차적으로 고통을 없애주는 사람이 아니라 기꺼이 고통을 함께 나누는 사람이다. 그 사실을 우리는 마음 깊이 받아들인다.

———

헨리 나우웬, 『돌봄의 영성』

환자 한 분이 치료를 받으러 왔다가 까칠한 태도로 질문을 던졌다.

"아직 통증도 없는데 신경치료가 왜 필요하죠?"

환자의 의학적 상황을 설명하기에 앞서 이런 말씀을 드렸다.

"흔히들 의사, 판사, 성직자를 천직이나 전문직이라고 하죠. 왜 그런 줄 아십니까? 이 직업들에는 세 가지 중요한 특징이 있습니다.

첫째는 '판단의 전문성'입니다. 이 직업들은 다수결이나 비전문가의 견해가 아닌 오직 전문가 자신만의 지식과 경험에 의존해서 판단

———

하는데 이를 위해서는 깊이 있는 전문 지식이 필요합니다.

둘째는 '판단의 독립성'입니다. 이 직업들은 외부의 압력에 좌우되지 않고 본인의 양심을 유일한 기준으로 삼아 판단을 내려야 합니다. 그러므로 높은 도덕성을 갖출 것이 요구됩니다.

셋째는 '판단의 책임성'입니다. 이 직업들은 자신의 판단이 초래한 결과에 대해 책임져야 합니다. 설사 어떤 근거나 사정이 있었다 해도 혼자 오롯이 책임을 감당하는 것입니다. 이 직종의 사람들은 퇴근한 후에 넥타이를 풀고도 심리적으로는 긴장의 끈을 풀지 못합니다. 그래서 깊은 신앙이 필요합니다."

장황하지만 그분께 이 말은 꼭 해야겠다는 생각이 들었다. 과거의 경험 때문인지 그분이 치료를 시작하기도 전부터 매우 미심쩍어하며 경계하는 태도를 보였기 때문이다. 이렇게 말씀드린 후에 그분의 상태에 대한 의학적 설명을 해드렸다. 그러자 환자의 태도가 180도 달라졌다.

"선생님께서 알아서 판단하시고 필요한 조치를 취해주세요."

나는 신경치료에 정성을 다하고 나서 마지막으로 한마디를 덧붙였다.

"미국에서 이런 치료를 하려면 1,000달러 이상이 듭니다. 중국에서도 30만 원 정도 합니다. 우리나라 의료보험제도와 의료진들에게 감사하십시오."

치료를 마친 오늘부터 이분과 좋은 관계를 맺게 되었다. 다음 만남이 기대된다.

인생은 아름다워

인간들에겐 은총이 가득하고 생명력이 넘치는 동사를 죽은 명사나 썩은 냄새가 나는 원칙으로 바꾸는 재주가 있어요. 우주가 명사 덩어리라면 그건 죽은 거나 마찬가지죠. 동사야말로 이 우주를 살아 있게 만드니까요.

―――

윌리엄 폴 영, 『오두막』

외국에서 전화가 한 통 걸려왔다. 자신을 18년 전에 치료받은 환자라고 소개한 그는 밀린 치료비를 내겠다고 했다. 자신이 20대 초반이었던 학생 시절 치료비를 감당할 수 없는 형편이라 고민하던 차에 내가 사정을 감안해 "일단 치료부터 받으시고 돈은 차차 갚으라"고 했다는 것이다.

그는 오랫동안 고마움을 가지고 있었고 빚을 갚지 못한 것이 마음에 걸렸다고 했다. 이런저런 사정으로 미루다가 이제는 돌려줄 형

―――

편이 되어 치료비를 송금하겠다고 했다. 해외에 거주하고 있어 직접 찾아뵙고 인사드리지는 못해 아쉽다는 말도 덧붙였다.

전혀 기억이 나지 않지만 이런 일도 있구나 싶고 그 따뜻한 마음이 고스란히 느껴져 오히려 내가 더 고마웠다. 그분이 한국에 오거든 밥 한 끼라도 대접하고 싶다. 얼굴은 기억 못 해도 혹시 입안을 보면 기억이 나지 않을까? 생각만 해도 콧노래가 절로 나온다.

———

지난달 미국에 다녀올 일이 있어 호텔을 예약했다. 여행을 며칠 앞두고 투병 중인 지인에게 계속 마음이 쓰여 생활비를 좀 전해드리고 왔다.

며칠 후 미국에서 무료로 숙소를 구할 수 있게 되어 호텔 예약을 취소해도 된다는 연락이 왔다. 처음 결제했을 때보다 환율이 조금 올라 원래 금액보다 몇만 원을 더 돌려받았다.

하나님 아버지께서는 당신이 좋으셨다는 표현을 이렇게 적극적으로 하신다. 환 차액으로 용돈 몇만 원 더 집어주는 유머도 보여주시고 말이다.

참 좋으신 하나님! 물론 이런 일이 자주 있으면 더 좋겠지만 지금도 충분히 감사하다.

———

그 누가 나의 괴롬 알며

당신은 우리로 당신을 찾게 하셨습니다. 그러므로 우리 마음은 당신 안에서 쉼을 찾을 때까지 쉴 수 없습니다.

———

아우구스티누스, 『고백록』

하루가 길다. 명절을 어떻게 보냈기에 다들 이가 부서져 오는지 알 수가 없다. 치아가 깨져서 내원한 환자가 이번 주에만 대략 십여 명이다. 추석에 쌀밥이 아닌 돌밥을 드셨나 보다. 이가 금이 가고 부러지는 것은 지속적으로 힘을 주는 것, 특히나 이를 악무는 습관과 관련이 있다. 단시간에 가해지는 충격 때문에 치아가 파절되는 경우는 드물다. 주로 50세 전후부터 치아의 잇몸과 경계 부위가 마모되거나 치아의 씹는 면에 금이 가기 시작한다. 누적된 충격에 의한 피로 파

———

절이 주원인이다. 아무래도 세상살이가 너무 어렵고 힘들어 다들 이를 악물고 지내서 그런가 보다.

한 환자가 보름 전에 다녀갔다. 잇몸이 부어 다른 치과에서 잇몸 치료를 받았는데도 가라앉지 않는다고 했다. 방사선 사진을 찍어보니 이미 뿌리에 완두콩만 한 고름 주머니가 잡혀 있었다. 잇몸 치료만으로는 가라앉지 않을 것 같고 아무래도 신경 치료를 병행해야 할 것 같았다. 누적된 충격으로 금이 갔기 때문에 충치 하나 없이도 염증이 생긴 듯하다고 설명했다. 이런 치아들은 스스로 신경을 폐쇄하기 때문에 치료가 어렵다고도 말씀드렸다. 그리고 두 차례에 걸쳐 30분 이상 같은 자세로 미동도 하지 않고 신경을 찾았지만 완벽히 막힌 동굴 같아서 도무지 입구를 찾을 수 없었다. 아무래도 이 치아는 살릴 수 없으니 발치하라고 권해드렸다.

보름 후 이 환자가 전화를 걸어 우리 스태프들에게 멀쩡한 치아에 구멍을 내놓았다고 생떼를 부렸다는 이야기를 전해 들었다. 순간 속에서 울컥하며 방언이 터지려는 걸 참았다. 걸쭉한 세상 방언. 이런 일을 겪으면 손이 떨려 다음 환자를 보기 힘들다.

"주여" 삼창 후에 진정하고 다음 환자인 순박한 아가씨를 치료해드렸다. 치료 후 샌드위치를 내미는 그녀의 손길에 마음이 울컥했다. 어젯밤 꿈에 원장님이 나왔는데 배고파 하길래 안타까워서 샌드위치를 사왔단다. 순간 "밥은 먹고 다니냐?" 하는 영화 속 대사가 떠올랐다. 퇴근길 차 안에서 물도 없이 꾸역꾸역 샌드위치를 먹었다. 힐링 푸드다. 이 맛에 산다.

많은 사람이 예수님께 비인가 대체의학 진료를 받았다. 수많은 환자 중 아무도 예수님께 불평불만을 토로하지 않았다. 예수님의 진료가 완벽해서였을까? 아니면 무료여서 그랬을까?

아, 이 괴롬 그 누가 알까. 나도 모르게 "그 누가 나의 괴롬 알며"(찬송가 372장)라는 찬송을 입안에서 흥얼거리게 된다.

자녀라고 생각하기로 했다

"무한한 자기 체념", 이것이 신을 믿는다는 말의 "진정한" 의미이며 오직 이 믿음을 통해서만 "자신도 용납할 수 없는 자기"를 신에게 용납받는 구원에 이른다.

———

김용규, 『철학 카페에서 문학 읽기』

오랜만에 만나도 그간의 일들을 나누며 반갑게 담소할 수 있는 환자들이 있다. 나는 서로 격려하고 위로하는 이런 환자를 친구로 생각한다.

자기 몸을 돌보는 내 건강을 염려해주고, 치료받으면서도 오히려 치료하는 나를 기꺼이 도와주려 애쓰는 환자도 가끔 있다. 나는 그런 환자를 형님이나 누님으로 여긴다.

반면 올 때마다 내게 민폐를 끼치고 나를 힘들게 하면서 일을 만들거나 우기고 떼쓰는 환자들도 있다. 이런 환자들을 나는 자녀라고

———

생각하기로 했다.

제법 나이가 든 내게 요즘 철 안 든 자녀가 많아졌다. 가끔은 자녀가 원수라는 말이 실감난다. 그러나 어쩌랴. 저런 자식들을 내가 아니면 누가 거둘까 싶다. 저들이 어디 가서 천대받고 다닌다는 소리는 듣고 싶지 않으니 말이다.

환자를 내 몸같이 사랑하기는 힘들다. 그러나 자식이라 생각하니 조금은 가능할 것도 같다. 나를 애먹이는 환자들을 자녀로 생각하기로 한 데는 스캇 맥나이트의 『예수 신경』(새물결플러스, 2015)이 영향을 미쳤다. 내가 해준 틀니를 10년 이상 잘 사용해놓고 이제 와서 처음부터 무언가 잘못되었다며 트집을 잡아 내 속을 뒤집어놓는 환자가 있었다. 마침 그 주간에 『예수 신경』이라는 책으로 스캇과 대화를 시작한 터였다.

맥나이트에 의하면, 크고 첫째 되는 계명이 무엇이냐는 것이 영성을 형성하는 궁극적인 질문이다. 예수님께서는 하나님을 사랑하라는 뜻의 "쉐마"라는 단어로 이 질문에 답하시면서 "네 이웃 사랑하기를 네 자신과 같이 사랑하라"(레 19:18)는 말씀을 덧붙였다.

스캇이 한 말은 아니지만 사실 "율법과 예언자의 강령"이란 "하나님 사랑과 이웃 사랑"이라는 한마디로 축약된다. 모든 율법과 예언자를 통해 선포된 수많은 말들이 결국은 이 한마디면 된다. 그만큼 중요하고도 핵심적 메시지라는 것이다.

잘 사용하던 틀니를 빙자해 막무가내로 트집 잡던 그 환자를 생각하면 의학의 발전으로 인한 수명 연장이 과연 복일까 싶었다. 의학이 사람의 성숙을 방해하는 건 아닐까 하는 생각이 든다. 한 주 동안 그 환자가 머릿속에 떠오를 때마다 될 수 있는 대로 마음에 품지 않으려 애썼다. 대신 "예수 신경"Jesus Creed이라는 강령, 즉 예수님이 가르쳐주신 신앙고백을 묵상하려 애썼다. 묵상한 결과 그분을 말썽꾸러기 자녀로 생각하기로 하고 마음에 평안을 얻었다. 그러나 너무 큰 대가를 치러야 했다. 오죽하면 우리 직원들이 "예수님은 원장님이 믿고 복은 저 사람이 받네요"라고 할 정도였다.

그 결심을 한 지 며칠 후에 하나님께서 이런 마음을 먹은 것을 기뻐하셨는지 또 다른 (비슷한) 할아버지 한 분을 자녀로 보내주셨다. 자식 복이 터졌다.

앞서 말한 『예수 신경』은 아주 위험한 책이다. 이 책을 읽고 나면 금전적·심적 손해가 막심하니 함부로 손에 잡지 마시길 바란다. 미운 사람에게 선물하는 것도 좋은 방법이겠다. 그래도 꼭 읽고 싶다면 미리 마음의 안전띠를 단단히 조이고 아예 지갑을 주머니에서 꺼내놓기 바란다. 그래도 책장을 넘기다 보면 마음 깊은 곳에서 맑은 샘물 같은 기쁨이 흘러나오기에 쉽사리 손에서 내려놓을 수 없을 것 같다.

미생 유감

우리의 선택 능력은 인생의 경험과 더불어 끊임없이 변화했다. 오랫동안 계속해서 잘못된 결정을 내릴수록 우리 마음은 그만큼 딱딱해져가고, 옳은 결정을 내릴수록 그만큼 부드러워진다.

———

스캇 펙, 『스캇 펙의 거짓의 사람들』

지난주 내가 없는 동안 ○○○이라는 치과 재료 회사의 영업사원이 몇 차례 찾아왔다.

강남 한복판의 치과 중 이 회사의 임플란트를 사용하지 않는 곳이 거의 없을 정도라, 그 몇 안 되는 치과 중 하나였던 우리가 그 회사의 표적이 된 듯했다. 모르긴 몰라도 영업사원들 사이에서는 우리 치과가 난공불락의 요새로, 만약 납품에 성공한다면 성과 달성의 상징으로 여겨졌던 모양이다. 그동안 여러 차례 영업사원들이 다녀갔

———

지만 이번에는 장그래같이 풋풋한 신입사원이 원장 면담을 간절하게 요청했다고 데스크에서 귀띔한다. 진료 스케줄이 빡빡했지만 안쓰러운 마음에 20여 분간 그와 대화를 나눴다.

의료용품의 최종 사용자end user인 일반인을 상대로 광고하는 것이 과연 도덕적이고 타당한 것인지 말해보아야 회사 방침에 따를 뿐인 신입사원으로서는 어쩔 도리가 없을 테니 지난 30년간에 걸친 임플란트 변천사를 간략히 설명해줬다. 임플란트 시스템 개념이 어떻게 변해왔고 내가 지금 사용하는 임플란트를 선택한 이유도 알려주었다. 회사야 신입사원을 교육할 때 무조건 자사 제품이 최고라고 하니 어디서도 이런 이야기를 듣지 못했을 거다 싶어서였다.

내 경우 많은 돈과 시간을 들여 대략 4-5번의 시스템 교체를 했는데 그때마다 임플란트 자체의 획기적인 컨셉 변화를 포함한 적절하고 타당한 이유가 있었다. 처음부터 이 제품을 선택했다면 문제가 없겠지만, 미끼 상품이나 패키지 상품을 제공한다고 해서 잘 사용하고 있는 시스템을 바꿀 이유가 없다는 사실도 말해주었다.

그 외에도 여러 가지 조언을 건넸다. 치과용 재료는 술자와 술식에 굉장히 민감하므로 함부로 바꾸지 않는다. 예를 들어 본을 뜨는 재료 하나를 바꾸더라도 진료실 직원들과 함께 사용법 및 장단점을 검토하고, 기공사들과 함께 모형재 경석고의 수축 팽창과 잘 맞는지 미리 상의한다. 그렇게 여러 사항을 고려하기 때문에 앞으로 치과를 상대로 영업하려거든 해당 원장이 어느 제품을 얼마나 오래 사용했는지 파악해서 사용상의 단점이 해결된 신제품 정보나 다른 유익한 정보를 가지고 접근하는 것이 바른 영업이라는 설명을 해줬다.

끝으로 기존 거래처 영업사원들과의 관계가 우선이니 같은 성능의 제품을 구매한다 해도 그들에게 기회가 먼저 간다는 사실도 알려주었다. 신입사원을 현장에 투입하려거든 먼저 선배를 따라다니면서 하나하나 차근차근 배우도록 가르칠 일이지 무조건 "돌격 앞으로" 식의 영업을 하면 어쩌잔 말인가?

저 젊은이의 당장의 현실을 생각하니 그냥 보낸 것이 마음이 안타깝지만 기왕 덴탈 커뮤니티의 일원이 되었으니 좋은 인재로 차츰 성장해가면 좋겠다.

치과 의료는 어디로 가는가?

성숙한 영성은 예외 없이 떠나보내기와 배운 것 비우기를 말한다. 영성 생활은 더하기보다는 빼기로 더욱 성장하는 것이다. 에고가 가장 싫어하는 것이 변화다.

———

리처드 로어, 『물 밑에서 숨쉬기』

치과대학과 대학병원 수련 기간을 거치면서 배운 의료 지식이란 것이 졸업 후 경험한 치과 기술의 혁신을 생각하면 아무것도 아니었다. 지난 30여 년간 환자를 진료하면서 몸으로 겪은 네 번의 물결을 요약하면 다음과 같다.

첫째, 1980년대 말과 1990년 초반에 시작된 임플란트의 물결이다. 스웨덴 해부학자 브레네막의 연구에 기초한 골유착성 임플란트가 보편 치료로 자리 잡았다. 치아가 없어 음식물 섭취에 제한을 받던 노인들에게는 무척 복된 소식이었다. 음식을 씹는 즐거움은 삶의 의욕이 되살아나게 했다. 또한 영양 상태를 개선해 인류의 수명 연장에도 이바지했다. 이는 치과 치료를 임플란트 치료법이 개발되기 이전과 이후로 나눈다 해도 과언이 아닐 정도로 치의학 발전에 한 획을 그은 물결이라고 평가된다.

둘째, 1990년대 중반에 시작된 심미 치료의 물결이다. 치아는 세 가지 기능을 하는데 그중 첫째가 음식물을 씹고 뜯는 저작, 둘째가 발음, 마지막이 미적인 기능이다. 음식물을 씹고 뜯는 저작 기능이 어느 정도 충족되자 치아의 3대 기능 중에서 중요도가 낮아 그간 뒷전이었던 미적 기능에 대한 욕구가 폭발적으로 증가했다. 그리고 이제는 미용 치료의 위상이 높아져서 앞자리를 차지하게 되었다.

그러나 "무엇이 치아의 아름다움인가"라는 미학적 정의, 인문학적 고찰이 선행되지 않다 보니 무조건 밝고 흰 치아가 아름답다고 생각하는 경향이 있었다. 그 결과 처음에는 미백 치료를 한 치아가 다소 작위적으로 보이는 부작용이 있었지만 이제는 자연스러움이 곧 아름다움이라는 공감대가 형성되고 있다. 성형수술에 대한 수요가 많아진 만큼 미적 욕구와 순리에 역행해 단순히 아름다움의 회복이 아니라 젊은 시절로 회귀하고자 하는 욕구가 넘치는 상황이다. 아직은 이런 과도한 욕구를 어떻게 제어할지가 숙제로 남아 있지만 심미 치료의 물결이 패러다임의 변화를 이끌어낸 것은 분명하다.

셋째, 1990년대 후반에 시작된 디지털의 물결이다. 이것은 그 시기 소형 디지털 엑스레이가 개발되면서 시작되었다. 시간이 흐를수록 기술의 발전 속도가 빨라지자 이것이 쓰나미급의 거대 물결이 되지 않을까 하는 두려움이 팽배했다. 그 예감은 정확히 들어맞았다. 20년의 세월이 흐르는 동안 단순 영상 장비에서 캐드캠CAD/CAM 기술을 흡수하여 환자를 상대로 본을 뜨는 즉시 진료실에서 제작이 가능한 절삭 가공 보철물, 3D 프린팅 틀니가 등장하는 등 장비가 끊임없이 진화하고 있다.

컴퓨터 단층 촬영CT의 3차원 영상과 구강 스캔 영상을 연계한 연조직과 경조직이 하나의 모형으로 재현되는 기술도 발전했다. 이전에는 보철물 제작을 기공소에 의뢰하려면 본을 뜨고 모형을 만들어 보내야 했지만 지금은 디지털 기술의 발전으로 굳이 모형을 만들 필요 없이 모형이나 입안을 스캔하면 된다.

컴퓨터 단층 촬영 영상과 구강 영상을 함께 전송하면 기공소에서는 환자의 구강 상태를 완벽하게 재현할 수 있다. 그러면 이상적인 위치에 임플란트 수술을 하기 위한 가이드를 만들어 환자의 잇몸을 절개하지 않고 간단히 수술을 할 수 있다.

또한 국경을 넘어 기공물 제작을 의뢰하는 일도 가능해졌다. 보철물의 정확도는 날이 갈수록 좋아지고 품질의 기복이 별로 없어서 만족스러운 치료 결과를 얻을 수 있다.

끝으로 2000년대에 시작된 레이저의 물결이다. 인공 치아가 아무리 좋아도 자기 치아를 살리고 싶은 욕구는 생존 욕구에 비견될 만하다. 그러나 미세한 동굴 같은 신경관이나 잇몸의 포켓 내에 끈질기게 번식하는, 혐기성 세균을 제어하는 치료의 질을 보장할 수 있는 치료 술식은 거의 없었다.

전에는 예후가 불량한 치료는 거의 팔자소관으로 간주했지만, 레이저 치료가 도입되면서부터는 치료 결과를 어느 정도 예측할 수 있게 되었다. 이제 쓰러져 가는 치아를 살리는 것이 불가능한 일만은 아니다.

지난해 코엑스 전시장에서 열렸던 서울국제치과학술대회 및 기자재 전시회에서 엿보인 치과계의 흐름은 디지털 기술로의 통합이다. 임플란트 및 심미 치료의 물결이 디지털의 물결로 흡수 통합되고 있다는 것이다.

그러나 치과계에 밀려드는 디지털 물결을 우려의 눈으로 보는 이유는 자본의 우위에 따른 치료의 비인간화 때문이다. 이제 "치료 전 동의"Informed consent 아래 처음부터 끝까지 "치료자가 환자의 고통에 함께 아파하며" "환자를 책임지는" 식의 치료는 점차 사라져가고 "그들에 의한 그것들의 치료"로 이행되는 것 같다.

치과의사로서 지난 30년 동안 시대의 파도를 맞아 힘겨운 시간을 보냈다. 물결 하나를 겨우 넘어서면 한동안은 한숨을 돌리며 편하게 서핑을 했다. 그러나 후배들은 이제부터 앞과 뒤 그리고 옆에서 한꺼번에 덮치는 삼각파도에 둘러싸인 것 같아 심히 안쓰럽다. 특히나 다섯 번째 물결로 예상되는 바이오의 물결은 의료와 산업의 경계를 모호하고 불분명하게 만들 것 같아 더욱 우려가 된다.

그렇지만 후배 치과의사들에게 큰 자본의 물결에서 한발 비켜서서 의료의 본질인 "통증의 해결과 완화", 치료의 본래 개념인 "신체 기능의 회복"을 지켜나가기를 조심스레 권면하고 싶다.

일상 그리고 임플란트

우리는 살기 위해, 더욱 풍성히 살기 위해 산다. 기독교의 모든 신조
와 순종, 증거와 가르침, 결혼과 가정, 여가와 일, 설교와 목회의 목적
은 우리가 하나님에 대해 알고 있는 모든 것을 "살아내는" 데 있다.

———

유진 피터슨, 『현실, 하나님의 세계』

일상이란 어떤 곳일까? 신앙인에게 일상은 신앙과 삶이 부딪히는 현
장이다. 신앙인의 일상은 전투 현장combat field으로서 하나님 나라의
영역이 넓어지기도 하고 줄어들기도 하는 곳이다. 신앙인은 전투원
combatant이 되어 그리스도와 함께 사탄을 물리치는 역할을 감당하기
도 한다. 일상에서 신앙이 구현되어 그 진가를 발휘할 수도 있지만
반대로 실패하여 좌절할 수도 있다.

그러면 신앙은 삶 속에서 어떻게 구현될까? 신앙과 삶이 완벽하

———

게 결합한 것을 "신앙과 삶의 일치 또는 통합integration"이라고 표현한다. 이때 사용되는 인테그레이션이라는 단어가 치과의사들에게는 남다르게 다가온다.

이제는 익숙한 단어인 임플란트의 정식 명칭은 골유착성 임플란트Osseo-integrated implant다. 골유착성 임플란트란 뼈와 금속물 사이의 이물 반응에서 나타나는 막, 즉 섬유조직 없이 뼈세포와 티타늄 금속이 직접 결합하는 것을 말한다.

1952년 스웨덴의 해부학자 브레네막Per-Ingvar Brånemark 박사는 토끼 정강이뼈에 금속 보형물을 넣어 혈류를 관찰하는 실험을 했다. 실험을 끝낸 후 그는 금속을 제거하려고 했으나 티타늄 성분의 금속이 뼈와 단단하게 붙어서 잘 떨어지지 않았다. 이를 이상히 여긴 그는 전자 현미경으로 티타늄 금속 표면에 뼈세포가 달라붙은 신기한 모습을 관찰하고, 이 발견을 치과 분야에 적용해 골유착성 임플란트라는 신개념 치료법을 만들어냈다.

이는 가히 치의학 분야의 산업혁명이라고 말할 수 있다. 이전의 임플란트는 뼈와 완벽하게 붙어 있지 않아 움직이거나 통증을 수반해 씹는 기능을 잘 감당할 수 없었다. 하지만 잘 결합된 임플란트는 입안에서 치아의 대체물로서 제 기능을 한다.

사람의 씹는 힘은 앞니의 경우 40kg, 어금니의 경우 최대 99kg인데 평균 60kg 정도다. 어금니 한 개가 씹는 면의 면적이 약 $1cm^2$인데 여기에 60kg의 힘이 가해진다면 성인 여성이 뾰족한 힐을 신고 뒤꿈치로 쿵쿵거리며 걷는 정도의 강도라고 보면 된다. 이는 단단한 당근이나 견과류를 충분히 부술 정도의 힘이다. 치아는 그만한 힘을 거뜬히 감당하는 데 반해, 임플란트가 같은 힘을 견디려면 임플란트와 뼈가 세포 수준에서 잘 유착integration되어 있어야 한다.

『산둥 수용소』(새물결플러스, 2014)라는 책이 있다. 이 책의 부제는 "압력을 받는 인간들의 이야기"The story of men and women under pressure다. 수용소에서 지내는 동안 사람들은 외부의 상당한 압력에도 불구하고 거의 일상에 가까운 생활을 누렸다. 그 압력 아래에서 인간의 숨겨진 본성이 드러난다. 신앙이 있어도 본능에 따라 결정을 내리는 사람이 있는 반면, 어려운 상황에도 불구하고 의미 있는 선택을 하는 사람도 있다.

잘 심긴 임플란트가 뼈세포와 견고히 붙어 흔들리지 않고 또 외부로부터 가해지는 압력을 통증 없이 훌륭하게 견디는 것처럼, 어려운 여건 가운데서도 일상과 하나로 잘 유착되고 견고한 신앙이 바로 성공적인 신앙이라 말할 수 있다.

임플란트가 이런 조건을 만족시키지 못하면 실패로 간주하듯이, 순전히 치의학적인 관점에서 생각해보면 제 기능을 하지 못하는 신앙은 신앙이 아니다. 뼈세포와 완전히 한몸이 된 임플란트 같은 신앙을 가진 사람은 일상의 현장 속에서 신앙이 제 기능을 하며 그리스도의 향기를 드러낸다. 이러한 신앙인의 내면에는 아름다운 성품이 형성된다. 그리고 그 성품은 주변 사람을 섬기면서 이웃에게 유익을 끼치는 것으로 드러난다.

우리 모두 일상의 삶 속에서 좋은 성품이 형성되고, 관계성으로 표현되는 잘 심어진 임플란트 같은 신앙인이 되기를 소망한다.

일터의 핵심 가치

사울 왕은 일 잘하는 방편으로 하나님을 끌어들였으나 치명적인 결과를 낳았다. 일을 위해 예배를 도구화하거나 예배를 위해 일을 도구화하는 것도 치명적이다. 일과 예배가 완전히 일치를 이룬 삶을 추구해야 한다.

___

유진 피터슨, 『다윗: 현실에 뿌리박은 영성』

새 직원을 충원할 때가 되었다. 마음 같아서는 경험이 많은 사람이 오면 좋겠지만 될 수 있는 대로 디호크Dee Hoek가 제시한 원칙을 상기하며 채용 시 우선순위를 다음과 같이 두려고 한다.

고용과 승진의 원칙
① 진실성이 없으면 동기가 위험하다.
② 동기가 없으면 역량이 무용하다.

___

③ 역량이 없으면 이해력이 제한된다.

④ 이해력이 없으면 지식이 무의미하다.

⑤ 지식이 없으면 경험이 맹목적이다.

⑥ 경험은 가장 구하기 쉽고 활용하기도 쉽다.*

우리는 직원을 뽑을 때 소위 인사위원회를 구성하고 선임 직원들이 면접에 참여한다. 원장의 발언권은 적고 사실상 직원들의 손에 결정을 맡기는 셈이다. 이제껏 그래왔고 이번에도 그렇게 할 것이다. 지원자의 진실성과 지원 동기를 최우선으로 여기고 사람을 찾고 있다. 단순히 함께 일하는 직원을 뽑는 게 아니라 함께 살아갈 가족을 찾는다고 생각하기 때문이다. 이 원칙은 대통령부터 모든 공직자를 선출할 때는 물론이거니와 교회의 일꾼을 세울 때도 적용될 것이다.

오랫동안 함께했던 직원들이 하나둘 그만두고 새내기들로 바뀌고 있다. 이 기회에 그동안 생각만 하고 막상 손대지 못했던 직원 근무 규정을 새로 만들었다. "좋은 치과 만들기 모임"의 후배 선생님이 두어 달 수고해서 만든 규정집을 참고해 우리 일터에 맞게 고쳤다. 주제별로 9개 장, 48개 조항으로 이뤄진 규정집을 완성하고 "ㅇㅇㅇ 치과 취업규칙"이라는 이름을 붙였다. 다 만들고 나니 법조문 같고 너무 딱딱한 느낌, 그리고 생명력이 없다는 생각이 들어 데니스 바케가 제시한 "공유가치"라는 개념을 넣고 우리가 그동안 실행해오던 실천적 가치를 보완하니 좀 낫다.

---

* 폴 스티븐스 지음, 홍병룡 옮김, 『하나님의 사업을 꿈꾸는 CEO』(IVP, 2009).

전력회사의 CEO로 오래 재직했던 데니스 바케Dennis Bakke는 이후 기독 기업인을 양성하는 바케 대학을 설립했다. 그는 회사의 모든 구성원이 공유하기를 원하는 가치로 온전함integrity, 공정함fairness, 사회적 책임social responsibility, 즐거움fun을 꼽았다.* 나는 이를 우리 일터의 핵심 가치로 채택하고 "정직, 성실, 친절, 감사"라는 네 가지 실천적 가치를 제시하면서 직원들에게 이렇게 말했다.

우리가 함께 추구하기를 원하는 핵심 가치가 무엇인지 여러분이 느끼고, 깨닫고, 체험할 수 있도록 리더로서 노력하겠습니다. 우리가 내세우는 가치가 단순히 구호나 단어로 그치지 않아야 할 것입니다. 온전함integrity은 성경에 나오지만 우리말이나 문화에서는 찾아보기 힘든 단어입니다. 성경은 다윗이 온전한 사람A man of integrity이었다고 말합니다. 완벽한 구슬은 구球 모양이어서 어느 쪽에서 보아도 한결같은 모습입니다. 보는 각도에 따라 시시때때로 다르게 보인다면 온전한 사람이라고 할 수 없을 겁니다. 또 겉은 빨간데 속은 하얀 사과 같은 사람은 사귈수록 다르게 느껴지겠지만, 겉과 속이 동일한 토마토 같은 사람이라면 한결같다고 말할 수 있을 겁니다. 대상이 환자이든 직원이든 동료이든 간에 우리가 서로에게 이런 사람이 되면 좋겠습니다.

바케는 공정함fairness을 논하면서 "공정함이란 사람을 ○○○게 대하는 것이다"라는 예문을 주고 빈 칸을 채워보라고 했다. 그는 평

---

* 데니스 바케 지음, 송경근 옮김, 『일의 즐거움』(상상북스, 2007).

등equal하게 대하는 것이 공정하다는 통념을 벗어나 다르게different 대하는 것이 진정한 공정성이라고 지적한다. 이를 통해 우리는 직원이나 고객을 대할 때 각자의 개성과 필요 그리고 처지에 맞게 대하는 것에 대해 깨닫게 된다.

동시에 직원들과 함께 머리를 맞대고 의료인으로서의 사회적 책임과 즐거움(또는 재미)이라는 두 가지 공유가치를 의료 현장에서 맛볼 수 있는 방법도 고민하려 한다.

그것이 과연 그러하냐

신학의 목적은 지식만 전달하는 게 아니라 삶의 방식을 제공하는 것
이다. 모든 좋은 신학의 중심에는 삶의 방식에 대한 설득력 있는 설명
이 있는 만큼, 신학은 이런 삶의 방식을 추구할 때 가장 잘 수행하게
된다.

미로슬라브 볼프, 『하나님의 말씀에 사로잡혀』

어느 토요일에 서울대학교 치의학 전문대학원 졸업반 학생 중 기독
학생회 후배들이 병원으로 찾아왔다. 이유인즉 학교 과제를 해결하
기 위해서였다. 요즘은 병원 경영학 수업에서 선배의 병원에 찾아가
병원 경영 실태를 조사해오라는 과제를 준다고 한다.

원장의 병원 경영 철학, 직원들의 직무 만족도, 환자의 치료 소감
등을 조사하는데, 원장과 직원 그리고 오랫동안 치료받은 환자 세 사
람을 상대로 직접 설문조사와 인터뷰를 시행한다고 했다. 나는 데스

크 직원을 포함한 직원 세 사람과 예약 환자 중 우리 병원을 이용한 지 5년 이상 된 두 사람을 선정해주고 부족한 한 사람은 전화로 연결해주었다.

기독학생회 후배들에게는 이미 "좋은 치과 만들기 기도 모임"에 대해 소개하고 나누었던 터라 이번 방문 신청을 받았을 땐 마치 "선배님, 지난번 선교대회와 기독학생회에서 설명해주신 내용을 실천하고 계시는지 잠시 검문하겠습니다"라고 말하는 것 같아 조금 긴장되었다.

그러나 한편으로는 후배들에게 기회가 있을 때마다 "의사의 성품과 관계 회복을 기반으로 하여 환자의 심신 회복, 직원 존중의 회복, 사회적 신뢰의 회복, 의료 윤리 의식의 회복을 목표로 하자. 수익보다 가치를 창출하자"라고 역설했던 터라 이것이 그저 말이나 구호에 머물지 않고 실제로 현장에서 이행될 수 있다는 것을 보여줄 기회라 생각했다.

아침 미팅 중에는 환자 예약을 검토하며 기도를 드렸고, 진료가 끝날 때까지 틈틈이 학생들에게 설명이 필요한 부분을 설명하며, 조사에 응하였다. 환자에게는 전후 사정을 설명하여 양해를 구한 뒤 인터뷰를 주선하고, 직원들과 면담까지 시켜주느라 잠시도 쉴 틈이 없었다. 또 진료가 끝난 후에 함께 식사하며 미처 못 한 이야기들을 마저 나누었다.

사실 이런 경험은 처음이 아니었다. 수년 전 기독치과의사회 웹진에 "진료실에서 만나는 하나님"을 연재하다가 직원 존중에 대한 내 글을 본 한 후배가 업저베이션observation 좀 하고 싶다고 연락을 해왔다. 그때는 당연히 치료 술식 등을 배우고 싶다는 줄 알고 허락했다. 약속 날짜에 찾아온 후배에게 "그래, 무엇을 배우고 싶어서 왔느냐" 고 묻자, 그는 "진료 술식보다는 직원들이나 환자들을 대할 때도 정 말 글쓰신 대로 하는지 보고 싶습니다"라고 답했다. 의외의 말에 순 간적으로 당황하기도 했지만 진지한 태도가 맘에 들어 궁금증을 해 소해주고 직원과 환자들을 연결해주었다.

우리는 무언가를 배울 때 궁금한 것이 생기거나 '과연 그럴까' 하 는 호기심이 발동해도 그것을 애써 억누른 채 대충 눈치껏 추론하고 지나갈 때가 많다. 하지만 그렇게 얻은 부정확한 지식은 후에 재난과 참사의 씨앗이 될 수도 있다.

그러나 아무리 훌륭한 교훈이라도 삶의 현장에서 실현되지 못한 다면 아직 완생하지 못한 미생의 지식일 뿐이다. 설혹 어떤 교훈이 가설이 아닌 실제라 하더라도, 그것이 가르침을 준 자와 동일하게 가 르침을 받는 자에게도 실현되어야 완벽하게 살아 있는 교훈이라 할 수 있을 것이다.

일터에서 말씀이 적용되는 원리와 마찬가지로 교회에서 선포되 는 말씀이 진정 복된 소식이 되려면 그것이 전달자의 행동doing과 존 재being 속에 완전히 녹아나야 한다. 선포자의 행동이나 성품과 섞이 지 못하는 말씀은 미련한 자의 입에서 나오는 잠언처럼 자기와 타인 을 아프게 하는 채찍에 불과할 것이다.

따라서 좋은 교훈을 두고도 "과연 그러하냐"는 질문을 던질 수 있 어야 하고, 필요하다면 정말 그런지 쫓아가서 살펴보아야 할 것이다. 이는 우리가 영원히 죽을지 살지에 관한 문제이기 때문이다.

———

신학은 기록된 계시인 성경 말씀을 재진술한 것이다. 마찬가지로 일상의 삶도 현장이라는 도화지에 말씀이라는 연필로 그려보는 신앙의 재진술이어야 한다고 생각한다.

그러나 신학이 그러하듯이, 일상의 삶 역시 한편으로는 바람직한 규범이 될 수 있지만 내용상 또는 정황상의 오류나 한계에 부딪히면 비판의 대상이 될 수도 있다. 그런데도 현장이라는 화판에 일상 신학이라는 그림을 부지런히 그려가는 것이 영원을 가슴에 품고 사는 자의 당연한 반응이다. 왜냐하면 일차적으로는 자신의 삶 속에서 신앙과 잘 결합된 거룩한 성품이 맺어지는 유익이 있고, 나아가 타인의 삶의 방식에도 선한 영향력을 줄 수 있기 때문이다.

전공의 사회적 책임

사랑할 대상인 하나님, 우리 자신, 이웃, 물질. 이 모두가 합해져야 온
전한 사랑이 된다. 하나님과 이웃 사랑만의 공허함을 자기 사랑과 물
질 사랑이 해소하고, 하나님과 이웃 사랑이 자기 사랑과 물질 사랑의
맹목성을 잡아준다.

———

김용규, 『서양문명을 읽는 코드, 신』

치과의사라는 전공에 주어진 사회적 책임을 한 조각이라도 감당하고
싶은 마음으로 나환자를 구한다는 의미의 구라救癩봉사회(한센 환자
틀니 봉사)에 몸담은 지 올해로 6년 차에 접어든다. 한센병 환자에게
틀니는 각별한 의미가 있다. 단순히 틀니가 아니라 생존을 유지하고
무너진 존엄성을 회복시키는 장치이기 때문이다. 전국에 있는 한센
인 마을을 두루 돌아다니며 진료하다 보면 한 지역마다 고작 10년에
한 번 진료 기회가 돌아가는 셈이니 연로하신 분들이 생전에 새 틀니

———

를 다시 끼울 수 있을지 모르겠다. 어쩌면 그분들의 인생에서 마지막일 수도 있는 틀니 제작에 정성을 다하고 싶은데 폭염주의보가 발령된 날씨에도 에어컨 없이 진료해야 하는 열악한 환경이 야속할 뿐이다.

구라봉사회가 창립된 지 벌써 50년이 다 되어가지만 학창 시절에는 가입할 엄두를 내지 못했다. 특별한 사명감도 없었고, 진료 봉사 단체 중에 가장 강도가 높고 엄격한지라 혹시라도 여름 봉사에 끌려갈지 몰라 서클룸 근처에는 아예 얼씬도 하지 않았다.

나는 보철과에서 틀니를 전공한 덕분에 한때 틀니 잘한다는 소문을 듣고 지방에서 환자가 찾아오기도 했지만 강남 한복판에 개원한 까닭에 점차 틀니 환자를 찾아보기 어렵게 되었다. 혹시 남북통일이 된다면 내 손길을 필요로 하는 수많은 틀니 환자들을 놀보게 될지도 모르지만 점차 전공 지식을 이용해 사회에 환원할 기회가 사라지는 것이 안타까웠다. 그러던 중 동기인 한충일 원장의 권유로 구라봉사회에 참여하게 되었다. 처음에는 본을 떠주는 일만 거들어도 보람 있고 또 조금이나마 도움이 되지 않겠나 싶었다.

가입 후 이 단체가 반세기 가까이 유지되는 데 귀한 밑거름이 되었던 한 분 한 분의 헌신에 대해 듣게 되었다. 한평생 서울대학교 치과대학에서 교편을 잡다가 은퇴하신 유동수 교수님은 일본 유학 시절 소록도에 치과 봉사를 가자던 일본인 교수들의 봉사 정신에 감동하여 1969년부터 서울대학교 치과대학 내에 구라봉사회를 설립했다. 봉사회는 오사카 치과대학 구라봉사팀과 함께 소록도에서 한센 환자 의치 사업을 시작한 후 지금까지 명맥을 잇고 있다. 교수님은 팔순을 훌쩍 넘기셨음에도 노구를 이끌고 매년 하계 진료에 참여할 만큼 뜨거운 열정을 품고 계신다. 오히려 후학들이 따라가기 벅찰 정도다.

구라봉사회의 여름 봉사활동은 일주일이라는 제한된 기간에 환자 진단부터 치료, 보철제작 및 완성에 이르기까지 매우 빠른 속도로 진행된다. 이때 소요되는 진료 장비와 기공 장비는 5톤 트럭 한 대가 필요할 정도의 규모다. 선배님들의 이야기를 들어보면 초창기에는 장비를 옮기는 교통편이 기차 정기 화물밖에 없어서 그 많은 화물을 기차역으로 옮겨 부친 다음 소록도 인근의 기차역에서 받아 트럭과 배편으로 다시 옮겼다고 한다. 봉사회의 옛이야기는 마치 한편의 인간승리 드라마 같다.

한센병에 걸리면 말초신경의 감각이 없어져서 잇몸 염증이 진행되고 잇몸뼈가 다 녹을 때까지 자각 증상이 전혀 없다. 질환이 심각해지고 나서야 잇몸병이 심해진 사실을 알게 되어 환자들 대부분이 치아를 빼고 틀니를 하게 된다.

당시 의료 혜택의 사각지대에 있었던 한센인들의 애환은 이루 말할 수 없었지만 경제적 여건이 나아진 현재도 이들이 일반인들이 다니는 치과를 방문하여 치과 치료를 마음껏 받기는 쉽지 않다.

따라서 이들에게 틀니는 생명 유지 장치와 다를 바 없다. 그래서일까? 이들의 얼굴에서 10년 이상 사용한 낡고 해진 틀니를 새 틀니로 바꿀 수 있다는 희망을 읽을 수 있다.

학생 때는 이 봉사 단체의 의미를 알지 못하다가 사회적 책임을 자각한 몇 년 전에야 동참하게 된 사실이 부끄럽다. 이번에는 온 가족이 함께 참여해서 보람된 시간을 보냈다. 한평생 봉사회를 이끌어 온 교수님과 선배님들, 헌신적으로 수고하는 후배 선생님들과 학생들에게 존경과 사랑을 보낸다.

일상의 속도

성격 개조의 과정은 고통스러운 작업이다. 죽음과도 같다. 낡은 성격
유형은 죽고 새 성격 유형이 그 자리에 들어서야만 한다.

———

스캇 펙, 『스캇 펙의 거짓의 사람들』

일상은 택견이다

일상은 하나도 아름답지 않다.
일상의 공격은 늘 예측이 불가하니
어디 품새를 유지하며 폼나게 헤쳐나갈 수 있는 일들이 있기는 하더냐.

옷매무새 가다듬고 허리띠 질끈 매고 단정하게 하루를 시작해도

———

몇 합을 나누다 보면 어느새 옷매무새는 고사하고 맨살까지 드러나고
금세 실력이 바닥을 보이는데 고상한 품새 유지하며 하루를 보낼 수
있더냐.

그저 흐느적흐느적 그날의 장단에 맞춰
"이크 에크 이크 에크"
구령도 아니고 신음도 아닌 소리 내지르며
피하고 막다 보면 잠시 숨 고르고 받아넘길 틈새가 좀 생기지 않더냐.

신앙도 그러하지 않더냐.
무게 잡다가 망신당하는 일 부지기수인데
뒤돌아보니 어깨 힘 빼고 흐느적흐느적 헤쳐나간 날들이
차라리 성숙의 시간이지 않더냐.

이크에크 휘청휘청
오늘도 이렇게 일상의 시간은 흐른다.

그 자체로는 하나도 아름답지 않은 일상이지만
그래도 일상이 아름다울 수 있는 것은
의미와 가치로 색을 입혀 기억이라는 저장소에 잘 개켜놓기 때문이겠지.
오늘 흑백의 일상에 채색하고 하나둘 접는다.

시속 5km의 하나님

"하나님은 사랑이시기에 '천천히' 걸으신다.
그분이 사랑이 아니라면 훨씬 빨리 갔을 것이다.
사랑은 나름의 속도가 있다.

그것은 내면의 속도다. 영적인 속도다.
우리에게 익숙한 기술의 속도와는 전혀 다르다.
사랑의 속도는 느리지만 다른 모든 속도를 뛰어넘는다.

예수 그리스도가 오셨다.
그분은 시속 5km로도 걷지 않고 아예 십자가에서 움직이지 않으셨다.
마침표! 마침표! 못 박히는 것보다 더 느린 것이 어디에 있는가!
초대교회는 인간을 향한 하나님의 사랑,
시속 5km의 사랑이 '마침표'를 통해 완전히 드러났다고 선포한다."*

우리의 해찰로 지척대던 걸음에 일부러 맞추시던
그 완만하신 걸음이 사랑이셨듯이
그마저 멈추셔서 세 개의 대못으로 찍으신 마침표가
피맺힌 사랑의 절정임을 깨닫습니다.
이제 뒤도 옆도 돌아볼 줄 모르고

---

* 필립 D. 케네슨 지음, 홍병룡 옮김, 『열매 맺다』(새물결플러스, 2011).

속도에 미쳐버린 우리의 무자비한 질주를 더는 용서하지 마소서.

마지막 국화꽃도 져버리고 무서리 내릴 것 같은 저 빈 들을 보며

시속 5km의 사랑과 마침표 사랑의 절정을 묵상하게 하소서.

하나님의 손길, 급랭일까 서랭일까?

믿음 생활의 마지막 단계는 성품의 완성이다. 믿음 생활은 날개를 달고 솟아오르는 비약이 아니라 기진하지 않고 걸어가는 보행의 생애이다.

———

오스왈드 챔버스, 『주님은 나의 최고봉』

올해도 서울대학교 치과대학 기독학생회의 부름을 받고 식탁 교제, 말씀과 비전 나눔, 티타임으로 이어지는 즐거운 시간을 보냈다. 젊은 이들과 함께하는 것이 좋아서 시간 가는 줄도 몰랐다. 후배들은 이른 아침부터 저녁까지 계속해서 수업과 실습에 참여하는, 숨 쉴 틈 없이 빡빡한 일정을 소화한 후 피곤을 무릅쓰고 모였다. 세대와 나이를 초월하여 주님께서 주시는 꿈을 공유할 수 있다는 것은 행복한 일이다.

이 자리에서는 일상에서 어떻게 하면 신앙대로 살 수 있을지 생

———

각해보는 시간도 가졌다. 눈물과 사망, 고통과 애곡, 아픔이 없는 우주적·종말론적 회복을 바라보며 살자는 말씀과(계 21:4) 함께 개인적으로는 각자의 성품, 주변 사람과의 관계성, 나아가 사회적 신뢰와 윤리의식의 회복을 꿈꿔야 한다는 점을 나누었다. 그것이 슬픔과 통곡으로 가득한 이 나라, 부패와 악이 금방이라도 터질 듯이 팽만한 이 시대에 우리를 사람을 돌보는 의사로 부르신 하나님의 뜻이 아닐까 싶다.

사랑하는 후배들을 마음껏 축복하고 싶다. 내 아이들 또래인 15학번 신입생들이 선생님은 몇 학번이냐고 묻는다. 예과 78, 본과 80이라고 답하니 연신 "대박!"을 외치며 무슨 살아 있는 화석이나 네안데르탈인 바라보듯 한다.

티타임 시간에 이늘이 묻는다. "저희가 과연 이 힘든 공부를 잘 마치고 치과의사 면허를 받을 수 있을까요? 지금 배우는 것들이 실제로 환자를 보는 데 필요한 것일까요? 어떻게 해야 좋은 배우자를 만날 수 있을까요?"

또 어떤 녀석은 "선생님은 학생 때 불교학생회 소속이었다는데 어떻게 예수님을 믿게 되셨나요?"라고 한다. 참나, 신상도 털렸다.

이렇게 답해주었다.

"지금 배우는 것들도 다 의미가 있어요. 환자를 볼 때 모든 정보를 세세히 기억할 필요는 없어요. 하지만 '기억의 폴더'는 가지고 있어야 돼요. 어디에 무슨 정보가 있으니 찾으면 된다고 기억하면 됩니다. 그러나 의사라면 공부는 일평생 동안 한다고 생각해야 해요. 사실 지금 배우는 건 아무것도 아니고 면허 취득하고도 계속 공부해야 해요."

"실습하면서는 좌절감을 느낄 수밖에 없어요. 환자를 볼 때 느끼는 긴장감을 온몸의 근육이 기억하게 되는 날까지 수도 없이 실패를 경험합니다. 그래서 젊어서 만나는 환자들께 감사해야 해요."

"제가 예수님을 믿게 된 과정을 치과 재료학적으로 설명해볼게요. 앞으로 치과 재료학 시간에 금속학을 배우겠지만, 금속을 주조할 때는 먼저 금속을 뜨겁게 가열하여 녹인 다음 원하는 모양대로 식혀서 형태를 만듭니다.

강한 강도가 필요한 경우는 금속을 급히 식히는 급랭을 합니다. 뜨겁게 가열했다가 차가운 물에 담그는 분무 담금질fog quenching을 하면 금속은 단단해지지만 깨지기 쉽습니다.

반면 공기 중에서 서서히 식히는 서랭을 선택하면 금속 강도는 약한 대신 탄성이 증가합니다. 하나님께서는 우리를 용도에 맞게 급랭시키시기도 하고 서랭시키시기도 하죠. 제 경우엔 먼저 급랭을 당하고 나중에 연단질까지 당해서 탄성이 생겨 말랑말랑해진 편입니다. 하나님께서 여러분들을 어떻게 다루실지 기대하는 맘으로 기다려보세요."

젊은이들과의 대화는 늘 신선하다. 이들이 과중한 공부에 지치지 않기를, 무엇보다 내면에 성령의 아름다운 열매가 맺히기를 축복한다.

졸업하는 후배들에게

모든 환자는 의사와 그의 기술적 도움이 필요하다. 그러나 의사의 사명은 치료나 동정보다 넓다. 사람이 살도록 돕는 것은 생활을 지탱하도록 돕는 것뿐 아니라, 그가 성장하는 것, 스스로 자기의 문제를 해결하는 일을 돕는 것이다.

———

폴 투르니에, 『성서와 의학』

치과 치료는 사랑의 수고다[*]

서울대학교 치과대학 기독학생회 졸업생 축하 모임을 가졌다. 졸업하는 후배들과 함께 식사하면서 몇몇 선배들이 마련한 조촐한 선물을 나누고 즐거운 시간을 보냈다. 아마도 이들 모두 치과대학에 입학할 때만 해도 졸업하면 고생 끝, 행복 시작일 줄 알았을 것이다. 그러나 실상은 어떤가? 국가시험에 합격하고 졸업장을 손에 쥐었으니 뭐

———

2장 | 내 삶의 자리

든 할 수 있을까? 아마 이제부터 행복 끝, 고민 시작이지 않을까 싶다.

모르긴 몰라도 '국가에서 치과의사 면허를 받기는 했지만 이걸로 내가 뭘 할 수 있을까' 하는 자괴감과 불안감이 엄습할 것이다. 세 명의 선배가 졸업 후 인턴, 봉직의, 개원의로 살면서 경험한 바를 나눌 때 한 마디라도 더 들으려고 밤늦도록 집중하던 모습이 눈에 밟혀, 나 또한 쉽게 자리를 뜨지 못하고 우치무라 간조 선생의 휘호인 "치과 치료는 사랑의 수고다"Dentistry is a work of love에 대해 간략히 나누었다.

선생은 일본의 뛰어난 기독교 지도자로 홋카이도 대학에서 정성스러운 치료를 받은 후 감사의 마음을 담아 "치과 치료는 사랑의 수고"라는 치료 소감을 휘호로 적어주셨다고 한다. 이 글씨는 일본 나가노 현 돌의 교회Stone church에 위치한 우치무라 간조 기념관에 전시되어 있다.

아마도 우치무라 간조 선생이 바울 사도가 데살로니가 교인들을 향해 "너희의 믿음의 역사와 사랑의 수고와 우리 주 예수 그리스도에 대한 소망의 인내를 우리 하나님 아버지 앞에서 끊임없이 기억함이니"(살전 1:2)라고 말하는 본문을 인용한 것 아닌가 추측해본다.

믿음, 사랑, 소망은 우리 신앙의 (x, y, z) 좌표축이다. 바울 사도는 "우리 복음이 너희에게 말로만 이른 것이 아니라 또한 능력과 성령과 큰 확신으로 된 것임이라"(살전 1:5)고 말한다. 이렇게 능력과 성령과 확신으로 전해준 복음이 데살로니가 교인들에게 믿음의 역사, 사랑

---

* 2014년 서울대학교 치과대학 기독학생회 졸업생 축하 모임에서 나눈 내용을 재구성
했다.

의 수고, 소망의 인내로 열매를 맺고 있음을 말한다.

그런데 믿음이 역사work하지 않고, 사랑이 수고labor로 표현되지 못하거나, 소망이 인내endurance를 이끌어내지 못한다면 제 기능을 다 하지 못한다고 할 수 있다.

잘 생각해보면, 믿음과 소망은 수직적이고 시간적이지만, 사랑은 수평적, 공간적 그리고 관계 지향적이다. 그래서 믿음과 소망이 사랑의 수고로 오늘 우리의 일터에서, 우리가 만나는 사람들에게 표현되어야 할 것이다.

사실 치과 치료는 몹시 수고스러운 일이다. 이는 치과의사의 평균 수명이 손에 꼽힐 정도로 짧은 것을 보면 알 수 있다. 그렇지만 환자의 고통이 평안으로 바뀌고 그가 끼니때마다 감사해할 것을 생각한다면 매우 보람된 직업이기도 하다.

후배들이 이러한 사랑의 수고에 관한 소소한 스토리를 엮어가기를 간절히 바란다. 신앙은 원리나 원칙에 그치지 않고 각자의 처지에서 생동감 넘치는 스토리로 재구성되어야 한다. 이것이 뒤따르는 후배들에게 기준과 이정표가 될 것이기 때문이다.

바울 사도는 이를 "道"(삶의 방식way of life)라고 표현했다. 이 도가 각자의 일터에서 꽃을 피우고 치과계, 더 나아가 사회 공동체의 회복에 기여하기를 간절히 바란다.

누가 우리의 이웃입니까?*

이제 막 시작하는 새내기 치과의사들에게, 다양한 일터에서 진료하고 있는 선배들이 실제 임상에서 접하게 되는 일들에 대해 자상한 소개와 권면의 말을 전해주었다. 이어서 나에게 5분의 시간을 주며 짧은 격려를 부탁했다. 나는 무슨 말로 마무리하면 좋을지 고민한 끝에 이렇게 말해주었다.

앞서 두 분의 선배들이 실제적인 말씀을 하셨으니 이제 제가 결론을 내려야 할 것 같습니다. 여러분의 눈빛을 보니 마치 저에게 이렇게 질문하는 것 같습니다.

"결론이 무엇입니까? 핵심이 뭔가요? 한마디로 요약한다면 뭐라고 말씀해주실 건가요?"

성경에도 예수님께 이렇게 질문한 사람이 있습니다. 마태복음에는 율법사로, 마가복음에는 서기관으로 묘사되는 한 사람이 예수님께 묻습니다. "크고 첫째 되는 계명이 무엇입니까?"

이는 지극히 타당한 질문입니다. 『예수 신경』의 저자 스캇 맥나이트의 표현으로는 "영성 형성의 궁극적 질문"이지요. 예수님께서는 이에 대해 "하나님은 한 분이시니 마음, 목숨, 뜻, 힘을 다하여 사랑하라"고 답하십니다. 당시 유대적 사고로는 지극히 표준적인 정답입니다.

그런데 반전이 있습니다. 예수님께서는 여기에 덧붙여 "둘째도 그와 같으니 네 이웃을 너 자신 같이 사랑하라"고 답하십니다.

"쉐마"(들으라, 이스라엘아. 하나님은 한 분이시니 마음과 목숨과 뜻과 힘을 다하여 사랑하라)는 유대인들이 금과옥조로 지키는 계명입니다. 지금도 이스라엘의 초등학교에서는 담임선생님이 아이들을 주목시

---

* 2015년 서울대학교 치과대학 기독학생회 졸업생 축하 모임에서 나눈 말을 옮겼다.

킬 때 "주목! 조용히 해!"라고 외치지 않습니다. 그 대신 선생님이 "쉐마 이스라엘 아도나이 엘로헤이누 아도나이 에하드"라는 노래를 부르기 시작하면 아이들이 그 노래를 조용히 따라 하면서 자리를 정돈하며 앉는다고 합니다.

예수님 시대의 눈으로 보면 한 분 하나님을 사랑하라는 최고의 계명인 "쉐마"에 피조물인 사람에 대한 사랑, 즉 "이웃 사랑"을 덧붙인 것은 최고급 요리에 라면 수프를 끼얹은 것과 같습니다. 그러나 예수님은 이렇게 신앙고백을 하셨고, 일관되게 그렇게 사셨으며, 삶을 통해 우리에게 모범을 보여주셨습니다.

또 다른 제자가 예수님께 "누가 우리의 이웃입니까?"라고 물었습니다. 곧 "우리의 사랑과 교제를 나눌 자격이 있는 사람이 누구입니까?"라는 뜻입니다. 치과의사 버전으로 바꾸면 "내 기술로 섬기기 합당한 이웃은 누구입니까?"라는 질문이 되겠지요. 그러나 예수님은 이웃의 개념에 경계를 그어주시지 않습니다. 돈 낼만 한 사람만 사랑하라거나 말 잘 듣는 사람만이 네 이웃이라고 답해주시지 않습니다.

유대인들은 거룩한 것과 부정한 것을 철저히 구별했습니다. 그들은 혹시라도 부정한 이방인들이 득실거리는 저잣거리를 들렀다면 집에 들어가기 전에는 반드시 정결례를 통해 부정한 것을 물리쳤습니다.

선택된 자들인 그들로서는 더러운 이방인들로부터 전파될 오염을 두려워하는 것이 당연했을지 모릅니다. 그들의 정결례는 수술장에 들어가는 외과의사의 손 씻기와 다를 바 없는 절차요, 전염성 강한 병원균으로부터 자신을 보호하는 일이었습니다. 우리는 의사로서 혹시 모를 오염 전파의 위험을 차단하기 위해 각별한 주의를 기울여야 함을 너무나 잘 알고 있습니다.

그러나 예수님께서는 정결례에 사용할 항아리의 물을 축제의 포도주로 바꾸셨습니다. 그분은 오염의 차단을 통한 정결함에 머무르지 않고 오히려 오염을 향해 정결을 선포하셨습니다.

우리는 의료인으로서, 또한 그리스도의 제자로서 환자의 심신 건강은 물론 영적 건강의 회복을 목표로 삼아야 합니다. 따라서 환자를 향한 우리의 돌봄은 오염의 차단을 넘어 회복의 전파, 나아가 기쁨의 전파로 이어져야 합니다.

예수님은 경계를 정해달라는 질문에 "너희도 이와 같이 하라"고 하시면서 우리가 어떤 태도를 취해야 하는지 답하셨습니다. 이제 우리가 그대로 실천할 일만 남았습니다.

여러분들은 합당한 교육 과정을 밟고 국가고시를 통과해 환자를 침습할 권한을 부여받았습니다. 이제 치과의사로서 일터에 나가게 될 텐데, 진료실 영성의 궁극적 질문에 대해 생각해보면서 결론을 맺어봅니다.

제가 생각하는 하나님 사랑은 하나님을 기쁘게 해드리는 것과 함께 예수님께서 저로 인해 다시 고난당하지 않게 해드리는 것입니다.

이웃 사랑은 진료실의 스태프들, 저희를 돕는 기공사들과 재료상들을 존중하고 배려하는 것입니다. 나아가 환자들에게 진심으로 신뢰를 얻는 것입니다. 이제부터 이 길을 함께 가봅시다.

가족 이야기

가족이란 현재를 공유하고 과거를 기억해주는 사람들이다. "돌아가 신 부모님이 알려주셨어. 가족은 '오하나'Ohana야. 누구도 버리지 않 고 잊지 않는다는 뜻이야." "네가 원하면 떠날 수 있지만 난 너를 기 억할 거야."

———

영화 〈릴로&스티치〉에서 릴로의 대사

개양귀비

주말에 팔당 물안개공원에서 개양귀비를 만났다. 이름에 "개"자가 붙 은 꽃치고 빛깔이 곱다. 양귀비와 달리 아편을 추출할 수 없어서 관 상용으로 키우는데 "우미인초"라고도 불린다. 중국의 한 고조 유방에 쫓겨 스스로 목숨을 끊은 항우의 애첩 우미인의 무덤가에 피어났다 고 해서 붙은 이름이다.

———

이 꽃은 호주, 뉴질랜드의 현충일에 해당하는 앤잭 데이ANZAC Day (Australian and New Zealand Army Corps Day)에 가슴에 꽂는 상징화이기도 하다. 영국의 요청으로 제1차 세계대전에 참전한 호주, 뉴질랜드 연합군은 터키 갈리폴리 전투에서 8천 명 사망에 18,000명 부상이라는 막대한 인명 손실을 보게 된다. 8천의 병사들이 잠든 갈리폴리 언덕에 훗날 개양귀비가 만발했다 해서 이 꽃이 용사들의 희생을 기리는 상징이 된다.

이래저래 이 꽃은 동양이나 서양이나 망자를 기억하기 위한 꽃으로 자리 잡는다.

하늘거리는 저 여린 꽃잎은 꽃대를 떠나 먼 하늘로 훨훨 날아갈 듯한데 연붉은 꽃잎을 보며 오늘 누구를 기억해야 할지 생각한다.

마침 오늘이 10여 년 전에 돌아가신 아버님의 기일이다. 지방에서 평생 요령 없이 딸깍발이처럼 사셨던 하급 공무원 아버지를 보며 나는 답답한 마음에 원망을 품었었다. 50대 중반의 나이가 된 지금에야 그 손길을 떠올리며 "정직과 성실"이라는 눈에 보이지 않지만 묵직한 유산을 남겨주셨다는 사실을 새삼 깨닫는다.

그 무뚝뚝한 표정 속에 감추셨던 여린 미소가 그립다.

인간 다이아몬드

비록 배움은 짧았지만 지혜로웠던 우리 어머니는, 가난한 집안으로 시집오는 며느리에게 변변한 예물은커녕 전세방 하나 제대로 마련해 줄 수 없는 게 못내 미안하셨나 보다. 하지만 내 아내는 "아가야, 내 비록 한 돈짜리 금반지밖에 해줄 수 없어서 많이 미안하다만 갸가 진국이란다. 인간 다이아몬드여. 네가 잘 세팅해서 사용해라"라는 말씀을 듣고 감격했단다.

아내는 가끔 자기는 남들 다 가진 다이아 반지도 없다고 투덜거리다가도 나를 향해 "인간 다이아, 이리 좀 오셔"라고 부르면서 내 이마에 주먹을 척 붙이곤 했다.

세월이 흘러, 요즘 아내는 어머니께서 짝퉁을 주고 진품이라고 우기셨다고 말한다. 나름 세팅은 잘했는데, 자꾸 변색되고 벗겨지는데도 반품할 수도 없고, 하소연을 들어줄 사람도 없다고 입을 비죽인다.

"에이! 다이아몬드는 무슨, 큐빅이지." 아내의 푸념이다.

어머니 왜 그러셨어요.

그 이름
아지랑이 피는 봄에
상큼한 돈나물

후텁지근 복더위
걸쭉한 내장탕

한가위 보름달엔
하얀 토란국

시릿한 초겨울
고들빼기김치

계면쩍어 부르지 못한 이름

입안에 꾸역 삼키며

손맛 그리워

애꿎은 음식만 부른다.

아들딸에게

얘들아! 결혼을 위해서는 세 개의 반지ring가 필요하다고 하는데 들어봤니? 아빠는 그마저도 변변히 준비 못 해서 지금도 불평을 듣고 있지만 말이다.

사람들이 말하기로는 첫째로 약혼반지engagement ring, 둘째로 결혼반지wedding ring, 마지막으로는 인내의 반지suffering가 있어야 한단다.

그러나 아빠가 알려주고 싶은 가장 귀한 마법의 반지가 있으니 그것은 바로 부드러운 완충과 조화의 반지buffering란다.

난 내 숟가락이 부럽다

(엄마와 딸이 저녁을 준비하는 중이다.)

엄마: 이거 좀 수저로 저어라.

딸: 응.

엄마: 아니, 그거 말고 이걸로 해야지.

딸: 왜?

엄마: 그건 아빠 숟가락이거든.

딸: 아빠 숟가락으로 하면 안 돼?

엄마: 아빠 숟가락을 존중해야지.

딸: 아, 그래? 근데 엄마는 왜 아빠는 존중하지 않고 아빠 "숟가락"만 존중해?

엄마: !!!(말 없음)

(딸의 말이 폭포수처럼 시원하다. 딸이 있어 참 좋다. <u>흐흐흐</u>)

가족은 패치워크

가족은 마치 각자의 경험과 기억의 헝겊 조각을 이어 붙이는 패치워크patchwork와 같다. 만남과 헤어짐 속에서 천 조각을 공유하며 서로의 조각을 잇고 견주어보고 부지런히 실밥을 연결한다. 그리고 각자의 자리로 바삐 돌아간다. 상실감이 희망을 압도할 때면 이 칙칙한 조각들이 무슨 소용이 있을까 싶어 낙심되지만, 곧 그것이 없어서는 안 될 소중한 내러티브narrative가 되어 우리 앞에 되살아난다. 시간이 흘러 어떤 퀼트가 될지, 어떤 문양의 양탄자가 될지는 모르지만 오늘 하루도 그 그림을 이어가시는 그분의 손길을 신뢰하며 산다.

덴탈 미러로 보는 세상

문화, 사회, 교회 단상

조지 워싱턴의 틀니

일평생 치통으로 고생한 조지 워싱턴 주변에는 늘 치과의사들이 있었다고 한다. 치과의사이자 천재 초상화가인 찰스 피일Charles W. Peale이 그린 초상화에는 조지 워싱턴의 왼쪽 뺨에 만성 치성 염증으로 인한 누공으로 생긴 흉터가 있다. 또 길버트 스튜어트Gilbert Stuart가 그린 초상화에는 아랫입술과 뺨이 부자연스럽게 두툼한데 그 이유는 초상화를 그리기로 한 시점에 틀니가 망가져서 합죽한 외모를 감추려고 입에 솜을 물고 그렸다는 일화가 있다. 이 그림이 1달러 지폐에 사용되고 있다.

조지 워싱턴의 일기에는 치통과 틀니에 대한 언급이 많다. 존 그린우드John Greenwood가 만들어준 틀니는 금, 하마 송곳니, 상아, 사람의 치아 등을 재료로 하고, 위아래 틀니가 입안에서 고정되도록 뒤쪽에 스프링이 달려서 그 탄성으로 유지를 얻도록 설계되어 있다. 그가 만든 네 벌의 틀니를 사용하였는데 그중의 하나가 현재 스미소니언 박물관에 보관되어 있다.

———

이병태, 『재미있는 치의학 역사 산책』
Malvin E. Ring, *Dentistry an Illustrated History*

오늘을 그날처럼

주님의 연대는 불과 한 날이며 주님의 날은 되풀이되지 않고 언제나 오늘이옵니다. 주님의 오늘은 내일에게 자리를 양보하지 않고 어제를 뒤쫓지 않나이다. 주님의 오늘은 영원하옵니다.

———

아우구스티누스, 『고백록』

서울-상하이 노선을 자주 오가다 보면 비행시간이 짧아 부지런히 뛰어야만 하는 승무원들이 때로는 안쓰럽게 느껴진다. 승객들 역시 항공사에서 주는 기내식 먹기에 바빠 숨이 가쁘다. 이 와중에 오가는 비행기 안에서 〈어바웃 타임〉About Time(2013)이라는 영화 한 편을 보고는 깊은 감동을 받았다. 무척 깊은 여운이 남는 영화라 아직 못 보신 분이 있다면 추천하고 싶다. 특히 오늘을 좀 더 행복하게 살고 싶은 분들에게 많은 도움이 될 듯싶다.

———

〈어바웃 타임〉은 시간 여행의 비법이 전수되는 집안이라는 다소 판타지 같은 설정을 동원하지만 영화가 말하는 행복의 비결이 실은 지극히 신학적이고 종말론적이다. 영화는 평범한 일상을 사랑하고, 매일을 두 번 사는 것처럼, 오늘이 가면 영원히 변화시킬 수 없는 것처럼 오늘을 살라는 메시지를 담았다. 또한 후회할 일을 하지 말고 기쁨을 심듯이 살자고 권한다. 시나리오 작가가 요한계시록을 전공하기라도 했는지, 아니면 톰 라이트의 『마침내 드러난 하나님 나라』(IVP, 2009)라는 책을 읽고 영향을 받았는지 궁금해질 정도다.

영화의 끝부분에서 죽음을 앞둔 아버지를 찾아온 아들에게 아버지는 마지막 소원이니 함께 산책하자고 제안한다. 아버지는 생전에 가장 원했지만 이루지 못했던 소망인 둘만의 오붓한 산책을 하면서 이별의 아쉬움을 해소한다. 사람들은 인생의 막다른 길목에서 자기가 행한 일을 후회하기보다는 하지 못한 일을 후회한다고 한다.

그러나 범죄를 저지르고 수감생활을 하는 재소자들에게는 자기가 범한 잘못에 대한 자책과 후회가 먼저다. 그리고 그로 인해 잃어버린, 잃어버리기 전에는 별반 소중함을 느끼지 못했던 일상에 대한 상실감 때문에 괴로워한다. 그들은 일상 속에서 마치 바탕색처럼 잘 드러나지 않지만 그럼에도 알게 모르게 우리 삶의 의미로 자리매김한 여덟 가지 소중한 주제들, 즉 가족, 변화, 믿음, 용서, 친절, 사랑, 극복, 지혜에 의해 우리의 일상이 지탱되고 있음을 고백한다.*

---

* 잭 캔필드 외 지음, 유의정·정구현 옮김, 『영혼을 위한 닭고기 수프: 재소자 편』(하늘연, 2015).

『묵상의 여정』에서 저자는 신앙생활이 무엇이냐고 묻는다면 주저 없이 "하나님과 함께 놀기"playing with God라고 답하겠다고 말한다. 그에 따르면 우리의 사명과 소명은 하나님과 더불어 지속적으로 노는 놀이터playground여야 한다.*

무엇을, 어떻게 하면서 하나님과 즐거운 놀이 시간을 보낼지는 알 수 없지만 일상 속에서 영원의 관점으로 오늘을 후회 없이 보냈으면 좋겠다.

마지막으로 〈어바웃 타임〉의 명대사를 하나 소개한다. 내가 10년간 공부한 내용을 간단히 요약한, 강력한 내공이 담겨 있는 말이다.

"나는 내가 이날을 위해 시간 여행을 한 것처럼 매일매일을 충실하고 즐겁게 살고자 노력할 것이다"I just try to live everyday as if I've deliberately come back to this one day.

"인생은 모두가 함께하는 시간 여행이다. 하루하루를 사는 동안 우리가 할 수 있는 건 최선을 다해 이 멋진 여행을 만끽하는 것이다"We are all travelling through time together, everyday of our lives. All we can do is do our best to relish this remarkable ride.

"다음 기회가 없는 것처럼 인생을 살라!"Live life as if there were no second chance!

* 박대영 지음, 『묵상의 여정』(성서유니온선교회, 2013).

더 이상 아무것도 변화시킬 수 없는 그날이 오기 전에 아주 요행히 몇 번의 기회가 더 주어진다면 무엇을 해야 할까? 우리 삶의 여정이 풍성한 일화들로 채워져 훗날 돌아보더라도 후회가 없기를 소망한다.

진정 난 몰랐네

진정한 삶은 현재에 있다. 만약 사람들이 당신에게 미래를 위해 준비하는 삶을 살아야 한다고 말한다면 믿지 말라. 우리는 현재 삶을 살고, 현재 삶만 안다. 그러므로 우리는 현재의 삶을 발전시키는 데 힘을 기울여야 한다.

———

톨스토이, 『톨스토이의 어떻게 살 것인가』

영화 〈암살〉(2015)은 1932년 3월에 실제로 추진되었던 당시 조선 총독 우가키 가즈시게 암살 작전을 모티브로 한다. 이정재가 연기한 염석진은 일본에 의해 국권이 침탈된 직후 데라우치 총독을 암살하려 했다가 붙잡힌 뒤 변절해 마치 탈옥한 것처럼 꾸미고 일본의 밀정으로 활동한다.

영화 말미에서 반민특위 재판을 무사히 벗어난 염석진 앞에 부하 명우와 안옥윤(전지현 분)이 나타난다. 명우는 수화로 "16년 전 임무,

염석진이 밀정이면 죽여라. 지금 수행합니다"를 외치고 총을 쏜다.

안옥윤은 방아쇠를 당기기 직전에 염석진에게 변절한 이유를 추궁한다. 그러자 그는 "해방될 줄 몰랐으니까"라고 말한다. 이는 반민특위에서 왜 친일행각을 했냐는 질문에 "일본이 그렇게 쉽게 질 줄 몰랐고, 해방될 줄 몰랐다"고 답한 미당 서정주를 패러디한 것이다. 이것이 아마도 거의 모든 친일범의 공통된 생각이었을 것이다.

요한계시록 3:20의 "볼지어다. 내가 문밖에 서서 두드리노니"라는 구절은 전도할 때 흔히 사용되어 우리에게 너무나 익숙하다.

주님은 너무도 자상하고 인격적이셔서 우리가 혹시라도 잠에서 깰까 봐 문밖에서 조심스럽게 노크하실 것 같다. 문을 열어주지 않으면 슬퍼하며 발길을 돌리시지만 만약 우리가 문을 열면 조용히 들어오셔서 함께 식사하시고는 다시 조용히 나가시면서 초대해줘서 고맙다고 상냥히 인사하실 분 같다.

그러나 이 구절이 진짜 뜻하는 것은 "룸서비스입니다"라고 속삭이는 호텔 직원의 노크 소리와는 다르다. 그것은 타당한 권리가 있는 방주인이 쿵쾅쿵쾅 문을 두드리며 "도대체 어느 놈이 내 방을 차지한 채 빈둥거리고 있냐!"고 책망하는 것일 수 있다.

이 구절의 성경적 배경은 이렇다. 이 말씀은 맥락상, 신부의 방을 두드리는 신랑의 노크처럼(아 5:2) 어그러진 관계를 회복시키고자 하는 신랑의 외침이나* 뜻밖의 시간에 돌아온 주인이 거세게 문을 두드리면서 퍼질러 잠든 종을 책망한다고 보는 것이(마 24:42-46)

---

* 그레고리 K. 비일 지음, 오광만 옮김, 『NIGTC 요한계시록』(새물결플러스, 2016).

맞다.* 그래야 이어지는 내용이 해석된다. 곧 주인이 문을 열고 들어오셔서 신실함을 지킨 자들에게 칭찬과 만찬을 베풀고 상석에 앉히신다는 내용 말이다.

그것은 오직 하나님과 어린 양에게만 허락된 보좌의 옆자리다. 신앙의 정절을 무너뜨리려는 핍박과 신실하신 하나님을 배반하게끔 하려는 유혹을 이겨내고 승리한 자들을 상석에 앉혀 잔치를 베풀어 주시는 것이다.

영화에 비유하자면, 정부수립 행사에 안옥윤 같은 독립 유공자들을 귀빈석에 앉히고 염석진 등의 친일파들이 행사장에 끌려와 조롱과 치욕을 당하는 현장을 바라보면서 위로받는 것과 같은 장면이다.

비록 이 나라는 그렇게 하지 못했지만, 종말의 날에 하나님께 신실함을 지킨 자들이 보좌 옆자리에서 만찬을 즐길 때 변절자들은 성 밖에서 울며 이를 갈면서 이렇게 중얼거릴 것이다.

"사탄이 그렇게 쉽게 패하고 하나님 나라가 도래할 줄 알았더라면 이러지 않았을 것입니다. 진정 그럴 줄 몰랐습니다"라고.

그러나 이미 시작된 그날은 반드시 온다. 오늘도 주님의 오심을 준비하는 하루가 되기를 바라면서 묵묵히 한 걸음을 옮기고 싶다.

---

* 톰 라이트 지음, 이철민 옮김, 『모든 사람을 위한 요한계시록』(IVP, 2015).

흐르는 강물처럼

죽음은 삶에 의미를 부여하는 비의미non-sense입니다. 의미를 부여하면서 동시에 그 의미를 부정합니다. 죽음의 이러한 역할은 불꽃처럼 살다가 죽는 존재나 열정적으로 짧은 생을 사는 존재에게서 잘 드러납니다.

———

블라디미르 장켈레비치, 『죽음에 대하여』

연휴 중 아내와 함께 〈흐르는 강물처럼〉A River Runs Through It(1992)이라는 영화를 다시 봤다. 오래전 처음 봤을 때는 지루해서 중간에 잠이 들었는데, 나이가 들어 다시 보니 대사 하나하나, 배우의 몸짓 하나하나를 통해 표현되는 것들이 가슴속에 깊은 의미로 다가왔다.

영화는 몬태나의 아름다운 강가를 배경 삼아 플라이 낚시라는 소재를 갖고 이야기를 풀어간다. 고지식한 스코틀랜드 출신 장로교 목사의 큰아들로, 원리원칙주의자답게 놈Norm이라는 애칭으로 불리는 노먼 맥클레인이 노년에 이르러 젊은 날을 회고한다는 자전적인 내용이다.

두 아들이 사람 냄새라곤 일절 나지 않는 완고한 아버지의 인정을 받는 길은 잘 다듬어진 신앙인이 되거나 노련한 플라이 낚시꾼이 되는 것밖에는 없었다. 송어 낚시가 은유하듯이 아버지의 냉정한 바늘에 걸린 두 아들은 대조적으로 행동한다. 활달한 성격의 둘째 아들 폴은 자유를 갈구하여 낚싯줄이 팽팽해지도록 버티며 아버지에게서 더 멀리 달아나려 애쓰지만 결국 일찍 목숨을 잃는다. 반면 순종적인 노먼은 아버지에게 더 가까이 다가가 칭찬과 인정을 받음으로써 낚싯바늘을 벗어던지고 멀리 달아날 수 있게 된다.

규범에 얽매이는 형을 조롱이라도 하듯 동생은 늘 자유분방함과 방종으로 형을 도발한다. 형은 동생에게 지고 싶지 않은 마음에 도발을 받아들였다가 아버지를 실망시켰다는 죄책감 때문에 동생과 한바탕 싸움질을 한다. 그 후로는 동생의 도발을 무시하며 아버지의 편에 서게 된다. 동생 폴이 살아 있음을 증명하는 유일한 수단은 아버지가 정하고 형이 순종하는 율법적 가치관의 울타리를 무시하고 넘는 것이었다. 하지만 낚싯줄에 걸린 물고기가 몇 차례 물 밖으로 튀어 오른 순간 공기를 먹고는 급격히 힘이 빠지는 것처럼 폴의 에너지는 빠르게 소진되었다.

폴은 방탕한 삶으로 더욱 깊이 빠져들었지만 실제로는 형과 아버지에게 솔직하게 도움을 요청하지 못한 채 소리 없이 비명을 지르는 중이었다. 동생의 장례식장 설교에서 아버지는 "도움이 필요한데도 도움을 요청하지 못하는 사람들을 완전히 이해할 수는 없어도 완전히 사랑할 수는 있다"We can love completely without complete understanding고 말한다. 아마도 이 말은 화자인 노먼이 이 영화를 통해 말하고 싶은 바인 것 같다.

아버지의 인정을 갈구하는 형제간의 애증, 갈등과 미묘한 질투, 둘째 아들의 타고난 친절함과 자연스러움, 자유로움, 동생을 시기하는 만큼 점점 더 아버지의 규범에 자신을 맞추는 형의 모습을 보면서 유전자 깊이 새겨져 있는 인간의 죄성을 엿보게 된다.

형제간의 갈등에 대해 심리학자들은 이렇게 말한다. 형은 동생이 태어남으로 인해 폐위된 왕자이고, 동생은 태어날 때부터 넘을 수 없는 절망의 벽 앞에선 만년 패자라는 것이다.

형 노먼은, 동생 아벨을 쳐 죽인 뒤 "네 동생은 어디 있냐?"고 물으시는 하나님께 하늘을 향해 주먹질하면서 "내가 동생을 지키는 자입니까?"라고 답하는 가인처럼 격하게 처신하지는 않는다. 하지만 그에게서는 돌아온 탕자를 환대하는 아버지의 등 뒤에서 아버지의 사랑을 조금이라도 자기 쪽으로 빼앗아오려는 형의 모습이 보인다. 나역시 형과 동생 사이에서 부모의 제한된 사랑을 갈구하던 어릴 적 내모습과 또한 세월이 흘러 부모가 되어 자식들이 겪는 미묘한 심리적 갈등을 통해 인간의 죄 된 본성의 뿌리를 새삼 깨닫게 된다.

갓 구운 식빵같이 예쁘고 선한 브래드 피트의 모습과 어린 나이에도 내면의 심성을 기막히게 표현해내는 그의 연기, 몬태나 계곡의 아름다운 송어 낚시를 감상하는 것도 이 영화의 감상 포인트다. 참으로 많은 걸 생각하게 하기에 또다시 보고 싶은 영화다.

담장 너머로 호루라기를

시민종교에 반대해야 한다. 그것은 우상숭배의 한 형태이기 때문이다. 만일 백성을 하나 되게 하는 대상을 숭배한다면 그것은 근본적으로 우리 자신을 숭배하는 행동이며 이 또한 다른 형태의 우상숭배인 것이다.

———

오스 기니스, 『도시의 소크라테스』

나는 늘 시민이라는 단어가 긍정적인 의미라고 여겨왔다. 그러나 마이클 고먼이 쓴 『요한계시록 바르게 읽기』(새물결플러스, 2014)라는 책을 접하고는 생각이 달라졌다. 이 책에 의하면 시민종교란 국가주의나 세상 권력을 우상으로 섬기는 종교다. 시민종교의 신자들은 세속 권력에 절대적 지위를 부여하고 섬김과 충성의 도리를 다한다. 종교, 정치, 비즈니스 등 어떤 형태의 권력에든 신성한 지위를 부여하고 그 이익을 향유하며 숭배하는 것이 시민종교다. 여기서는 시민종

———

교의 폐단에 대해 생각하게끔 하는 영화 두 편을 나누고 싶다.

〈스포트라이트〉Spotlight(2015)는 보스턴 가톨릭 대교구에서 발생한 아동 성추행 사건을 보도한 미국의 3대 일간지인 「보스턴 글로브」의 탐사보도팀 "스포트라이트"의 실화를 소재로 한 영화다.

결속력과 자부심 강한 보스턴 사회에 마이애미 출신의 이방인 편집장이 부임한다. 영화는 그가 탐사보도팀에게 세간에 잊힌 사건을 다시 파헤치라고 지시하면서 시작된다. 성추행 사건에 연루된 변호사와 피해자들과의 인터뷰가 진행될수록 추문의 깊이는 더해가고 그에 맞서 진실을 감추려는 시도 역시 더 집요해진다.

보도팀은 책임 있는 자리에 있는 많은 이들이 사건의 전모를 알고 있었는데도 개인적·사회적 불이익을 입을까 하는 두려움 때문에 사건이 크게 확대되기를 원하지 않았음을 알게 된다. 심지어 탐사보도팀 책임자조차 제보를 무시하고 덮어버렸던 일이 밝혀진다. 마침내 그들은 추기경의 주도 아래 광범위한 피해 사례를 은폐하려는 조작 행위가 얼마나 조직적으로 자행되었는지를 밝혀내는 데 성공한다.

〈게임 체인저〉Concussion(2015)라는 영화도 미식축구 선수들의 뇌 손상을 파헤친 실화를 바탕으로 한다. 피츠버그에서 검시관으로 근무하던 나이지리아 이민자 출신 의사 오말루 박사는 어느 날 자기 앞에 놓인 시신의 주인이 뛰어난 미식축구 선수였음을 알게 된다. 사인을 파악하던 중 그는 뇌진탕concussion, 즉 외상에 의한 만성 뇌 손상이 뇌 병변을 일으키고 그로 인해 끊임없는 고통을 유발함으로써 사람을 미치게 하고 결국 자살에 이르게 했음을 밝혀낸다.

많은 어려움 끝에 오말루 박사는 그와 유사한 전직 미식축구 선수들의 사례를 모아 미국 신경외과학회지에 발표한다. 그러자 미식축구협회NFL는 갖은 협박과 회유 끝에 그를 피츠버그에서 쫓아낸다. 하지만 결국 그의 주장이 옳았음이 밝혀지고 그의 명예도 회복된다.

두 영화에서 하나는 가톨릭이라는 종래의 시민종교, 다른 하나는 새로운 형태의 시민종교인 스포츠 산업이 우리의 의식구조와 생활에 얼마나 큰 영향을 미치고 있는지 보여준다.

〈스포트라이트〉는 지역 사람들끼리 두루두루 알고 지낼 정도로 폐쇄적인 보스턴 사회에서 진실을 알리기 위해 호루라기를 부는 행위가 얼마나 어려운 일인지 보여준다. 그것은 많은 사람이 누리는 안락한 질서를 흔드는 일이고 따라서 거센 저항에 직면하는 어려운 일이었다.

〈게임 체인저〉에서 미식축구 관계자는 "과거에는 일요일이 주의 날Day of Lord이었을지 모르지만 지금은 축구의 날Day of Football이다. 우리는 모두 풋볼이라는 예배를 드리고 그 속에서 기쁨과 즐거움을 누린다"고 말한다. 이는 오늘날 미국에서 미식축구가 차지하는 위상을 드러내는 대사다. 그러면서 "당신이 진실을 말하면 우리가 누리는 스포츠 산업이 베풀어주는 은혜가 소멸하니 입 다물고 있으라"고 회유한다.

두 영화 모두 진실을 말하는 것이 현실적으로 얼마나 힘든 일인지, 반대로 진실의 힘이 얼마나 소중한지를 알려준다. 신경외과 학회장을 역임한 노회한 의사는 "진실을 말하라"는 오말루 박사의 강한 외침을 무시한 채, 오히려 "미식축구협회가 우리에게 축복이라는 것이 진실이다"라는 말로 진실을 덮는다.

　아이러니하게도 영화에서 사회의 병폐를 지적한 두 사람 모두 시민종교로 하나되어 똘똘 뭉친 폐쇄적인 사회와 일체의 이해관계로 얽히지 않은 이방인들이었다. 지금 누리는 눈앞의 달콤한 이익 대신, 눈에 보이지 않고 손에 잡히지도 않는 의미와 보람을 추구하는 일은 결국 기존의 판을 넘어선 이방인의 시선을 가질 때야 비로소 가능하기 때문이다.

　이 땅의 개신교는 이미 오래전 시민종교의 추종자를 넘어 온갖 병폐로 인해 사회적 걱정거리가 되어버렸다. 우리 사회는 재벌, 정치권력, 종교 권력이라는 거대 시민종교와, 진실의 힘을 늘 무력화시키는 뿌리 깊은 학연과 지연의 벽이 너무나 높고 견고하다. 그럼에도 불구하고 담장 너머로 호루라기를 불어 진실을 알리는 사회, 진실을 외면하지 않는 사회가 되기를 꿈꿔본다. 이 어수선한 시절에.

진실성은 훈련되어야 한다

악한 일을 하느니 악 때문에 고통받는 편이 낫다.

———

소크라테스(피터 크레이프트, 『도시의 소크라테스』에서 재인용)

영화 〈제보자〉(2014)는 황우석 교수 사태를 소재로 한 영화다. 황 교수 사태는 지금은 많이 잊혔지만 당시에는 온 국민을 줄기세포 전문가로 만들 정도로 커다란 화제를 낳고 또 나라 전체를 뒤흔든 사건이었다.

우리 사회에서 표절 논란은 잊힐 만하면 떠오르는 신문 사회면의 단골 소재다. 몇 해 전 국내의 한 유명 소설가도 표절 의혹으로 곤혹을 치른 바 있다. 인문학계에서는 남의 지식을 가져다 베끼는 표절이

———

문제가 된다. 그러나 자연과학계에서는 타인의 지식을 자기의 실험 결과를 논증하는 중요 근거로 삼기 때문에 오히려 인용에 적극적인 대신에, 실험 결과나 데이터를 조작하는 거짓 연구가 심각한 문제다.

지금은 골다공증 치료제를 개발하는 제약회사 대표가 된 내 절친 한 명이 대학원 시절에 겪은 일이다. 그 친구는 학부 시절 존경해 마지않던 J 교수님께 약리학을 배웠다. 나도 그분 밑에서 몇 달 동안 시험관 닦는 근로 장학생으로 일해보아서 교수님의 열정과 인품이 뛰어난 줄은 익히 알고 있었지만 당시만 해도 학부생이었던지라 지도 학생을 어떻게 교육했는지까지는 잘 몰랐다.

졸업 후 대학원생이 되어 그분 문하에서 공부하던 친구에게 어느 날 J 교수님은 시약병 수십 개를 주면서 무게를 잰 후 시약은 버리라고 지시했다고 한다. 친구는 그 일이 매우 간단한 일이어서 시약병의 내용물 무게를 측정하고 버리기를 반복했는데 나중에 기록지를 보니 대부분 0.03g 어간이었고 유독 한 개만 열 배 가까운 0.3g으로 기록되었다고 했다.

그런데 아무리 생각해봐도 시약병 대부분이 거의 비슷한 내용물이었던 것 같아서 '내가 착각하고 잘못 기록했구나!'라고 넘겨짚고 0.03g으로 바꿔 기재했는데 거기서 문제가 발생했다.

교수님이 그중 무게가 더 나가는 것이 하나 있을 텐데 어찌 된 거냐고 묻자, 그 친구는 머리를 긁적이며 잘못 기록한 줄 알고 수치를 고쳤다고 답했다. 그러자 그분은 불같이 화를 내면서 연구자의 기본이 안 되었다며 내 친구를 혼쭐내고 실험실 출입을 금지시켰다고 한다. 그는 며칠간 손이 발이 되도록 빌고 나서야 출입 금지가 해제되었는데, 그때 앞으로 같은 실수를 다시는 하지 않겠다고 깊이 결심하였다고 한다.

그 친구는 나중에 하버드 대학교에서 연구원 생활을 하면서 주임 교수가 영주권을 만들어줄 테니 남아달라고 부탁할 정도로 성실한 연구 생활을 했다(비록 "내가 대학으로 되돌아가야 나를 보낸 대학에서도 앞으로 후배 교수들을 안심하고 계속 보내주지 않겠냐"고 말씀드리며 거절했지만). 주임 교수를 거쳐 간 연구원은 수없이 많았지만 떠날 때 환송연을 열 정도로 놓치기 아쉬운 인재로 인정받은 것은 그가 유일했다. 그는 이 모두가 모교의 J 교수님 문하에서 연구자의 자세를 제대로 배웠기 때문이라고 말한다.

사실 황우석 교수의 비극은 바로 여기에 있다. 그는 좋은 멘토를 만나지 못했다. 황 교수는 대학원 재학 시절 지도교수가 유고되어 거의 혼자 방치되다시피 했고, 그래서 교수들의 주목을 받기 위해 일부러 눈길을 끌 만한 연구 주제를 선택했다는 기사를 읽은 적이 있다. 그 이후 아무에게도 제재를 받지 않은 황 교수는 점점 연구자라기보다는 언론플레이어에 가까워진 게 아닐까 싶다.

이 영화는 진실이냐 국익이냐를 놓고 갈등하는 제보자 "닥터 K", 즉 현現 강원대학교 병리과 류영준 교수의 입장에서 극화한 내용이어서 얼마나 사실에 부합하는지는 논란이 있다. 그러나 내 관심은 개인적 불이익을 감수하면서까지 진실을 알리려는 제보자의 용기보다도, 이 영화에서는 다루지 않았지만 우리 사회에 만연한 성공병의 병리 기전에 있다. 현재 우리나라의 교육 상황에서는 어느 분야에서나 이러한 현상이 재현될 수 있다고 본다.

———

철저한 멘토링을 통해 다져진 연구 윤리 없이는 국익이나 공익이라는 미명 아래 사사로운 욕심이 포장되고 미화될 뿐 아니라 오히려 진실을 추구하는 자들이 짓밟히고 뿌리째 뽑히는 질 나쁜 토양이 형성될 수 있기 때문이다.

메르스 사태도 본질적으로 동일한 선상에 있다고 보인다. 지식이 진실, 정의, 평등, 자유 등 인류 보편의 가치를 지향할 때는 빛을 발하지만, 돈이나 명성을 통해 성공 신화를 지키는 데 사용되면 진가를 잃고 추해지기 때문이다.

오늘 우리가 한 글자라도 더 배우고 전해야 하는 궁극의 목적이 무엇인가를 다시 생각해야 하는 참으로 안타까운 시대다.

죽음을 기억하라

존엄하고 행복한 삶이 노력 없이 주어지지 않듯이 존엄하고 행복한
죽음도 저절로 찾아오지 않는다.

———

곽혜원, 『존엄한 삶, 존엄한 죽음』

오랫동안 잘 알고 지내는 친구 같은 환자로부터 영화 시사회 초대
를 받았다. 〈사이에서〉(2006), 〈길 위에서〉(2012)라는 작품으로 이
미 다큐멘터리 영화계에서는 유명한 이창재 감독의 화제작 〈목숨〉
(2014)이라는 영화였다. 호스피스 병동을 1년 동안 밀착 관찰한 이
다큐멘터리 영화는 부산국제영화제에 출품되어 엄청난 호평을 받았
다고 한다.

　예전에 생명윤리 상담사 과정을 이수한 적이 있다. 그때 사람들

이 첫째로 고통 없이, 둘째로 외롭지 않고 가족들의 환송을 받으며, 셋째로 성직자의 축복 가운데 이생을 마감하기를 원한다고 배웠다. 삶과 죽음의 접점에서는 윤리적인 문제는 물론이고 인생의 의미를 다시 새겨볼 만한 일들이 많다. 감독은 여러 죽음의 사례를 아무런 가공 없이 우리 앞에 펼쳐 보이며 묵직한 느낌표와 함께 어떻게 죽음을 준비할 것인가 하는 물음표를 떠오르게 한다.

인상적인 장면과 소감 위주로 이 영화를 소개하면 다음과 같다.

사슴같이 선한 눈의 40대 가장 박수명 씨. 가족들을 남겨두고 떠나야 하는 그의 눈 속에는 아쉬움의 그늘이 짙다. 그를 보고 있는 내 눈도 함께 촉촉해진다. 추억을 남기려고 가족사진을 찍는 배려 속에 가족애의 여운이 깊다.

전직 수학 선생님 박진우 할아버지. 신부가 되려는 학사 선생님에게 툭툭 던지는 한두 마디 놀림 속에 은근한 사랑이 담겨 있다. 의사에게 사인 75도$_{Sin 75°}$ 값을 구해보라고 하거나 십진법을 주제로 티격태격하는 모습은 영락없는 수학 선생님이지만, 그의 유머가 인생의 말기를 관조하려는 부단한 몸부림이라는 데 생각이 미치니 한편으로는 애잔한 마음이 든다.

심인성 통증으로 갑갑함을 호소하던 후두암 말기 환자 신창렬 씨. 답답함과 좌절감, 통증 때문에 간호사들을 괴롭히던 그는 "암과 싸우려 하지 말고 함께하려는 마음을 가지라"는 호스피스 원장의 권유를 받아들인다. 그의 까칠함이 넉넉함과 춤추는 몸짓으로 변하는 모습에서 우리는 작은 소망을 발견한다.

호스피스 평균 수명 21일. 이 기간에 그들은 한 마리 새가 되어 이생을 떠나 저곳으로 날아가는 연습을 한다. 가족들도 그 새를 더는 붙잡지 않고 자유롭게 보내줄 준비를 한다.

삶의 끝자락을 붙잡던 손을 놓고 문을 열어 죽음 너머의 새로운 삶으로 들어가는 그들이나, 그들을 보내야 하는 가족들이 마냥 슬픔에 젖어 있기만 한 것은 아니다. 그 뒤에 또 다른 삶이 기다리고 있다는 믿음 때문이다.

인생의 끝자락에야 비로소 그동안 어떻게 살았어야 했는지 알게 되는 것 같다. 생을 마무리할 때쯤이 되어야 무엇이 진정한 기쁨과 보람, 의미를 가져다주는지 깨닫게 되나 보다.

인생을 겨우 몇 가지 추억이나 웃음의 소재로 환원할 수는 없지만, 비유해보자면 큰 솥단지에 담긴 인생이라는 액체를 오래 달이면 마지막에는 알갱이만 남는다. 말년에 인생을 돌아보면 많은 소유나 지식, 명예 같은 외적 자산은 행복의 조건이 아님을 알 수 있다. 짜장면과 어설픈 마술 솜씨, 흘러간 유행가와 싸구려 과자 봉지를 나누는 소박한 베풂의 손길에 숨겨진 기쁨이 인생의 참된 맛을 내는 재료가 된다. 이것은 인생을 결산하는 날에 결정체가 되어 우리의 기억 속에서 보석처럼 빛나게 될 것이다.

이창재 감독의 말에 의하면 오래전 남미 여행길에 짐을 잔뜩 가져갔는데 나중에 귀국해서 풀어보니 그 안에 한 번도 사용하지 않은 물건도 들어 있는 걸 보고, 인생에서 중요한 것은 무엇이고 불필요한 것은 무엇인가 하는 생각을 하게 되었다고 한다. 〈목숨〉은 이때의 경험에서 모티브를 얻은 작품이다. 감독은 이 영화를 통해 인생길에서 무엇을 버리고 무엇을 취할지를 조용히 묻고 있다.

호스피스 원장은 말기암 환자에게 두 가지 선택지를 준다. 죽을 때까지 패배를 모르는 암세포와 싸울 것인지, 아니면 암과 더불어 살면서 삶의 질을 선택할 것인지. 죽음을 선고받는 즉시 거룩해지거나 초연해지는 사람은 없다. 끊임없는 연습과 훈련을 거쳐가며 스스로 한 선택의 연장선 끝에서, 우리를 기다려온 죽음이 노크하며 당신은 어떤 준비를 했냐고 물으면 그때서야 삶의 여정 속에서 준비해온 답을 내놓을 수 있을 것 같다.

우리가 이 땅을 떠날 때 남길 수 있는 마지막 말은 결국 가족과 친지들에게 하는 사랑의 고백이지 싶다. 미안함과 고마움으로 버무려진 그 사랑. 죽음이라는 시간과 그 너머에 놓여 있는 미지의 세계를 마주하는 경계선 앞에서 먼저 떠나는 이들은 자유를 향해 이생의 문을 열고 훨훨 날아오를 것이다. 그리고 남겨진 자들은 고통스러운 이별 뒤의 재회를 기다리며 남은 삶을 잘 살다가 곧 그 길을 따라가겠다고 다짐할 것이다.

영화에서는 마지막 죽음 뒤에 눈 내리는 풍경을 거꾸로 돌린 장면이 이어진다. 천상병 시인의 시 「귀천」歸天을 떠올리게 하는 결말이다.

우리에게 돌아갈 곳이 있어 참 다행이다.

귀천

천상병

나 하늘로 돌아가리라.
새벽빛 와 닿으면 스러지는
이슬 더불어 손에 손을 잡고,

3장 | 덴탈 미러로 보는 세상

나 하늘로 돌아가리라.

노을빛 함께 단 둘이서

기슭에서 놀다가 구름 손짓하면은,

나 하늘로 돌아가리라.

아름다운 이 세상 소풍 끝내는 날,

가서, 아름다웠더라고 말하리라.

대속의 의미

물론 위험이 있습니다. 예수님께 가까이 다가갈수록 여러분은 십자가에 더욱 가까이 다가가는 것입니다. 세상의 기쁨뿐만 아니라 세상의 고통도 알게 될 텐데 그 고통은 여러분을 잡아당겨 마침내 사지가 끊어지는 듯한 아픔을 느끼게 됩니다.

———

톰 라이트, 『도시의 소크라테스』

영화 〈뷰티풀 라이〉The Good Lie(2014)의 모든 테마가 실화인지는 모르겠지만 이 영화는 1987년에 일어난 수단 내전으로 인한 학살이라는 역사적 사실을 소재로 하고 있다.

평화로운 수단의 어느 마을 공동체에 헬기와 소총으로 무장한 폭도들이 들이닥친다. 가족들은 무자비하게 살해되고 아이들 몇 명만 겨우 탈출한다. 이 아이들은 국경을 넘어 이웃 나라 난민촌에 가면 살아남으리라는 희망을 붙잡고 긴 여정을 떠난다. 졸지에 어린 나이

———

에 족장이 되어버린 형 테오는 야영 중 폭도들에게 발각되자 일행을 보호하기 위해 스스로 붙잡혀 끌려간다. 나머지 일행은 우여곡절 끝에 난민촌에 도착하지만 내일을 생각할 겨를도 없이 그저 하루하루 살아갈 뿐이었다. 돌아갈 곳도 없고, 앞으로 나아갈 곳도 없이 그저 어제와 똑같은 현재가 반복되는 생활이 지속된다.

20여 년 전, 태국 국경에 자리한 카렌 난민촌 진료 봉사에 참여한 적이 있어 그곳 생활을 엿볼 기회가 있었다. 난민촌은 시간이 멈춰버린 전혀 다른 차원의 세상이었다. 태어나고 자라서 늙어가기까지 철조망으로 둘러싸인 난민촌을 벗어나지 못한다니 말 그대로 잿빛 절망밖에 가질 수 없는 인생이었다. 수단 난민촌도 큰 차이는 없었을 것이다.

10년이 훌쩍 흐른 어느 날, 다행히 이들은 미국 정부에 의해 난민으로 받아들여진다. 타임머신을 탄 듯 갑작스레 현대 미국 사회에 내동댕이쳐진 이들의 좌충우돌 적응기는 눈물겹다. 하지만 이 영화의 하이라이트는 주제가 밝혀지는 종반부다. 어느 날 난민촌으로부터 형 테오의 소식이 전해지자, 형 대신 족장 역할을 맡았던 바로 아래 동생은 형을 찾아오겠다는 일념으로 비행기를 타고 돌아간다. 긴 비행 끝에 동생은 비로소 난민촌에서 형과 눈물겨운 상봉을 한다.

그러나 9·11 사태 이후 미국은 더 이상 난민 신청을 받아들이지 않는다. 형을 데려갈 방법이 없는 절망적인 상황에서 동생은 자기 여권에 형의 사진을 붙여 형을 미국으로 보내고, 자기는 난민촌 환자들을 돌보기로 작정하고 남는다.

이 영화 중간에 미국의 소도시에서 이른바 "Lost boys"라 불리는 난민들을 위한 자선 파티가 열리는 장면이 나온다. 파티 도중 감사 멘트를 하기 위해 마이크를 잡은 형제 중 하나는 이렇게 말한다.

"사람들은 우리를 잃어버린 소년들이라 말하지만, 사실 우리는 발견되었습니다."

이 대목은 찬송가 "나 같은 죄인 살리신"Amazing grace의 가사를 연상시킨다. 이 찬송은 노예무역선 선장으로 폭풍우를 만나 배가 좌초되어 죽음에 직면했지만 기적적으로 살아나서 회심하고 목사가 된 존 뉴턴이 작사한 노래다.

Amazing grace!(how sweet the sound)
That saved a wretch like me!
I once was lost, but now am found,
Was blind, but now I see.

놀라운 은혜,
나 같은 가련한 이를 구하셨네.
한때 나는 잃어버린 바 되었지만 이제 발견되었고
한때 나는 눈이 멀었지만 이제 볼 수 있네.

우리 인생, 이 땅에서의 삶이 실은 난민 같은 삶이며, 잃어버린 듯한 우리 인생 역시 찾을 때까지 기어코 찾으시는 분에 의해 발견된 인생이다. 우리는 발견되었을 뿐 아니라 그분이 우리를 위해 대신 값까지 치러주셨다. 오, 놀라운 그 은혜!

기적은 없다

우리는 선택하고 행위를 하는 존재이며, 우리의 선택과 행위는 우리 자신과 타인들의 성품 함양에 핵심적인 역할을 한다. 또한 우리의 성품은 우리의 선택과 행위에 영향을 주고 그 방향을 이끌어준다.

─────

조셉 코트바, 『덕 윤리의 신학적 기초』

2009년 1월 15일 오후, 뉴욕 라과디아 공항에서 이륙한 노스캐롤라이나 샬롯 행 US항공 1549편 항공기가 조류 충돌로 인해 이륙 5분 만에 맨해튼 허드슨 강으로 추락한다. 영화 〈설리: 허드슨 강의 기적〉 Sully(2016)은 이 실화를 소재로 한다.

사고 당시 비행기에는 승객 150명과 조종사 2명, 승무원 3명 등 모두 155명이 탑승하고 있었는데, 경찰과 소방당국 및 인근을 지나던 선박과 자원봉사자들의 신속한 구조로 단 한 명의 인명 피해도 발생하지 않고 전원 구조된다. 당시 설렌버거 기장이 관제탑과 교신한 내용과 그래픽에 따르면 사고 순간에도 기장은 전혀 당황하지 않고 침착한 태도를 유지한다. 아주 짧은 시간에 만감이 교차했겠지만 그가 차분하게 사태를 수습하는 모습이 상상된다.

기장의 침착한 음성은 무얼 말해주는가? 그의 태도는 예기치 않은 사고가 일어날 때를 대비한 수많은 가상훈련과 사고가 발생하면 어떻게 대처할지에 대한 많은 생각들, 그리고 반복되는 일상 속에서 좋은 결과를 얻기 위해 내린 많은 선택의 결과이며, 정직, 성실, 배려 등의 여러 값진 덕목이 합력한 결과라 생각된다.

톰 라이트는 그의 저서에서 이 사건을 다음과 같이 분석한다.*

마침내 그들은 성공했다! 모든 사람이 안전하게 빠져나왔다. 기장 설렌버거는 모두가 무사히 탈출했는지 확인하려고 복도를 두어 차례 오간 뒤에 마지막으로 빠져나왔다. 다른 승객들과 함께 구명보트에 오른 뒤에는 온몸이 얼어붙는 1월에 자기 셔츠를 벗어 추위에 떨고 있는 다른 승객에게 주었다. 이것을 올바른 습관의 위력이라고 불러도 좋다. 상당 기간 훈련하고 경험을 쌓은 덕이라 말해도 무방하다. 또는 이 책에서 다루었던 주제인 "성품"이라고 불러도 괜찮을 것이다.

미덕이란 누군가 선하고 옳은 일을 하기 위해 노력과 집중이 필요한, 즉 자연스럽게 선택할 수 없는 1,000가지 작은 결정을 내릴 때 (겨우) 생기는 것이다. 그리고 1,001번째가 되면 정말로 중요한 그때 "저절로"

* 톰 라이트 지음, 홍병룡 옮김, 『그리스도인의 미덕』(포이에마, 2010).

필요한 일을 행하게 되는 것이다. 미덕은 현명하고 용기 있는 선택이 제 2의 천성이 되었을 때 비로소 생기는 것이다. 그러니까 제1의 천성처럼 자연스럽게 생긴 것이 아니라는 말이다. 반복해서 어느 순간에 이르면, 셀렌버거가 그랬던 것처럼 그런 선택과 행동이 저절로 일어나게 된다. 그런 기술과 능력이 머리끝에서 발끝까지 온통 배게 되는 것이다.

새내기 조종사들처럼 생각나는 대로 행동했다면 어떻게 되었을까? 어쩌면 필요한 조치를 파악하기도 전에 추락하고 말았을 것이다. 그들에게 필요했던 것은 특정한 강점으로 무장된 성품이었다. 즉 비행기를 조종하는 법을 정확히 아는 미덕과 더불어 용기와 절제와 냉철한 판단력, 그리고 타인을 위해 옳은 일을 하겠다는 결단과 같은 좀 더 일반적인 미덕들이었다.

미덕이란 인간의 참된 목표를 지향하는 마음의 습관을 기르고 그런 생활방식을 실천하는 것을 일컫는다. 이것이 바로 성품을 개발한다는 말의 뜻이다.

당신이 믿은 후에는 기독교 특유의 미덕을 실천함으로써 그리스도인다운 성품을 개발할 필요가 있다. 성품과 미덕이 제2의 천성이 되는 것은 진정한 인간이 되는 것과 다르지 않다는 것이 기독교적 견해라는 것이다.

이 영화를 보면서 부러움과 함께 솟아오르는 울분을 가라앉히기 힘들었다. 저들이 갖춘 미덕이 왜 우리에게는 없는지, 누구는 불가피한 자연재해도 차분하게 해결했는데 왜 우리나라에서는 국가 기관의 최고부터 말단에 이르는 사람들이 전부 우왕좌왕하는 바람에 304명의 아까운 생명을 잃는 인재가 일어났는지, 왜 어느 잠수사의 "한 놈이라도 사과하라"는 외침 앞에 머리 숙여 사과하는 자가 지금까지 단한 명도 없는지….

톰 라이트의 분석에 따르면 우리는 원인과 해결책을 모두 밖에서 찾으려 했지만 정작 문제는 우리 내부의 인품과 미덕의 결여에 있었다. 지도층의 무능한 대응과 교활한 처신을 보면서 그런 생각이 더욱 확실해진다.

그러면 우리는 믿는 사람으로서 무엇을 해야 하는가? 톰 라이트는 그의 책에서 성품을 세워야build up 한다고 말한다. 신앙고백과 최종적인 구원 사이에 "성품의 변화"라는 다리를 건설해야 한다고 역설한다. 성경이 우리에게 규율을 좇으라고 하는 대신 인간다운 존재가 되는 법을 배우라고 말한다는 것이다. 본성의 언어(모국어)가 아닌 제2의 언어인 미덕virtue을 갖추어 훌륭한 성품을 가진 참 인간이 되는 것이 우리가 추구해야 할 목표다.

현대 교회는 바로 이 점을 놓치고 있다. 우리의 신앙의 근육 중에서 가장 근력이 약한 부분이 바로 여기다. 미덕과 성품의 근육을 훈련해 강화하는 것이 바로 우리의 당면 과제다. 저절로 생기는 기적은 없다. 다만 미덕의 유무가 불러일으키는 결과가 있을 뿐이다.

배움은 아래를 향할 때

예수님, 오늘 하루를 돌아보기 원합니다. 주님의 사랑의 눈으로 보기 원합니다. 제가 오늘 주님의 음성을 들은 때가 언제였습니까? 제가 오늘 주님의 음성을 거부한 때는 언제였습니까? 제 삶을 치유해주시고 제 죄를 용서해주시옵소서.

———

성 이냐시오, "의식의 연습"(제럴드 L. 싯처, 『하나님의 뜻』에서 재인용)

흑인 가정부는 주인집 화장실을 사용하면 안 되는가? 영화 〈헬프〉The Help(2011)는 미국 남부 상류계층에 속하는 신앙인 겸 지식인의 위선과 속물 근성을 유머러스하게 그려낸 작품이다. 영화에는 흑백 갈등이 정점에 달했던 1960년대에 하류계층인 흑인 가정부(헬프)들의 눈으로 바라본 당시 사회의 일그러진 모습, 부끄러운 민낯이 적나라하게 노출된다.

배움은 아래를 향할 때 빛을 발한다. 대학을 갓 졸업하고 지역 신문사에 취직한 스키터(엠마 스톤 분)는 살림 정보 칼럼을 맡게 되어 베테랑 가정부 에이블린(바이올린 데이비스 분)에게 도움을 요청한다. 그녀는 신문 칼럼을 연재하면서 흑인 가정부들의 애환을 알게 되자 이 내용을 책으로 내서 세상에 알리자고 가정부들을 설득한다.

주인의 허물을 드러내는, 어쩌면 목숨을 내놓아야 하는 꺼림칙한 일에 선뜻 나서는 이가 없었지만 그녀의 순수한 열정을 이해한 다음에는 마을의 모든 가정부가 나서서 자기들이 겪은 비밀스러운 스토리를 전부 공개한다.

진실의 힘은 강하다. 드디어 책이 나오자 뻔히 누구네 집 이야기인지, 누가 흑인 가정부에게 한 방 먹었는지 알 수 있지만 백인 주인들은 체면 때문에 서로 자기 일이 아니라고 극구 부인한다. 주인의 화장실을 사용하다 해고된 미니(옥타비아 스펜서 분)는 자기 배설물을 섞은 파이를 주인에게 줌으로써 통쾌한 복수를 한다. 주인에게 이루 말할 수 없는 수치를 준 이 엄청난 스캔들은 오히려 흑인 가정부를 보호해주는 안전장치가 된다. 아이러니한 것은 백인 주부들이 모두 신실한 신앙인으로 그려지고 있다는 점이다. 그들은 기독교적 상류층 문화를 향유하지만 정작 자기 뒤뜰에서 신앙적 가치가 짓밟히고 있음을 자각하지 못했다.

이쯤에서 신앙이란 무엇이고 예수님은 과연 우리에게 어떤 구원을 주시려고 했을까를 돌아보자. 하나님은 이 땅의 삶에는 관심이 없으시고 단지 우리를 천국으로 데려가기만을 원하신 걸까? 요한계시록은 구원의 모습을 만물이 회복되는 것으로 묘사하는데 그렇다면 최종적인 구원은 어떤 모습일까?

예수님은 회복적 구원을 통해 우리에게 두 가지 도전을 제시한다. 첫째로 구원의 범위를 "영혼", "하늘"의 삶으로 제한하지 말고 역사적·사회적·문화적 배경 속에서 인간이 수행해야 할 참된 역할을 완전히 회복시켜 창조 질서 전체가 회복되기를 원하신다. 둘째로 "우리"를 넘어서 타인의 구원에도 마음을 열어 인간 공동체를 온전하게 회복시키는 하나님 나라의 복음을 나누길 원하신다. 따라서 다른 사람의 회복이 내 회복의 전제가 된다.

그러므로 구원은 하나님 나라의 계명에 대한 순종과 짝을 이루고 삶의 방식에 변화를 이끌어내야 한다. 구원받은 공동체는 새 하늘과 새 땅의 삶을 세상에 소개하되 변화된 삶의 방식을 통하여 전해야 한다.

우리는 공평과 정의를 비롯한 모든 성서적 가치를 가시적으로 보여주어 현존하는 미래가 되어야 한다. 미래적 관점으로 오늘을 살아내는 이 윤리적 도전이 생략된다면 우리의 종교성은 소비주의와 신분 상승의 도구 외에 다른 무엇이 될 수 있을까?*

영화의 배경인 1960년대에 미국 남부 백인 중산층에게 신앙이란 무엇이었을까? 신앙적으로는 모든 인간이 평등하다고 교육받았을지라도, 속으로는 사람의 평등이란 "천국"에서나 실현될 수 있다고 믿었을지 모른다. 그들은 이 땅에서 사회적 동질성을 추구한다는 것은 상상조차 하지 못했을 것이다.

구원에 대한 이해가 삶의 방식의 변화를 이끌어내지 못하면 성·

---

* J. 리처드 미들턴 지음, 이용중 옮김, 『새 하늘과 새 땅』(새물결플러스, 2015).

속의 이원론이 현세적 이원론으로 변질되기 쉽다. 이때 교육받은 백인 중산층, 선진국, 서방국가는 "우리"가 되고 유색인, 이민자, 외국인, 비서방국가는 "그들"이 된다.

이 영화는 "우리" 대 "그들"이라는 사회적 이원론의 극단이 어떠한지 잘 보여준다. 흑인(그들)은 백인(우리)이 사용하는 화장실을 사용하지 못하고 생활 전반에서 차별을 감수해야 했다. 그곳에 종교와 생활로서의 기독교는 있을지 몰라도, 삶의 방식을 변화시키는 신앙으로서의 기독교는 찾아볼 수 없다.

복음서는 아무리 "천국에서는 모든 사람이 평등하다"고 선언해도 지상의 현실에서 이웃을 향해 마음을 열지 못한다면 천국이 오늘의 나와 무슨 상관이 있겠냐는 질문을 던진다. 어려움을 겪는 이를 품는 공의와 사랑과 담을 쌓은 종교 생활은 단지 이기심과 소비주의에 불과하다는 것이다.

이 영화는 어둡고 무거운 소재를 재미있게 풀어내며 생각할 거리를 제공하는 좋은 작품이다. 이 영화를 본 내 소감과 결단은 이렇다. "아랫사람에게 잘하자. 부하 직원이나 거래처 직원, 청소 아주머니들께 잘하자. 그들은 우리의 미덕을 알리는 사람이 될 수도 있는 반면, 악덕을 제보하는 사람이 될 수도 있다."

아픈 곳이 중심이다

무엇이 사람들을 살아남게 하는가? 그것은 의미이다. 산다는 것은 고통이다. 그러므로 삶에 의미가 있다면 고통에도 의미가 있다.

———

빅터 프랭클(피터 크레이프트, 『도시의 소크라테스』에서 재인용)

몸의 중심은 심장이 아니다
몸이 아플 때 아픈 곳이 중심이 된다
가족의 중심은 아빠가 아니다
아픈 사람이 가족의 중심이 된다

박노해 시인의 「나 거기 서 있다」라는 시의 첫 연이다. 어느 칼럼니스트는 이 시를 인용하면서 "내 몸과 가족뿐 아니라 사회와 세계도

———

아픈 곳이 중심이 되고, 그 아픔의 핵심이 바로 죽음"*이라고 말한다. 정말 정확한 시어와 공감가는 해석이다.

실제로 고통 중에 있는 사람들을 관찰하면 통증이 있는 곳이 몸의 중심이고 머리는 온통 그곳만을 생각한다. 아픔이 있는 부위의 신체 인식비율은 고통의 증가에 비례한다. 그리고 인체의 다른 조직과 기관들은 온통 아픈 부위를 달래고 보호하는 데 집중한다.

인체가 겪는 두 번째로 큰 통증이 치통이라고 한다. 치통이 시작되면 여타 소소한 통증은 어느덧 사라지고 손발, 턱, 어깨 근육 등이 치통을 달래려 애쓴다. 아프니까 중심이고, 중심이니까 비명을 지를 권리가 있다. 그리고 다른 지체들은 이를 떠받들 책임이 있다.

교회는 그리스도를 머리로 삼는 몸이다. 따라서 한 지체가 아프면 머리이신 그리스도는 그 부분을 몸의 중심으로, 나아가 몸 전부로 인식하실 것이다. 그리스도의 관심은 교회 공동체에서 가장 큰 아픔을 겪는 곳에 머물 것이다. 그리고 몸 된 교회에 모든 동작을 멈추고 아픈 지체에 집중하라고 명령하실 것이다. 머리는 동작을 멈추고 상처를 쓰다듬고 닦아주고 보호하라 명령하는데, 지체들이 이를 무시하고 하던 일을 계속한다면 상처가 곪아터져 이웃 장기가 손상됨은 물론 자칫 목숨까지 위태로워질 것이다.

치아만큼 공동체 정신을 잘 표현해주는 신체 부위도 없을 것이다. 우리 몸의 서른두 개 치아는 저작, 발음, 심미라는 공동의 세 가지 목적을 위해 제각각의 기능을 발휘하며 한 기관을 이룬다.

* 구정은, "떠나보낸 사람들", 「경향신문」, 2014.12.5.

손님을 맞이하고 대화를 이어가는 앞니, 대부분의 음식물을 분쇄해 소화기관으로 보내는 어금니와 그 어금니를 보좌하는 작은 어금니, 이 모든 기능이 원활히 이뤄지도록 가이드하며 감시 업무를 담당하는 송곳니 등 모든 치아는 공동의 목적을 이루기 위해 업무를 분담하고 있다.

'치아가 이렇게 많으니 한두 개쯤은 없어도 되겠지'라고 생각할 수도 있지만 이가 하나 빠지면 근처의 치아들은 빈자리로 조금씩 쓰러져 똑바로 서 있기 어렵게 된다. 결국 쏠림 현상과 기능의 과부하로 서서히 전체 구조가 망가진다.

서로 말은 못 해도 가지런히 배열된 치아들은 "당신의 존재는 나의 기쁨, 우리의 기쁨"이라는 공동체 정신을 잘 드러낸다. 우리의 공동체는 지금 어떠한가? 아픔을 호소하는 우리 이웃들의 고통과 탄식이 과연 우리의 중심에 메아리치는가, 아니면 그저 귓가에 스치는 바람인가?

세월호 단상

"하나님은 고난당하실 수 없지만, 함께 고난을 겪으실 수는 있다."

Impassibilis est Deus, sed non incompassiblis

———

베네딕토16세, 「희망으로 구원된 우리」(알리스터 맥그래스, 『신학이란 무엇인가』에서 재인용)

"그리 아니하실지라도"의 찬양

세월호 참사가 일어난 주에 성가대원 중 한 분이 이런 문자를 보내
왔다.

"대장님, 주일에 부활절 음악회 다 취소하고 조용히 예배드렸으
면 하는 생각이 들어요. 어찌 이 심정으로 할렐루야를 외치며 찬양해
야 하나 싶어 맘이 너무 무거워요. 그렇다고 침울하게 울며 찬양할

———

수도 없으니 그저 피하고만 싶어져요."

나는 모두가 동일한 심정일 거라 생각되어 이렇게 단체 문자를
보냈다.

"사랑하는 대원 여러분, 많이 힘드시죠? 이런 암담한 상황에서 무
슨 찬양을 부르고 싶은 마음이 있겠습니까. 저도 무시로 흐르는 눈물
과 함께 마음이 울컥하고, 주일을 생각하면 몹시 우울해지는 게 사실
입니다. 우리가 드리는 찬양 중에 걱정 없고 감사할 일뿐인 상황에서
드리는 찬양이 있지요. 그것을 '그리하여'의 찬양이라고 해봅시다.

그러나 고난과 역경 속에서 드리는 찬양도 있습니다. 이것은 '그
럼에도 불구하고'의 찬양이라고 할 수 있겠지요. 나아가 전혀 나아질
소망도 없고 암울한 상황에서 드리는 찬양, 예컨대 '그리 아니하실지
라도'의 찬양도 있을 겁니다.

찬양을 부를 힘은 우리의 여건에서 나오는 것이 아닙니다. 우리
는 주님께서 가장 비참한 모습으로 십자가에서 돌아가심으로써 역설
적인 승리를 이루셨기 때문에 희망을 노래할 수 있습니다. 부디 주님
이 주시는 소망의 끈을 놓치지 않는 주말이 되길 기도합니다. 주님의
부활을 찬양합니다."

내가 죽고서 네가 산다면

인턴 시절, 장성한 자녀를 불치병으로 먼저 떠나보낸 후 몇 날 며칠
동안 이 노래만 들으며 멍하니 빈 하늘을 바라보시던 어느 교수님의
뒷모습이 떠오른다. 자식 잃은 부모의 노래 같은 가사가 요즘 들어
더욱 내 가슴 깊이 울린다.

"푸르른 날"(송창식, 1983)

눈이 부시게 푸르른 날은 그리운 사람을 그리워하자

저기 저기 저 가을 끝자리 초록이 지쳐 단풍 드는데

눈이 내리면 어이하리야 봄이 또 오면 어이하리야

내가 죽고서 네가 산다면 내가 죽고서 네가 산다면

눈이 부시게 푸르른 날은 그리운 사람을 그리워하자

어젯밤 꿈에

어젯밤, 아니 오늘 새벽에 아파트가 갑자기 옆으로 기울고 창밖은 물로 가득했다. 한 뼘 천장과 물 사이 틈 속에서 허겁지겁 숨을 헐떡이며 '내가 지금 에어 포켓에 있는 거구나'라는 생각이 드는 순간, 몸서리쳐지는 공포, 두려움, 단절감, 지독한 외로움을 뒤로하고 꿈인지 상상인지 모를 생각 속에서 겨우 탈출했다. 그리고 울었다.

그 짧은 시간 이후로 나는 무척 심한 피로를 느꼈다. 출장을 다녀오려고 공항에 나왔다. 짧은 이별에도 안타까움이 배어나는데 그 영겁의 이별을 향해 깊은 바닷 속으로 침잠하던 우리 아이들의 머릿속에는 얼마나 많은 생각이 있었을까.

눈물밖에는 달리 드릴 수 있는 기도가 없다. 친구여, 아무런 논쟁도 설교도 듣고 싶지 않네. 그저 잠잠히 숨을 고르고 싶네. 그러니 내 앞에서 해를 가리지 말아주게나, 친구여.

평형수

세월호 침몰 당시 짐을 하나라도 더 싣기 위해 평형수를 뺐다는 증거
가 나왔다. 선원들은 평형수를 생명수라고 한다. 시간을 들여 공간을
쌓으려 하지 말라는 아브라함 헤셸의 경고를 무시한 채 재물로 생명
을 대신하려 한 것이다. 심지어 다른 사람의 생명까지도 말이다.

오늘 하루는 스스로 교회 생활, 직장 생활, 나아가 가정에서조차
과적하지 않은지, 짐을 더 지기 위해 평형수를 빼버리는 일을 하지
않는지 되돌아보았으면 한다.

우리에게 평형수란 말씀 묵상으로 채울 수 있는 주의 임재일 것
이다. 요즘은 욥기를 읽고 있는데 욥은 시작부터 끝없는 나락으로 떨
어지기 시작한다. 욥과 친구들이 벌이는 격렬한 논쟁 속으로 나도 함
께 뛰어들까 한다. 작금의 상황과도 통하는 부분이 있어 하나님께서
스스로 음성과 모습으로 답하실 때까지 신정론적 질문을 던져보려
한다. 그러니 주여, 이 참담한 상황에 처한 우리에게 어서 속히 오시
옵소서.

하인리히 법칙

큰 재앙이 있기 전 우리는 대략 30여 개의 작은 징후와 300여 개의
전조를 무시했다. 왜 그 많은 징후와 전조를 보고도 눈감았는지를 살
펴보는 것이 우리에게 주어진 숙제다. 아마도 권한과 책임의 위임,
재량권 및 소통을 전제로 한 리더십의 부재에서 원인을 찾을 수 있을
것이다. 우리는 더욱 큰 귀로 사람들의 음성을 들어야 하고, 더욱 긴

팔로 사람들을 품어야 할 것이다. 그리고 더욱 민감한 감각기관으로 수많은 전조 징후들에 예민하게 반응해야 할 것이다.

오늘 주님 앞에서 민감한 마음, 겸손한 귀, 긍휼의 팔을 주시기를 구한다.

아쉬움

사람들의 속마음이 바뀌도록 자극하고 격려하는 선한 목자들이 좀 더 많았더라면….

많은 헌금이 아닌 정직한 헌금을 드리자고 말하는 진실한 목자들이 많이 있었더라면….

이 세상의 부귀영화는 잠깐이고 변화시킬 수 없는 영원한 날이 뒤이어 온다는 사실을 일깨워주는 지혜로운 목자들이 좀 더 있었더라면….

영원한 날을 위해 영원한 기쁨의 묘목을 심자고 독려하는 교회 지도자들이 좀 더 있었더라면….

영원의 날, 더 이상의 변화가 불가능한 그날이 도래했을 때를 늘 기억하며 마음 밭에 후회라는 잡초의 씨앗을 뿌리지 않기로 작정하는 믿음의 사람들이 좀 더 있었더라면….

주변 사람들이 의아해하고 놀랄 만큼 일상의 삶 속에서 영원한 날을 사는 사람들이 좀 더 많이 있었더라면….

참된 두려움이 무엇이고 참된 기쁨이 무엇인지 아는 성도들이 좀 더 있었더라면….

세상의 주류가 되고 싶어 하는 자들로 하여금 비주류가 되는 것이 오히려 복된 길임을 깨닫게 해주는 신학자가 한 사람이라도 있었더라면….

저 어린 생명들이 수몰되는 저 참사를 막을 수 있었을까?

이 나라를 좀 더 살기 좋은 나라로 만들 수 있었을까?

세월호가 한국교회에 주는 의미는 무엇일까?

세상의 방주라 불리는 교회들, 크고 화려한 교회 건물들을 보면 이런 저런 생각이 든다.

세상의 풍랑 속에서 교인들이 몸을 의탁하는 크고 작은 저 함선들은 안전한가?

말씀의 평형수가 잘 채워져 세상의 도전에도 흔들리지 않고 균형을 유지하고 있는가?

헛된 욕심으로 불필요한 물품을 과적하지는 않았나?

항해에 꼭 필요한 화물들은 제자리에 잘 묶여 풍랑에 요동하지 않는가?

만일의 사태에 대비해 승객들의 생명을 지켜줄 구명조끼를 인원수만큼 넉넉히 구비했는가? 안전 점검은 잘 마쳤는가?

매일매일의 항해일지는 정직하게 기록되고 있는가?

배를 유지 관리하는 비용은 성실하게 잘 집행되고 있는가?

선장과 승조원들은 진실되고 그 동기가 순수한가?

그들은 유사시 승객들을 끝까지 저버리지 않을 만큼 충실하며 능숙한 경험과 침착함이 있는가?

선장과 승조원들은 승객의 안전을 위해 배를 구석구석 점검하며

밤이 되도록 노심초사하며 예기치 않은 상황이 일어나지 않기를 기
도하는가?

　세월호 참사가 오늘날의 교회들에 시사하는 교훈을 되짚어보니
흐린 날씨만큼이나 마음이 무겁다.

인간의 품격

우리 문명은 평온의 결핍으로 인해 새로운 야만 상태로 치닫고 있다. 활동하는 자, 즉 부산한 자가 이렇게 높이 평가받은 시대는 일찍이 없었다. 따라서 관조적인 면의 강화가 시급한 인간 성격 교정 작업의 하나이다.

———

한병철, 『피로사회』

저명한 「뉴욕 타임스」의 칼럼니스트인 데이비드 브룩스는 자신의 저서 『인간의 품격』(부키, 2015)에서 랍비 조셉 솔로베이치크를 인용한다.

솔로베이치크에 따르면 인간의 내면에는 서로 긴장관계인 두 종류의 본성이 있다고 한다. 우리의 세속적 야망을 자극하며 외향적 부분을 차지하는 아담 1과, 내면의 정체성과 인간관계 및 성품에 관여하는 아담 2가 그것이다.

———

브룩스는 솔로베이치크의 분석에서 한 걸음 더 나아가 아담 1은 경력만 쌓는 "이력서 미덕"resume virtue을 추구하고, 아담 2는 인생의 의미와 가치를 일구는 "추도문 미덕"eulogy virtue을 추구한다고 설명한다.

아담 1을 좇는 사람은 세상을 정복하기 원하고 성취를 즐긴다. 그는 성공을 좌우명 삼아 늘 투자와 보상을 따지는 경제 논리에 따라 움직이는 반면, 아담 2를 좇는 사람은 소명을 받아 세상을 섬기기 원하며 내면의 한결같은 힘을 즐긴다. 또 사랑과 구원 및 회복을 좌우명으로 하고 경제 논리가 아닌 내면의 도덕적 논리를 삶을 추동하는 에너지로 삼는다. 그래서 원하는 것을 포기하고 갈망하는 마음을 내려놓으며 자신을 버릴 수 있다.

아담 1을 추구하는 사람은 삶을 치열한 게임으로 여겨 기민하고 계산적인 한 마리 동물처럼 원하는 것을 이루기 위해 자신의 강점을 극대화한다. 반면 아담 2를 지향하는 사람은 수치스러운 내면의 한순간으로 돌아가 자신의 약점을 극복하기 위해 치열하게 투쟁하며 반복적으로 짓는 죄를 발견하고 극복하는 과정에서 인격의 깊이를 더해간다.

아담 1은 자기 과잉의 시대에 자기를 키움으로써 빅 미Big Me를 실현하려 하지만, 아담 2는 약점을 극복하기 위해 겸양의 계곡으로 내려가기를 자처해 리틀 미Little Me를 추구한다.

오늘날 우리가 저지르는 치명적인 오류는 아담 1의 영역에서 뭔가를 성취하면 만족감을 얻을 수 있다고 믿지만, 궁극적 기쁨은 아담 2의 도덕적 기쁨에서 온다는 점이다.

아담 1의 영역을 추구하며 살다 보면 진정한 인간의 기쁨과 존엄을 실현하는 아담 2의 영역을 성장시키고 성숙시킬 기회를 다 놓친다는 것이 인간의 불행이다.

스펙과 경력만을 추구하며 아담 1을 극대화하여 상위 1%에 들어가려고 버둥거리며 살아온 한 마리 들개 같은 자가 한 나라의 교육을 책임지는 자리에 올라 헌법이 금하는 신분제를 주장하고 국민의 99%를 개돼지라 칭하며 그 존엄성을 훼손했다. 그가 놓치고 있는 것은 인간의 존엄은 상위 1%에 속하거나 속하고 싶어 하는 짐승 같은 몇몇에 의해 규정되는 것이 아니라는 사실이다.

『죽음의 수용소에서』를 보면 빅터 프랭클은 인간성을 말살하고 모욕을 주려는 나치에 맞서 자신의 내적 진실성과 도덕성을 강화하는 방식으로 굳세게 버텼다. 이처럼 인간 내면의 존엄성은 잔혹한 폭력으로도 훼손될 수 없는 고유한 것이다. 하지만 아담 1을 품고 사는 자들에게는 1%에 들어가려고 버둥거리는 자신의 추악함을 볼 눈이 없다는 사실이 안타깝기만 하다.

어떤 삶을 추구해 어떤 결말을 맞이할지는 개인의 자유다. 그러나 중요한 점은 비루한 아담 1을 추구하는 이가 내 안의 아담 2를 비하할 권리도, 그의 허튼소리로 인해 내 아담 2의 존엄성에 흠집이 날 이유도 없다는 것이다.

내 존엄성과 품격은 내가 걱정할 문제요, 남은 삶 동안 내 스스로 소중히 가꿔나갈 테니 이제 그 스스로 자기의 비천함을 진지하게 돌아보길 바랄 뿐이다.

오히려 나는 브룩스가 이 책에서 인용한 솔제니친의 말을 마음에 품고서 혹시나 내 허물은 간과한 채 남을 비판하고 있는 건 아닌지

되돌아보려 한다.

"선과 악의 경계는 국가나 계급, 혹은 정치적 당파가 아닌 우리 각자의 심장을 가로지른다."

정말 폐부를 찌르는 말이다. 이 말을 품고 내 안의 아담 1과 아담 2를 살펴보려고 한다. 그것이 인간의 품격을 유지하는 길이라 믿는다.

환란, 인내 그리고 연단

산은 산이 됨으로써, 별은 별이 됨으로써 하나님을 예배한다면, 인간
은 어떻게 하나님을 예배하는가? 인간이라는 말이 의미하는 온전히
영광스런 상태의 인간이 됨으로써 하나님을 예배한다.

———

J. 리처드 미들턴, 『새 하늘과 새 땅』

병문안을 다녀왔다. 재활 병동에 입원 중인 치과의료선교회 간사를
찾은 것이다. 형제는 보행 중에 교통사고를 당했다. 인도로 뛰어든
고령 운전자의 차에 깔려 경추 손상을 당해 팔 아래로는 몸을 쓸 수
없게 되었다. 마침 나도 회전근개 파열로 수술을 받아 왼팔을 묶은
상태였다. 내가 병실에 들어가자 그들은 처음에는 걱정스러운 눈빛
을 보내더니 내심 같은 병과라고 좋아하는 눈치였다. 이런 모습도 위
로가 될 수 있구나 생각하니 살짝 웃음이 나왔다.

———

끔찍했던 사고 당시의 기억과 지루한 수술 및 투병 과정, 그사이 내면에서 샘물처럼 솟아났다가 잦아들었다가를 반복하는 절망과 희망의 이야기를 듣다가 시간 가는 줄 몰랐다.

형제는 하나님께 항의하고 매달리는 중에, 하나님으로부터 "너는 나를 사랑했는가? 너는 선교회를 섬겼는가? 너는 나를 아는가?"라는 세 가지 질문을 받았다고 한다.

그가 "하나님, 제가 당신보다 아내를 더 사랑했습니다"라는 고백을 하자, 하나님은 "그러나 너는 아내를 나의 방식이 아닌 너만의 방식으로 사랑하지 않았느냐"라고 책망하셨단다. "선교회를 섬길 때도 내가 선교회를 섬기듯 하지 않았다"고 말씀하셨다 한다. 마지막으로 형제는 "나는 너를 알지만 너는 나를 알지 못한다"는 말씀을 받고는 뜨거운 회개의 기도를 드렸다고 한다. 극심한 어려움 가운데서도 하나님과의 친밀함을 추구하는 형제의 신앙이 아름답다.

그 뒤에 형제와 SNS로 이런 대화를 나누었다.

> 형제: 선생님, 감사하고 고마운 시간이었습니다. 오랜만에 좋은 사람의 향기를 맡아 영혼까지 웃을 수 있었습니다.
> 나: 제가 외팔이 같은 모습으로 가니 무척 좋아하시더군요. 같은 병과라고…, 오히려 제가 위로받고 왔습니다. 보내드린 사진은 강승조 작가의 작품인데 지난 계절의 이야기와 낙엽 속에 희망의 봄날을 담고 싶어 했답니다.
> 형제: 가을 속에도 봄을 담을 수 있군요
> 나: 네, 절망은 또 다른 희망을 품고 있지요. 기독교의 묘미는 반전이 있

다는 거 아니겠어요?

형제: 위로가 되고 있습니다. 죽어야 삽니다. ㅋㅋㅋ

나: 죽기로 하면 꼭 죽지 않아도 살려주십니다. ㅎㅎㅎ

나, 형제: 아멘!

나: 요한계시록에 보면 이기는 자에게 많은 축복이 주어지죠. "이기다"
라는 단어가 많이 나옵니다. 어린 양을 죽음으로 이기신 분이라고
표현하는데, 즉 예수님의 죽음이 우리의 승리를 품었다는 뜻입니다.

형제: 의미가 깊네요.

나: 그야말로 반전에 반전이죠. 세상에서는 지는 자 같은데 이기는 자,
죽은 자 같은데 부활하신 분인 하나님을 붙잡고 만신창이 된 우리를
이기는 자라고 세워주십니다.

형제: 아멘.

나: 그 자리를 사모합시다.

형제: 그런 분을 닮으려고 하셨군요. 어쩐지.

나: 에이, 그런 척만 하는 짝퉁이죠.

―――――― 중략 ――――――

나: 하나님이 사람을 부르시는 과정에는 필연적으로 고통의 순간이 있
는 거 같아요. 이 고통은 두 과정으로 이루어져 있는데요. 첫째는 신
학화, 둘째는 내면화 또는 성품화가 필요하다고 생각해요. 첫째 과
정을 통해 하나님이 왜 나에게 이러셨을까 생각함으로써 하나님의
사랑을 발견하고, 둘째 과정을 통해 내면화·성품화를 이루어 그리

스도의 향기로운 과일로 익어가는 것 같아요. 후자가 오히려 시간이 더 걸려요. 아무쪼록 형제의 일 가운데 이 과정이 잘 이루어지길 바라요. 기도합니다.

형제: 주님의 일을 제대로 해보고 싶습니다. 이 시간 동안 말랑말랑한 떡처럼 되어 그분이 사용하시기 편한 일꾼이 되고 싶습니다.

나: 그리스도를 알아가는 것이 주님의 일의 시작과 끝이 아닐까요? 그러다 보면 주님을 닮게 되고, 그러면 주님이 사용하게 되고….

형제: 이 두 가지 과정을 준비해보려고 합니다.

나: 서두르지 말고 천천히. 저는 20년 이상 걸리던걸요. ㅎㅎㅎ

형제: 그 20년이 어땠는지 듣고 싶어요.

나: 그 얘기 들으려면 10년은 걸려요. ㅋㅋㅋ 이제부터 시작입니다. 아니, 사실 벌써 시작하고 계셨겠지요.

형제: 넵! 시작이 좋습니다.

나: 천천히 우리만의 이야기를 써갑시다.

그 후 형제는 2년간의 수술과 눈물겨운 재활을 거쳐 하반신의 감각신경이 거의 돌아왔지만 아직도 운동신경은 일부만 돌아온 상태다. 인내와 연단의 과정을 통해 반짝이는 도자기에 견줄 수 있는 귀한 성품으로 빚어져 가고 있는 형제를 보니 소망이 샘물처럼 솟는다. 다시 사역에 복귀하여 마음의 빚을 갚고 싶다는 형제의 간절한 기도에 하나님의 응답이 속히 임하기를 구한다.

교회됨

그리스도인의 길에 더 쉬운 일이란 없다. 다만 성실히 한 일과 엉터리로 해치운 일, 기쁨으로 한 일과 원망으로 한 일이 있을 뿐이다. 누구든 각자의 격무를 놓고 자기 연민에 빠져 신세타령할 여지는 없다.

―――

유진 피터슨, 『한 길 가는 순례자』

대략 25년 전, 교회 청년부의 농촌봉사 활동에 동참했다. 늘 그렇듯이 어린이 여름성경학교 지원팀과 함께 마을 구석구석을 수리하기도 하고 교회 종탑을 세워주는 일을 하는 노력 봉사팀이 주력이었다.

어린이 사역팀에 다소 독특한 청년 전도사 한 분이 있었다. 노력 봉사팀에서 일손이 부족하니 좀 도와달라고 요청하자 "제 손은 기도하는 손이라 그런 일은 도와드릴 수 없습니다"라고 거절했다는 것이다. 청년들은 처음엔 전도사님이 농담도 참 재미있게 하신다고 웃어

넘겼지만 이내 문자 그대로 진심임을 알고는 쓴 입맛을 다시며 아무 말도 할 수 없었다고 했다. 그 뒤로 그분의 별명은 거룩하게도 "기도하는 손"이 되어버렸다. 목회자 집안에서 곱게 자라 그런 세속적인(?) 일에 대해 생각해본 적이 없었던 그로서는 자연스러운 반응이었겠지만 이 일로 두고두고 입방아에 오르내릴 수밖에 없었다.

교회는 섬김의 훈련장이 되어야 한다. 모름지기 윗사람의 손길이 아랫사람을 향하는 것이 섬김의 올바른 방향이다. 그러나 간혹 교회 지도자들이 청년들과 여자 성도를 값싼 노동력 정도로 생각하며 섬김을 강요할 때는 참 안타깝다. 실제로 각종 교회 행사에 노동력이 필요할 때면 여자 성도들이 마구잡이로 동원되곤 한다. 연회 음식을 준비하는 부엌 도우미, 목사님들 행사의 안내 도우미, 다과와 차를 내접하는 속칭 차 봉사, 교단 행사의 몸 찬양 단원, 교역자 외부 행사의 들러리 박수부대, 목사님 사모님의 의전 도우미 또는 사택 관리인 등은 전부 여자 성도들이 맡는 것이 관행이다. 이처럼 교회 내 여자 성도들이 단지 어떤 기능을 수행하는지에 따라 평가받을 뿐, 인격적 주체로 존중받지 못한다.

20세기 한국 기독교의 양적 성장은 여자 성도들의 섬김에 의존했다고 할 수 있다. 이제라도 한국교회가 개화기 여성의 인권 신장에 혁혁한 공로를 세웠던 기독교의 찬란한 유산을 망각하지 않기를 바란다.

또한 교회는 탁월한 윤리적 성숙의 훈련장이어야 한다. 신앙인은 예수 내러티브Jesus Narrative에 접속하여 십자가의 은혜를 바탕으로 삶 속에서 이웃을 향한 평화와 나눔의 삶을 실천하고, 자기 내면을 향해 성숙이란 이름의 스토리를 생산해가야 한다. 스탠리 하우어 워스는 그것이 교회를 교회되게 한다고 말한다.*

그러나 안타깝게도 지금의 교회는 시민 사회를 향한 평화와 공존의 스토리를 생산하기는커녕 차마 윤리적 공동체라는 이름을 붙이기도 부끄러운 지경이다. 한국교회의 더 시급한 과제는 부흥이 아닌 정직을 실천하는 회개와 자성이다.

많은 젊은 사역자들과 신앙인들이 교회 안에서 교회됨이 무엇인지에 대해 생각하고 배울 기회를 충분히 얻지 못한다. 오히려 알력다툼이 한창인 교회 리더십의 틈바구니에서 살아남는 법이나 술수들을 익히고 체득할 기회가 더 많다. 마치 대학병원 수련의 과정에서 정작 배워야 할 의술보다는 교수님들의 성향을 파악하고 적절한 대처법을 찾는 것을 우선시하듯 말이다. 내가 대학병원 수련 기간에 선배들로부터 귀에 못이 박히도록 들은 말은 교수들 중 누가 학번이 빠르고 임용이 먼저 되었으니 교수 명단의 순서를 헷갈리지 말라는 것과, 교수 앞에서 조심해야 할 점과 해서는 안 될 말이 무엇인지 등 일종의 생존 지침이었다. 오죽하면 치과 보철학 전공에 정치학 부전공이라는 자조적인 농담을 입에 달고 살았을까?

이런 환경 속에서 젊은 사역자들이 처음의 사명을 점차 잃어버리고 사고방식이 변해가며 정의감마저 마비되는 모습을 보면 심히 염려되고 안타깝고 슬프기까지 하다. 사람이 서 있는 자리에 따라 같은 것도 달리 보인다는 말이 있다. 사람의 논조가 서서히 달라지는 과정

---

* 스탠리 하우어워스 지음, 문시영 옮김, 『교회됨』(북코리아, 2010).

을 지켜보다 보면 그들과 함께할 날이 얼마 남지 않았음을 예감할 수 있다. 우리의 심장을 뛰게 했던 생명의 내러티브를 그의 앞으로의 인생에서 얼마나 더 생산해낼지 가늠할 수 없기 때문이다. 부디 농담처럼 이야기했던 "내가 사례 주는 이 안에서 모든 것을 할 수 있노라"는 말을 삶의 모토로 삼지 않기만을 간절히 바랄 뿐이다.

삶의 격랑에 휩쓸리다 보니 서로의 상태를 늘 확인할 수 없고, 종종 아주 잠깐만 볼 뿐이며 고작해야 가끔 한두 마디 이야기밖에 듣지 못하지만, 때때로 쓰러지지 않고 꾸준히 한 길을 가고 있는 분들의 소식이 메아리처럼 들려오면 큰 위로와 격려를 받는다.

계속 그렇게 갑시다. 서로 격려하면서. 우리는 한 길 가는 순례자 Long Obedience in the Same Direction 임을 다짐하며.

시작보다 끝이

예수 이야기의 진실성은 그 이야기가 주는 부담감을 기쁨으로 받아들여 그렇게 살아가는 사람들에 의해 보증된다. 각자 복음에 충실한 존재가 되려는 노력이야말로 우리 삶의 본질임을 깨달을 때 비로소 이 진리를 이어갈 수 있다.

———

스탠리 하우어워스, 『교회됨』

요즘 교회마다 들리는 소문이 참담하다. 여기저기서 자기애와 배금주의, 수군거림과 비방만이 난무한다. 상황이 이렇다 보니 어느 노목사님은 은퇴사에서 새삼스레 "목사들이 하나님을 잘 믿어야 합니다"라는 기본 진리를 강조하기도 했다.

오래전 어떤 장로님으로부터 다음과 같은 인생의 금언 한 구절을 배웠다. "말보다 행동이 좋아야 한다. 겉보다 속이 좋아야 한다. 시작보다 끝이 좋아야 한다."

———

반면교사들은 넘쳐나는 데 반해 일평생 본받을 만한 참 스승은 한두 분 만나기도 힘든 세상이다. 좋은 말씀과 좋은 행동으로 본이 되겠다 싶었던 분들조차 추한 뒤태를 보일 때면 일말의 연민과 함께 역시 인간에게는 소망 둘 구석이 없다는 비관이 스며들게 된다.

가끔씩 청년 시절 품었던 숭고한 헌신에 대해서조차 넘치는 찬사와 풍부한 대가로 보상받으려 하는 분들을 보게 된다. 돌이켜보면 모든 일의 원인은 감정을 제때 다스리지 못했기 때문이 아닐까 싶다.

감정이란 휘발성과 폭발성이 강한 연료 같다. 그러나 이 녀석들을 의지라는 내연기관에 잘 다스려 넣고 연소시키면 높은 에너지를 생산한다. 기쁨, 슬픔, 사랑, 좌절, 우울 등 일견 너무 폭발성이 강해 보이는 분노조차 잘만 제어하면 강한 동력을 만들어낼 수 있다.

그러나 이들 중 자기 연민이란 놈은 옥탄가도 낮고 불순물이 많은 아주 저급한 연료다. 괜시리 써보겠다고 엔진에 주입하고 점화시키면 불완전 연소로 제대로 폭발도 안 되고, 동력을 얻지 못할 뿐 아니라 찌꺼기만 만들어져서 결국 엔진 내벽을 망치게 된다. 이놈은 그저 마당 밖 드럼통에서 태워버리는 게 상책이지 싶다.

오늘 저녁에도 설교단에서 온 힘을 다해 말씀을 증거하신 목사님들께서 설령 신도들의 반응이 부족하더라도 부디 스멀스멀 흘러나오는 자기 연민의 감정을 잘 다스리고 주께서 주시는 영원한 보상을 더 사모하시기를 두 손 모아 기도한다.

라디오에서 이런 오프닝 멘트를 들은 적이 있다. "판타지 소설 『해리 포터』에서 능력이 특출한데도 저마다의 장애와 시련 앞에 고민하는 학생들을 향해 호그와트 마법학교 교장 선생님은 다음과 같은 위로의 말씀을 나눕니다. '우리의 진정한 모습을 보여주는 것은 우리의 능력보다는 우리가 내리는 결정이란다.' 지금 우리가 가진 것이 아니라, 지금 우리가 내리는 결정들이 우리를 말해줄 거라는 것이죠."

하버드 대학교 졸업생들의 삶을 80여 년간 추적한 『인생 성장 보고서』(흐름출판, 2011)라는 책을 거론하지 않더라도 누구나 인생에서 중요한 문제는 즉흥적으로 판단하거나 불가피한 결정을 내리지 않는다. 삶의 변곡점을 지나면서 내리는 결정도 그동안 내린 수많은 작은 선택들의 결과물이다. 어쩔 수 없는 사정 때문이라고 말할 수도 있겠지만, 정직하게 돌아보면 그 모든 것이 결국은 자기가 선택한 결과이고 따라서 자기가 책임져야 할 일이라는 사실을 인정하지 않을 수 없을 것이다.

세상을 자기 중심으로 바라보면 이러저러한 변명거리가 많을 것이다. 그러나 시야를 넓히고 기존의 판을 뛰어넘어 하나님을 경외한다면 선택의 방향이 달라질 것이다. 때로는 자신의 결정이 보잘것없고, 아무런 영향력도 없다고 느껴질 것이다. 그러나 영원의 관점에서는 때로 보잘것없는 선택조차도 세상을 흔들어 깨우는 강력한 누룩과 겨자씨가 된다. 훗날 사람들은 우리의 결정을 통해 우리의 인간됨과 인생을 규정지을 것이다. 오늘 내리는 작은 결정들이 영원을 향한 누룩과 겨자씨가 되기를 소망한다.

성도들의 신앙은 매일의 삶의 현장에서 결산되는 반면, 목회자는 사역을 마치거나 사역지를 떠날 때 그동안 유보되었던 신앙 결산이 마무리된다. 자기애와 배금주의에 사로잡혀 오랜 기간 성도들에게 가르쳤던 말씀을 뒤집어버리고 자신이 삯꾼이었음을 증명하는 사람도 있을 수 있다. 그러나 잔잔한 울림과 긴 여운으로 작금의 세태에 경종을 울리며 한국교회 성도들에게 영향력을 남기는 사람도 있을 것이다.

"아름다운 사람은 머문 자리도 아름답다"는 말은 꼭 화장실에만 어울리는 말이 아닐 것이다.

유진 피터슨은 이런 강렬한 글을 남겼다.*

서로 화목하고 하나님과 화평하게 지내도록 힘쓰십시오.
그러지 않고서는 하나님을 결코 뵙지 못할 것입니다.

우리가 무엇을 받았는지 아시겠습니까?
흔들리지 않는 나라입니다!

우리가 얼마나 감사해야 하는지 아시겠습니까?
감사드릴 뿐 아니라, 하나님 앞에서 깊은 경외감 넘치는 예배를 드려야 합니다.
하나님은 방관자가 아닙니다. 그분은 적극적으로 정리하시고, 태워버리고 불사르십니다.
모든 것이 깨끗해질 때까지 그분은 결코 멈추지 않으실 것입니다.
하나님, 그분은 불이십니다!

---

* 달라스 윌라드·게리 블랙 Jr. 지음, 윤종석 옮김, 『하나님의 모략, 이후』(복있는사람, 2015)에서 재인용.

주여, 우리를 불쌍히 여기소서

Κύριε ἐλέησον 키리에 엘레이손

인생의 목적은 영혼의 성숙이며, 그 성숙은 여러분이 자기 자신보다 다른 사람들에게 더 관심을 기울일 때 드러납니다.

———

찰스 콜슨, 『도시의 소크라테스』

이 땅의 교회를 위하여 기도합니다.

번영 신학과 헛된 성공 신화에 취하여 그리스도의 신부라는 귀한 신분을 망각하고 권력의 시녀로 전락한 한국교회, 문자주의에 사로잡혀 하나님의 풍성한 창조의 비밀을 창조과학의 틀에 가둬버린 한국교회, 세대주의와 이원론적 종말론에 사로잡혀 새 하늘과 새 땅으로 임하실 주님의 새 창조의 소망을 망각한 한국교회, 물질적 축복과 양적 성장이라는 선물을 받았지만 교단 놀음과 교회 놀이에 빠져버

———

린 한국교회, 하나님을 경외하고 이웃을 사랑하라는 신랑 되신 그리스도의 당부를 망각하고 하나님과의 친밀성과 교회가 마땅히 가져야 할 공공성도 잃어버린 한국교회가 너무나 안타깝습니다.

우리에게 따뜻한 가슴, 애절한 눈, 강건한 무릎을 주셔서 이 땅의 교회를 위해 눈물로 기도하며 가슴으로 품게 하옵소서.

암담한 이 사회를 위하여 기도합니다.

억울하고 답답한 일, 비상식이 상식을 이기는 이 땅의 현실이 안타깝습니다. 불균형과 탐욕이 가득한 세상이 안타깝습니다. 지도자로 세워진 이들이 오랫동안 국정을 농단했다는 사실이 참담하고 안타깝습니다. 생산된 가치와 투자된 자본 그 이상을 탐하여 약자를 짓밟는 악한 경제 구조가 안타깝습니다. 이권과 돈이 흐르는 사회 구석구석마다 부정과 부패가 만연함이 안타깝습니다. 정의는 실종되고 거짓과 위선, 폭력이 난무하며 고아와 과부의 눈물을 강요하는 무자비함이 안타깝습니다. 이 땅의 황량함 앞에 우리가 서 있습니다.

진실성과 동기를 우선시하여 세상의 지도자와 교회의 지도자를 세웠어야 했으나 능률과 실질을 내세워 지식과 경험을 기준으로 사람을 세웠더니, 지식은 폭력이 되고 경험은 맹목적이 되어 사회가 피폐해지고 교회는 세상의 조롱과 걱정거리로 전락하고 있습니다. 주여, 우리를 불쌍히 여겨주소서.

그러나 주님! 우리는 비록 이 왜곡되고 잔인한 세상에 살고 있으나 영생을 노래할 수 있으며, 깨어지고 부서진 세상에 살고 있으나 회복을 노래할 수 있고, 상처와 고통 속에 살고 있으나 치유와 기쁨을 노래할 수 있습니다. 왜냐하면 모든 부요와 힘과 지혜와 능력과 영광과 찬송을 받으시기에 합당하신 어린 양 예수 그리스도께서 죽음으로 이 모든 것을 이기셨기 때문입니다. 주여, 오고 가는 세대로부터 영원히 이 영광과 찬송을 받으시옵소서. 그리고 우리가 이 노래를 가슴에 품고 이 땅을 살아가게 하시옵소서.

하나님 아버지! 찬란한 신앙의 유산을 전수받지 못하고 말씀의 기근에 허덕이는 이 땅의 젊은이들, 신앙과 삶이 괴리된 이중적 행태와 식상한 구호들에서 소망을 찾지 못하는 젊은이들, 탐욕과 성공제일주의의 가치관 속에서 환멸과 소외를 느끼는 젊은이들, 신자본주의 아래에서 노예 같은 처지가 되어버린 젊은이들, 미전도 종족으로 전락한 우리 젊은이들의 영적 기근을 불쌍히 여겨주옵소서.

한편으로는 치열한 신학적 논쟁의 용광로, 다른 한편으로는 삶과 신앙의 일치를 향해 일상의 영성을 논의하고 공급할 수 있는 수원지 같은 신앙적 터전을 허락하시옵소서. 그리하여 양심적인 신학자, 참된 목회자들이 함께 머리를 맞대고 지혜와 지식 그리고 진리를 탐구하며 예리하게 다듬는 대장간이 되게 하옵소서.

이 터전을 통하여 한국교회에 베푸신 수많은 은혜의 손길, 그 내러티브들이 하나님의 거대한 메타내러티브 안에서 통합되고 발전하여 거대한 강을 이루게 하시고 메마른 이 땅과 세계 곳곳에 생명의 수분을 공급하는 통로가 되게 하옵소서. 그리고 세상의 독주에 취한 이 땅의 교회들을 흔들어 깨우는 역할을 감당하게 하옵소서.

성령님의 책망과 위로와 권면을 통하여 우리 가운데 은혜가 가득하게 하옵소서. 주님의 자비와 평안을 허락하시옵소서.

예수님의 이름으로 기도합니다.

주여,

공의는 주께로 돌아가고

수치는 우리 얼굴로 돌아옴이 오늘과 같아서

유다 사람들과 예루살렘 거민들과 이스라엘이

가까운 곳에 있는 자들이나 먼 곳에 있는 자들이

다 주께서 쫓아내신 각국에서 수치를 당하였사오니

이는 그들이 주께 죄를 범하였음이니이다.

나의 하나님이여,

귀를 기울여 들으시며 눈을 떠서

우리의 황폐한 상황과 주의 이름으로 일컫는 성을 보옵소서.

우리가 주 앞에 간구하옵는 것은

우리의 공의를 의지하려 하는 것이 아니요

주의 큰 긍휼을 의지하려 함이니이다.

다니엘 9:7, 18

나의 하나님이여,

그들이 굴러가는 검불 같게 하시며

바람에 날리는 지푸라기 같게 하소서.

주의 광풍으로 그들을 쫓으시며

주의 폭풍으로 그들을 두렵게 하소서.

그들로 수치를 당하여 영원히 놀라게 하시며

낭패와 멸망을 당하게 하사

여호와라 이름하신 주만

온 세계의 지존자로 알게 하소서.

시편 83:13, 15, 17, 18

성령의 열매를 구합니다

왜 성령의 열매인가? 그리스도인의 삶의 목표는 그리스도 형상을 본받는 일이지만 동시에 열방을 비추는 빛의 사명을 위해 우리를 부르셨다. 하나님의 마음에 합한 공동체가 되려면 하나님의 성품과 임무를 반영해야 한다.

———

필립 D. 케네슨, 『열매 맺다』

아버지께서는 성령의 아름다운 열매가 우리의 성품과 관계 속에서 향기롭게 맺히기를 원하셨으나, 우리는 성령의 능력과 은사로 우리 자신이 높아지기를 구하였음을 고백하오니 용서하시옵소서.

아버지께서는 정직과 성실로 일용할 양식과 필요를 채우라 하셨으나, 우리는 거짓과 탐욕으로 안전을 구축하려 하였음을 고백하오니 용서하시옵소서.

아버지께서는 말씀이 주시는 교훈으로 자녀를 교육하라 하셨으

———

나, 우리는 자녀들로 하여금 좋은 학교에 들어가 재벌 기업에 취직하는 것이 바람직한 길이니 더 빨리, 더 높이 달려가라고 재촉하였음을 고백하오니 용서하시옵소서.

아버지께서는 어두운 세상에 빛을 밝히고 맛을 잃은 세상에서 참 맛을 내는 소금으로 살라고 하셨으나, 우리는 그저 적당히 묻혀서 튀지 않는 게 안전하다고 안위하며, 우리 자식들에게조차도 모난 돌이 되지 말고 비겁하지만 안전하게 살라며 세상의 지혜를 종용하였음을 고백하오니 용서하시옵소서.

아버지께서는 우리를 통하여 공평과 정의의 가치를 세상 속에서 드러내기 원하셨으나, 내 안전과 이익 앞에서는 어디에도 하소연할 곳이 없는 자들의 아픔과 설움을 애써 외면하였음을 고백하오니 용서하시옵소서.

이제 하나님 아버지께 간구하옵기는 자신만을 최고로 아는 자만의 죄에서 돌이켜 하나님을 최우선으로 여기는 성령의 기쁨의 열매를 맺게 하시옵소서.

가진 것에 자족하지 못하고 더 많이 움켜쥐려는 탐욕의 죄에서 돌이켜 받기보다는 거저 주는 성품으로 성령의 양선의 열매를 맺게 하시옵소서.

사욕을 채우기 위해 타인의 신체까지 이용하려는 음욕의 죄에서 돌이켜 진정한 관심과 실제적인 도움을 나누어 성령의 사랑의 열매를 맺게 하시옵소서.

입이 즐겁고 몸에 좋은 것을 찾아 시간과 돈을 낭비하며 필요 이상의 음식을 추구하는 탐식의 죄에서 돌이켜 성령의 인도하심을 따라 거룩한 삶을 사는 성령의 절제의 열매를 맺게 하시옵소서.

아랫사람과 주변 환경을 조종하고 통제하려는 욕망인 분노의 죄에서 돌이켜 자신의 의지를 내려놓고 겸허히 다른 사람을 북돋우고 격려하는 성령의 온유의 열매를 맺어주시옵소서.

최소한의 일이나 전혀 중요하지 않은 일을 붙잡고 안이하게 지내는 나태의 죄에서 돌이켜 세상의 시선에 흔들리지 않고 끝까지 최선을 다하여 오직 하나님 보시기에 중요하고 의미 있는 일을 완수하는 성령의 충실의 열매를 맺어주시옵소서.

다른 사람이 잘되는 것을 괴로워하는 질투의 죄에서 돌이켜 이웃의 재능과 성취를 함께 기뻐하고 그들의 평안을 빌어주는 성령의 친절의 열매를 맺어주시옵소서.

늘 안정되지 못하고 지금보다 나은 곳을 찾아 기웃거리는 동요의 죄에서 돌이켜 의미와 희망을 놓치지 않고 자신의 자리를 계속 지켜나갈 수 있는 성령의 인내의 열매를 맺어주시옵소서.

일과 삶에 대한 진심 어린 열정이나 관심이 식어버린 권태의 죄에서 돌이켜 어떤 상황에서도 온전함과 조화를 이루고자 하는 열망을 소유하는 성령의 평화의 열매를 맺어주시옵소서.

성령 하나님! 우리가 일상 가운데 알고도 짓고 모르고도 지었던 죄를 깨닫게 하시고 우리가 고백할 때 주의 보혈로 정결하게 하셔서 우리의 성품과 삶 속에서 성령의 향기로운 열매가 익어가게 하옵소서.

그리하여 하나님과 이웃에게 영광과 기쁨이 되게 하시옵소서. 일평생 성령의 열매를 사모하며 오직 하나님의 임재를 그리워하는 교

회가 되게 하옵소서.[*]

예수님의 이름으로 기도합니다.

* 폴 스티븐스·앨빈 웅 지음, 김은홍 옮김, 『일삶구원』(IVP, 2011). 저자가 제시한 내적 갈
  등의 실체와 아홉 가지 성령의 열매 맺기를 바탕으로 하여 위의 기도문을 작성하였다.

4장

핸드피스를 멈추고

신학, 신앙 단상

조선의 왕들과 치과 치료

세조실록에는 세조 2년에 제주 안 무사는 치과 의녀를 뽑아 서울로 보냈다는 기록이 있다. 한편 9대 임금 성종은 늘 치통으로 고생하여 명나라에 사신을 보내 약을 구할 수 있는지 논의하였다는 기록이 있다.

고종의 시의였던 독일인 의사 리하르트 분쉬의 일기에 따르면 고종과 순종은 호박엿을 즐겼고 치아들이 부실했다고 한다. 고종의 앞니 하나가 빠져 소동이 벌어지고 미국인 치과의사를 불러 도자기로 만들어 고정한 보철 치료를 받은 기록도 있다.

실록에 의하면 그의 아들 순종도 치아가 나빠 1910년부터 1918년에 이르기까지 발치와 보철 치료로 추정되는 장기간 치료의 기록이 남아 있다.

———

이병태, 『재미있는 치의학 역사 산책』

산둥 수용소

누가 일주일의 고통을 주고 한순간의 환락을 사랴. 장난감 하나를 얻고자 영원을 팔아? 달콤한 포도 한 알을 얻기 위하여 덩굴을 모두 망칠 자가 누구랴. 어떤 어리석은 거지가 당장 왕 홀에 맞아죽을 텐데 왕관을 만지겠는가?

———

셰익스피어, 「루크리스의 능욕」(김용규, 『서양 문명을 읽는 코드, 신』에서 재인용)

랭던 길키Langdon Gilkey의 저서 『산둥 수용소』는 미국 기독교 잡지 「크리스채너티투데이」*Christianity Today*가 선정한 "20세기 100권의 책"에 이름을 올렸다. 이 책은 의료인의 한 사람으로서 명제적 선포보다는 실증적인 귀납적 진술을 선호하는 내 구미에 딱 맞는 책이다.

책의 전반부는 인간을 향한 집요한 관찰을 세밀한 터치로 묘사하지만, 후반부로 갈수록 관찰에서 해석으로 방향이 전환된다. 저자는 자신의 청년 시절의 경험을 20년가량 마음에 품고 있다가 신학자로서의 활동을 시작하는 1966년에야 비로소 세상에 소개한다. 따라서 이 책에는 혈기왕성한 20대의 관찰자 시점과 40대 중년 신학자의 분석적 시점이 혼합되어 있다. 젊은 시절 2년간의 수용소 경험 이후 인간 본질에 관한 질문을 머리와 가슴에 품고 장기간 끊임없이 답을 찾은 저자의 성실성에 머리가 저절로 숙여진다.

개신교 사역자인 외할아버지, 신학대학교 학장인 아버지의 신앙을 계승한 저자는 하버드 대학교에서 철학을 전공하고 북경의 연경 대학교에서 영어 교사로 봉사하다가(1940) 일본의 "중국 내 외국인 격리 정책"에 의해 산둥 수용소에 들어가게 된다(1943). 그는 전쟁이 끝난 후 콜롬비아 대학교에서 라인홀드 니버와 폴 틸리히의 사상을 따라 신학을 공부한 후에 아버지의 뒤를 이어 시카고 대학교 신학부 교수로 재직한다.

산둥 수용소는 생명의 위협은 없지만 그럼에도 상당한 압박이 가해지는 곳이었다. 선교사, 사업가 등 다양한 직업을 가진 서구인 1,500여 명이 좁고 열악한 거처에서 공동생활을 했다. 이들은 보건과 의료, 공중위생, 식사 및 숙소 문제 등의 난관을 헤쳐가면서 기본적인 필요성 등을 해결한다. 이 과정에서 저자는 인간이 적절한 기술로 얼마든지 낙원을 이룰 수 있다는 낙관론을 취하지만, 점차 인간의 다양한 모습들을 보며 비관론을 거쳐 개혁주의의 전적 타락이라는 교리에 동의할 수밖에 없었다고 고백한다.

저자의 질문과 제안

저자는 인간 내면의 도덕성과 종교성을 관찰하면서 공동체의 모든 도덕적 문제는 내면의 종교적인 문제가 외부로 표출된 것이라고 분석한다. 저자는 겉보기에 견고하지만 압력에 쉽게 무너지는 신앙, 헌신적인 듯하나 왜곡된 신앙의 모습을 통해 우리 자신을 돌아보도록 권한다.

또한 우리의 종교적 헌신이 하나님이 아닌 가족이나 민족 혹은 종교 집단 등과 같은 대상을 향하면 불의와 이기심의 뿌리가 되어 잔인함과 폭력으로 변할 수 있음을 경고한다.

저자는 우리 자신이 참된 신앙을 가지고 있는지, 아니면 종교적 허상을 믿고 헌신하는지 묻는다. 또 삶은 거창한 구호나 이념이 아닌 각 개인의 "성품"과 그 사람들을 이어주는 "인간관계"라는 두 축에 의해 지탱되지 않느냐는 질문을 던진다.

그럼 나는 어디에서 인생의 의미를 발견하고 누구에게 궁극적 헌신을 바칠 것인가? 저자는 "하나님이 만물을 다스리시며, 언제 어디서나 공동체를 이룰 이웃이 존재한다는 인식을 바탕으로 하나님을 섬기는 것이 변함없는 우리의 소명"이라고 전제하면서 이념 속의 인류가 아닌 손을 내밀면 체온을 나눌 수 있는 이웃과 함께 사는 것이 하나님의 부르심이며 우리의 기쁨이 될 것이라고 제안한다.

저자의 질문에 대한 답, 종말론적 신앙

수용소에 있던 1,450명 중 200명이 미국인이었다. 어느 날 미국 적십자사가 각종 생필품이 가득한 1,550개의 꾸러미를 보내왔다. 일본군 지휘관은 한 사람당 한 개씩 주고, 남는 꾸러미 100개는 미국인에게 주어 반 개씩 더 나누어 갖도록 했다. 이 결정에 모두들 기쁨과 호의가 가득한 분위기로 변했으나, 미국인들이 우리 재산이니 우리가 모두 가져야 한다고 주장하자 순식간에 실망과 적대감이 수용소 안을 지배했다.

저자는 미국 대표단을 찾아가 골고루 분배하자고 설득하지만 변호사는 법률적 지식으로, 선교사는 신학적 지식을 앞세워 교묘하게 자신들의 욕심을 포장한다. 하지만 미국인들의 희망과 달리, 결국 일인당 한 개씩 받고 남은 100개는 다른 수용소로 보내는 것으로 일단락되었다.

저자는 미국인들이 본능적이라기보다는 인간적이고 사회적인 반응을 보였다고 설명한다. 언제 수용소 생활이 끝날지 모르는 상황에서 꾸러미는 수명의 연장을 보장할 뿐 아니라 상위 계층으로 올라갈 수 있는 계단 기능을 한다. 영화 〈설국열차〉(2013)가 주장하듯이 소유는 계급을 형성하고, 사회가 존속하는 한 높은 계급은 긴 수명을 보장한다. 내일을 알 수 없는 상황에서 꾸러미에 집착하는 것은 당연하다. 그러나 우리는 수용소 생활이 어떻게 끝나는지 알고 있기에 그러한 입장을 지지하지 않는다. 수용소 사람들도 만약 그들 앞에 어떤 미래가 기다리고 있는지 알았더라면 이런 결정을 하지는 않았을 것이다.

우리는 수용소 같은 이 세상의 종말이 언제인지는 모르지만 그럼에도 어떻게 살아야 할지 알고 있다. 수용소를 벗어나면 전혀 다른 생활이 기다리지만(불연속성) 그 안에서의 기억은 유지되듯이(연속성), 지금의 삶과 이후의 삶에는 연속성과 불연속성이 공존한다. 변함없는 영원한 날의 관점에서 볼 때 지금의 행동은 후회의 잡초를 뿌리는 것일 수도 있고 기쁨과 보람의 묘목을 심는 것일 수도 있다. 미래적 관점으로 오늘을 살아가는 것, 그것이 바로 종말론적 윤리의 핵심이다.

이 책의 키워드인 일상, 성품, 관계성, 헌신 등을 몇 개의 문장으로 엮어보면 다음과 같다.

"당신의 삶과 신앙은 일치하는가?"

"당신의 일상 속에서 신앙은 내면적 성품과 외면적 관계성으로 잘 표현되는가?"

"당신은 하나님께 헌신하는가, 아니면 종교적 허상에 헌신하는가?"

"당신은 어디에서 삶의 의미를 발견하고 누구에게 삶의 궁극적 헌신을 바칠 것인가?"

이러한 질문들을 늘 되새기며 살고 싶다. 삶과 신앙을 일치시키고 미래적이고 종말론적인 관점으로 오늘을 후회없이 살자고 서로 권하고 격려하는 한국교회가 되기를 간절히 소망한다.

이미 시작된 종말

역사 안에서 기독교인의 윤리적인 행위는 역사 안에서 종말이 현존하는 것과 관련된다. 그런 의미에서 기독교 윤리는 종말론적인 비밀로 불릴 수 있다.

———

김영한, 『헬무트 틸리케』

정부가 역사학계의 거센 반발에도 불구하고 1948년 8월 15일이 대한민국 건국절이라고 주장함으로써 촉발된 이른바 "건국절 논란"이 뜨겁다.[*]

그러나 1919년에 선포된 헌법을 바탕으로 세워진 대한민국임시정부의 법통을 이어받아 남한 정부가 수립되었다는 사실을 증명하는

———

[*] 이 글은 2016년에 쓰였다.

———

역사적 사료들이 무수히 많다. 1948년 당시 이승만 대통령을 포함하여 그 누구도 이 사실에 의문을 품지 않았을 것이다.

만약 1948년을 대한민국 건국 시점으로 지정하면 그 이전에 있었던 수많은 매국 행위를 처벌할 근거가 없어지고, 독립운동에 목숨을 걸었던 수많은 애국지사를 칭송할 근거도 사라진다. 건국절 논란은 이 점을 노린 친일파 후손들이 작정하고 불러일으킨 논란이라는 것이 역사학계의 지배적인 견해다.

마찬가지로 하나님 나라는 예수님의 초림 당시 이미 선포되고 세워졌다. 통치의 근간으로 "하나님 사랑과 이웃 사랑"이라는 하나님 나라의 헌법과 산상수훈이라는 통치 원리가 선포되었다. 왕이신 예수님께서는 장차 도래하고 완성될 하나님 나라를 선포하고 공생애 사역을 통해 그 실체를 직접 보여주셨다. 이렇듯 그 나라는 이미 개시되었고 재림으로 완성될 것이다. 이를 "개시된 종말론"inaugurated eschatology이라고 한다.

반면 하나님 나라는 예수님의 재림 때에야 완전히 임할 것이고 그전까지는 예수님이 고작해야 망명 정부의 수장처럼 멀리서 몇몇 사람을 회개시키시는 정도로 미미한 존재감을 보이실 거라는 것이 "미래적 종말론"의 주장이다. 만약 미래적 종말론을 믿는다면 지금 하나님을 사랑하고 이웃을 사랑함으로써 하나님 나라를 확장하려 하는 모든 노력은 그 나라를 위한 백성으로서 감수해야 할 의무가 아니라 선의에 의한 선택적 활동에 그칠 것이다.

그러나 개시된 종말론, 즉 이미 시작된 하나님 나라는 결코 그렇게 이해될 수 없다. 하나님 나라와 교회에 해를 입히는 온갖 악행, 즉 여자 성도를 성추행하고, 학력을 위조하고, 헌금을 유용하고, 권력에 빌붙어 세도를 부리는 등의 작태는 훗날 하나님 나라의 법에 따라 하나님 나라의 국가 위신을 추락시킨 죄, 내란죄, 반역죄 등으로 처벌되리라 기대한다.

대한민국의 반민특위는 실패했지만 하나님 나라의 반민특위는 절대 실패하지 않을 것이다. 그들이 기대하지 않는 아주 먼 그날이 "도적같이", "속히 오시리라"고 하셨다. 따라서 그 말씀을 붙잡고 그의 나라와 그분의 통치에 충성하는 것, 매일같이 그분의 재림을 대망하며 그 나라에 걸맞은 신앙의 품격을 갖추는 것은 그 나라의 백성으로서 당연히 해야 할 일이 될 것이다.

인간의 행동과 삶의 방식은 종말론에 대한 믿음의 반영이다.

알파고, 알고리즘 그리고 종말론

하나님은 우리에게 자신의 소프트웨어를 재차 가동할 하드웨어를 주시는 날이 올 때까지 우리 소프트웨어를 자신의 하드웨어에 다운로드하실 것이다.

———

톰 라이트, 『톰 라이트, 죽음 이후를 말하다』

인공지능 알파고AlphaGo가 이세돌 9단에 이어 최근 커제 9단과의 바둑 대결에서도 압승을 거뒀다. 알파고는 구글 딥마인드가 개발한 인공지능 바둑 프로그램으로 딥러닝 신경망과 몬테카를로 트리 검색을 결합한 알고리즘에 해당한다고 한다.

　나는 컴퓨터와 수학에 문외한이지만 대략 이런 정도의 추정은 가능할 듯하다. 알고리즘이 유효하려면 제한된 시스템이 존재해야 하고, 그 안의 변수가 유한해야 하고, 입력하려는 변수가 모호하지 않아야 하고, 일정한 값을 구하는 규칙이 있어야 할 것 같다. 그리고 그 안에서 다양한 경우의 수를 선택하고, 시뮬레이션과 결산을 해가면서 빠르게 계산된 결과로 최상의 수를 선택하는 것일 테다. 인공지능의 의사 결정은 인간의 직감에 비해 비교할 수 없을 정도로 빠르고 정확한 연산능력으로 내리는 결정인 데다 스스로 학습을 통해 실력을 향상할 수 있다고 하니 그 발전의 끝이 어디인지 가늠하기 힘들다.

모두들 인공지능이 앞으로 의료 분야, 법률 분야, 나아가 예술 분야까지 확대 적용될지 두려워한다. 이미 IBM에서 연구 중인 인공지능 의료기술 "닥터 왓슨"이 의료 영역을 넘보고 있다. 또한 인공지능이 그린 미술품이 실제 경매에서 팔린 사례도 있어 앞으로 예술 분야에서도 활용될 전망이다.

물론 어느 정도는 다음의 현상을 예측할 수 있다. 예컨대 환자의 의료기록, 가족력, 환경 요인 등의 수많은 정보가 정확히 입력된다면 환자의 질병을 가장 정확히 진단하고, 나아가 최상의 치료법을 찾아낼 수 있을 것이다. 또한 법률 분야에서는 인공지능이 훨씬 더 유용할 것으로 예상한다. 전 세계에 걸쳐 내려진 판례의 데이터베이스를 확보하면 특정한 사건의 사회적·환경적 조건들을 입력하고 알고리즘을 통해 인류의 보편적 가치관에 따른 최선의 법률적·도덕적 판단을 내릴 수 있을 것이다. 피고인의 의학적 정보나 환경적 조건을 추가로 입력하면 재범의 가능성까지 판단하여 형량을 정해줄 수도 있을 것이다.

그러나 제아무리 많은 경우의 수를 꿰뚫어 최상의 결과를 선택한다고 해도 알파고라는 알고리즘은 결국 유한한 경우의 수 안에서 최선의 결과를 빠르게 찾아내는 수단에 불과할 것이다. 그리고 제한된 조건 내에서 최적의 판단을 추구하기에 알고리즘에는 "역설과 반전"의 묘미를 찾아볼 수 없다.

성경에는 수많은 역설과 반전이 존재한다. 그 역설은 우리의 눈에는 엄청난 낭비 또는 어리석음으로 보일 수 있다. 생각해보라! 시공간 밖의 영원하신 하나님이 이 세상을 구하기 위해 시공간과 역사 속으로, 그것도 화려한 통치자의 신분이 아닌 가장 초라한 모습으로 오셔서 30년 넘게 준비하여 고작 3년 남짓 일하고 가장 비참한 모습으로 돌아가시다니 이 얼마나 낭비인가? 아무리 엄청난 알고리즘이라 해도 도저히 이런 답을 끌어낼 수는 없을 것이다.

사도 바울이 주장하는 바가 이것이다. 세상의 시각으로 도저히 이해할 수 없고 그저 조롱의 대상인 십자가의 희생이 실은 창조주의 지혜라는 것이다. 요한계시록에서 선포하는 유다 지파의 사자, 다윗의 뿌리의 승리도 따지고 보면 어린 양의 비참한 죽으심을 가리키는데 이 또한 상식에 반하는 것 아닌가.

왜 이런 역설이 가능할까? 우리만의 알고리즘이 실행되는 판이란 것이 실제로는 닫힌 세계closed system로 제한되기 때문이다. 그러나 시공간의 제약을 벗어나 눈을 돌려 영원을 바라보면서 열린 세계open system로 판을 넓힌다면 달라질 것이다. 거기서는 불확실이 확실해지고, 패배가 승리가 되고, 죽음은 다시 살아남이 되고, 불명예가 명예가 되며, 손해는 헤아릴 수 없는 큰 이익이 될 것이다. 우리에게 영안spiritual eye을 뜨게 하셔서 이 세상이라는 알고리즘의 닫힌 세계를 넘어 영원한 열린 세계를 보고 깨닫게 하신 그분을 찬양할 일이다.

———

어디까지 그리고 언제까지

성경의 언어는 기존의 질서와 가치에 의문을 제기하고, 굳어지고 딱딱한 마음 밭을 갈아엎는 언어이다. 묵상은 이 예리한 검으로 얽매임을 끊고 묵은 밭을 기경하게 하는 일이다.

―――

박대영, 『묵상의 여정』

어디까지 섬겨야 합니까?

복음서에는 율법 교사와 예수님 사이에 진지한 대화가 오가는 장면이 나온다. 이 대화를 요즘 식의 말투로 요약해보면 대략 이렇게 될 것 같다.

　　율법 교사: 어떻게 해야 영생을 얻나요?

예수님: 성경에 무엇이라 기록되었는가?

율법 교사: 마음, 뜻, 목숨을 다하여 하나님을 사랑하고 또 이웃을 내 몸
처럼 사랑하라고 기록되었습니다.

예수님: 그럼 그렇게 하게나.

율법 교사: 그럼 누가 내 이웃인가요?

예수님: 강도 만난 자의 이웃이 누구인가?

율법 교사: 자비를 베푼 자입니다.

예수님: 그러니까 자네도 그렇게 하게.

율법사의 주된 관심사는 영생, 즉 영원을 소유하는 방법이다. 그
러나 예수님은 영생의 비결은 멀리 있는 게 아니고 체온을 느낄 수
있는 이웃을 섬기는 일, 즉 나의 "삶"에 있다고 알려주신다. "어떻게
해야 영생을 얻는가"라는 율법사의 질문 속에는 지금 내가 처한 상
황에서 영원의 세계로 직행하는 길을 뚫고 싶다는 욕망이 담겨 있다.
그러나 예수님은 영원한 세계라는 종착역에 들어가려면 "하나님 사
랑"이라는 목적지를 분명히 하되 먼저 가까이에서 동고동락하는 이
웃을 사랑하는 "이웃 사랑 역"을 거쳐야 한다고 답변하신다.

율법사는 곧바로 그럼 "내 이웃이 누구냐?"는 질문을 던진다. 이
는 구체적으로 섬겨야 할 대상을 알고 행하겠다는 실천적 의지보다
는, 영생을 얻으려면 이웃 사랑이라는 과제를 어느 정도 실천해야 할
지 선을 긋고자 하는 의도가 담겨 있다.

예수님은 "그래, 너는 사돈의 팔촌까지, 아 참, 넌 율법 교사니까
레위 지파까지", 아니면 "유대 민족까지, 아니, 좀 더 나아가 사마리아

까지"라고 경계를 정하지 않으신다. 오히려 "사마리아인처럼 강도 만난 자의 이웃이 되어주어라"고 실용적인 답을 주신다.

하지만 이것만으로 궁금증이 완전히 해결되지는 않는다. "어떤 삶을 살아야 하는지는 알겠지만 도대체 언제까지 그래야 하는가?" 이런 푸념 섞인 질문이 고개를 들지만 그에 대한 답도 이미 성경에 기록되어 있다.

언제까지 견뎌야 합니까?

사도행전에서 제자들은 부활하신 예수님께 "이스라엘이 언제쯤 회복되느냐?"는 유명한 질문을 던진다. "예수께서 이스라엘을 세우시고 다스리는 때가 언제냐?"는 말은 곧 "도대체 언제까지 참고 기다려야 하는가"라는 물음이다. 이에 대해 예수님은 "3년만 참아라"거나 "준비하는 데 10년쯤 걸리니까 오래 참고 기다리라"는 답을 주는 대신 "너희는 성령이 임하면 증인의 삶을 살라"고 당부하신다. 누가복음에서와 마찬가지로 예수님은 즉답을 회피하시면서 우리가 견지해야 할 "태도"를 알려주신다.

섬김의 대상을 제한하면서 양심의 호소를 피하려는 의도가 있는, "누가 우리의 이웃이냐"는 질문에 예수님은 "너희도 이와 같이 하라"는 말씀으로 질문자의 의도를 빗겨가면서 올바른 섬김의 태도를 제시하셨다. 마찬가지로 종말이 언제인지, 언제까지 우리가 그것을 기다려야 하는지를 묻는 말에 대해서도 시와 때를 알려주지 않으시고 다만 "증인이 되라"는 당부로서 우리들 각자가 어떤 자세로 종말을 기다려야 하는지 보여주신다.

우리는 가까이에서 신음하는 이웃보다는 멀리 있는 타민족 또는 이념과 구호 속에 머물러 있는 "인류"에 시선을 돌리거나, 지금 현재의 문제보다는 영원한 문제로 시선을 돌리길 좋아한다. 이는 시간적·공간적 제한과 경계를 두고자 하는 우리의 죄성에서 비롯된 행동이다.

그렇지만 예수님은 섬김의 태도나 삶의 자세에 대한 모범을 제시하면서 우리의 시선을 머나먼 영원과 종말로부터 바로 지금, 내 주변으로 살며시 돌려놓으시며 친히 본을 보이셨다.

우리는 내 작은 손길을 갈망하는 이웃에게는 선을 긋고 책임을 회피하면서 다분히 의도적으로 현재now에서 영원then으로, 이곳here에서 천국there으로 눈을 돌리고 있지는 않은지 돌아보고 자성해야 한다. 만일 그것이 사실이라면 우리는 천국에 대한 소망을 품고 사는 것이 아니라 그저 이 땅에서의 책임을 회피하고 있을 뿐이다.

니글의 이파리

부활은 "천국에 가는 것"을 의미하거나 "사후에 영광스럽고도 존귀하게 존재하는 것"을 의미하는 것이 아닌 "육체의 죽음 이후에 다시 육체의 삶으로 돌아오는 것"을 의미한다.

———

톰 라이트, 『마침내 드러난 하나님 나라』

일터에서 신앙의 원리를 삶으로 구현해내고 싶다는 소망을 품은 지 벌써 10년이 넘어간다. 마음에 품은 그림은 점점 흐릿해지는데 목표를 이룰 시간은 부족하고 "왜"라는 질문에 대한 답은 이미 손에 쥔 듯한데 "무엇을" 혹은 "어떻게"에 해당하는 구체적인 문제들은 손댈 엄두조차 못 내는 현실이 안타까웠다.

　때로는 소소한 상징적 제스처로 나의 의를 드러내기도 하고, 때로는 사회적인 이슈들에 대해 의견을 내세우며 도덕적 우월감을 맛보기도 했다. 그러나 내 발목을 잡는 현실의 무게가 너무 무겁게 느껴질 때는 낙심이 되어 이도 저도 못하고 그저 먼 하늘만 바라보았다. 그러던 차에 『팀 켈러의 일과 영성』(두란노, 2013)을 읽으면서 큰 위로를 받았다.

팀 켈러 목사는 영국 작가 톨킨의 사례를 든다. 대작 『반지의 제왕』을 집필하던 톨킨은 오랜 역사를 정리하며 가상의 언어와 문화를 만들어내는 대작업에 매달린다. 그 과정에서 세세한 줄거리로 갈라지는 지점마다 원하는 결말을 얻는 일이 너무나 난망해 보여 깊이 낙심하게 되었다고 한다. 그는 제2차 세계대전이 시작되자 과연 생명을 부지하고 집필을 마칠 수 있을지 장담할 수 없는 "오금이 저리고 막막한" 상황에 처했다. 그러던 어느 날 창밖을 통해 쓰러져가는 나무 한 그루를 본 톨킨은 그것이 곧 넘어질 자기 "내면의 나무"라는 생각이 들어 다음날 「니글의 이파리」라는 단편을 단숨에 써내려갔다고 한다.

깨작거리며 쓸데없는 일에 시간을 낭비한다는 뜻의 "니글"이라는 이름을 가진 화가는 환상 속에서 본 아름다운 나무 한 그루를 꼭 그림으로 남기고 싶었다. 이파리 하나부터 시작해서 나무 한 그루 전체, 그 뒤에 펼쳐진 멋진 세계를 화폭에 담고자 했다. 그러나 이파리 하나의 음영, 광택, 표면의 이슬방울까지 세밀하게 표현하려는 꼼꼼한 성미 때문에 아무리 열심히 해도 작업은 지지부진했다. 또 이웃들의 사소한 부탁을 거절 못 하는 따뜻한 마음씨 때문에 그림 작업은 방해를 받았다.

어느 날 니글은 자신의 수명이 거의 다했음을 알고 엉엉 울었다고 한다. 안타깝게도 화가는 세상을 떠났고, 죄다 해진 캔버스에 아름다운 이파리 한 장만 오롯이 남은 그림이 유작으로 발견된다. 그리고 이 그림은 마을 박물관의 후미진 구석에 걸려 방치되었다고 한다.

하지만 이야기는 여기서 끝나지 않는다. 세상을 떠난 화가가 하늘나라에 이르러 무언가에 시선을 사로잡혀 달려가 보니 그토록 꿈꿨던 바로 그 나무가 완성된 모습을 하고 바람결에 잎사귀를 흔들며 아름다운 자태를 뽐내고 있었다. 비록 이 세상에서는 사람들의 이목을 끌지 못하는 미완의 이파리 하나를 그렸을 뿐이었지만 그는 영원한 참 세계에서 영원히 살아 함께할 완성된 나무가 우뚝 서서 잎사귀를 흔들며 자신을 환영하는 모습을 보게 된다.

현실에서 우리도 "니글"처럼 가슴속에 감당하기 버거운 비전을 품고는 괴로움에 떤다. 그것이 얼마나 의미 있는 일인지 아무도 알아주지 않아서 힘들어한다. 이생만으로 이야기가 끝나버린다면 이런 비전을 품은 자들은 불쌍한 자들임이 틀림없다. 그러나 영생으로 이어지는 연속성을 믿는다면 우리는 영원을 향해 씨를 뿌리고 묘목 한 그루를 심는 자들이 된다.

팀 켈러 목사는 이야기를 이렇게 끝맺는다. 현재의 삶의 밑바닥이나 그 너머에는 참다운 실재가 있는 게 분명하며 따라서 이생이 끝이 아니다. 그러니 부르심에 답하기 위한 수고는 비록 지극히 단순하고 사소한 일일지라도 영원무궁한 가치를 갖는다. 그는 고린도교회를 향한 바울 사도의 편지를 인용하며 우리를 격려한다.

그러므로 내 사랑하는 형제들아,
견고하며 흔들리지 말며 항상 주의 일에 더욱 힘쓰는 자들이 되라.

이는 너희 수고가 주 안에서

헛되지 않은 줄을 앎이니.

고린도전서 15:58

아픔은 울림이 되어

인생은 신비로운 직물입니다. 저는 하나님께서 짜고 계신 양탄자의 앞면을 보리라고 기대하지는 않습니다. 다만 뒷면에 풀려 있는 실 몇 가닥만이라도 보고 싶습니다. 그것을 볼 수 있다면 최소한 이해는 될 테니까요.

———

손턴 와일더, 『산 루이스 레이의 다리』(피터 크레이프트, 『도시의 소크라테스』에서 재인용)

성경에서 요한계시록 다음으로 내 관심을 끄는 책은 욥기다. 욥기는 참 신비한 책이다.

지혜서라고 불리는 욥기, 잠언, 전도서, 아가서에는 독특한 특징이 있다. 신명기적 사고에 의하면 복과 저주는 하나님께 대한 순종과 불순종의 결과다. 잠언이 이 전통적 관점을 강하게 뒷받침한다면 전도서는 인생살이가 꼭 그런 건 아니지 않느냐고 반문하면서 복과 저주가 순종과 불순종 위로 서로 교차함을 알려준다. 반면 욥기는 신명

기적 전통에 정면으로 도전하며 왜 하늘의 인정을 받는 의인이 지상에서 고통을 받느냐는 질문을 던지면서 우리를 곤경에 몰아넣는다. 그래서 누군가는 잠언을 밝은 대낮에, 전도서를 어스름한 황혼에, 욥기는 깜깜한 흑암에 비유했다.

욥과 친구들의 대화를 보면 욥의 항변은 실존적이지만 친구들의 논쟁은 너무나 이론적이고 교리적이라는 생각이 든다. 이들의 대화는 허공을 맴돌 수밖에 없다. 결론부에 이르러 하나님께서 직접 모습을 드러내시고 지극히 실존적인 답변으로 모든 논쟁과 항변을 종결시킨 것을 보면 그분이 욥의 항변과 탄식에 깊이 공감하셨음을 알 수 있다.

지금 우리 앞에 놓인 뜻 모를 고통도 언젠가 누군가를 위로하는 도구가 될 수 있음을 알게 해준 책인, 독일 태생의 바이올린 장인 마틴 슐레스케의 묵상집 『가문비나무의 노래』(니케북스, 2014)에서 몇 줄 옮겨본다.

고지대에 빼곡히 자라는 나무들은 바이올린 제작자에게 가히 은총입니다. 바이올린의 공명판으로 사용하기에 이보다 좋은 나무는 없습니다. 저지대에서 서둘러 자란 가문비나무는 고지대에서 2-3백 년 넘는 세월 동안 서서히 자란 나무와 견줄 바가 못 됩니다. 저지대의 가문비나무는 늦가을까지 성장하여 늦여름과 가을에 자란 부분을 추재late wood라고 하는데 이 비율이 높습니다. 이런 나무는 세포벽이 두껍고 나무 아랫부분까지 줄기가 무성하지요. 이런 나무로 바이올린 만들면 울림의 진수가 생기지 않습니다.

고지대의 가문비나무들은 아래쪽 가지들을 스스로 떨굽니다. 어두운 산중에서 살아남기 위해 위쪽 가지들은 빛을 향해 위로 뻗어 오릅니다. 바이올린을 만들기 딱 좋은 "가지 없는 목재"가 바로 이렇게 만들어집니다. 수목한계선 바로 아래의 척박한 환경은 가문비나무가 생존하는 데는 고난이지만, 울림에는 축복입니다. 메마른 땅이라는 위기를 통해 나무들이 아주 단단해지니까요. 바로 이런 목재가 울림의 소명을 받습니다.*

척박한 수목한계선에서 고군분투하는 나무처럼 우리가 지금 생존을 위해 버둥거리며 겪는 고통이 미래에는 누군가를 위한 울림의 노래가 되리라 생각하며 절망 가운데서 소망을 찾고 싶다.

한때 욥기 본문으로 연극을 만들면 전달력이 훨씬 강할 것 같다고 생각한 적이 있다. 아니, 적어도 지루한 산문체 대신 대화체를 살리거나 운문체로 번역이 되었다면 훨씬 욥기의 정서에 공감하며 읽을 수 있었을 것 같아 아쉬웠다. 아리스토텔레스의 말처럼 비극은 연극이나 드라마의 형식으로 표현하는 것이 맞다고 생각하기 때문이다. 욥기를 보니 정말 그렇다. 필설로 옮길 수 없는 깊은 슬픔을 표현할 길은 한 편의 드라마 외에는 없을 것 같다. 그런 의미에서 현재 진행형인 이 땅의 모든 슬픔은 훗날 비장한 드라마의 소재가 될 것이다.

이런 내 아쉬움에 공감하는 사람이 있다는 사실이 반갑다. 욥기의 절절한 정서를 그대로 담아 원문의 문체를 충실하게 옮긴 번역본

* 마틴 슐레스케 지음, 도나타 벤더스 사진, 유영미 옮김, 『가문비나무의 노래』(니케북스, 2013).

이 새로 선을 보였는데 『욥의 노래』* 가 바로 그 책이다. 이 책을 읽다 보면 욥과 세 친구가 열띤 논쟁을 벌이고 있는 현장 가까이에 있다는 착각이 든다.

역자는 후기에서 욥이 재앙, 친구, 신이라는 세 괴물과 힘겨운 씨름을 하고 있다고 평가한다. 하지만 내게는 욥이 전통, 특히 신명기적 전통과 다투고 있다고 보인다.

욥의 친구들은 욥에게 "당신은 고난을 겪고 있는데 의인이 고난을 겪을 리 없다. 당신에게 재앙이 닥친 것을 보면 당신은 죄인임이 분명하니 어서 회개하라"는 논리를 내세운다. 반면 욥은 "나는 이유 없는 고난을 당하고 있다. 재앙은 죄인에게 임하는 것이 맞다. 그러나 나는 죄인이 아니다. 분명 하나님이 실수하셨다"라고 항변한다.

의견이 다른 사람들 사이에서 첨예한 논쟁이 벌어지지만 가만 보면 모두 "행한 대로 거둔다"는 생각을 바탕으로 주장을 펼치고 있다. 그들의 마음속에 자리 잡은 욥을 향한 모방 욕구mimetic desire 때문에 시기심이 발동했는지는 알 수 없지만 욥의 친구들은 마치 심판자처럼 집요한 논리로 욥을 정죄한다.

언제나처럼 하나님은 "고난이 죄의 결과인가"라는 질문에 때와 시간, 이유와 근거를 들어 설명해주지 않으신다. 하지만 인생의 모든 문제는 하나님의 현현으로 인해 사라진다는 절대적인 진리가 답을 대신한다.

결국 우리에게는 복과 저주에 대한 인과적 해석이 아니라 주어진

---

* 욥 지음, 김동훈 옮김, 『욥의 노래』(민음사, 2016).

복과 저주를 맞아 어떤 태도로 살아갈 것인가 하는 실존적 문제가 남는다. 특히 강도당한 이웃 앞에서 똑똑한 교리 선생을 자처하는 오늘날의 얄팍한 기독교 문화를 볼 때 우리가 바로 욥의 친구 같은 존재는 아닐지 두렵기까지 하다.

답답하고 우울한 시대를 사는 우리에게 오래전 한 의인의 고난과 항변, 탄식의 숨(비록 욥기 19:17에 의하면 자식과 아내마저 싫어하는 숨결이 되어버렸지만), 그 숨결이 그나마 위안이 된다.

흑암! 항변이나 탄식조차 사치일 만큼 절망적이며, 내장이 끊어질 듯이 고통스러운 슬픔의 시대에 하나님께서 직접 현현하시기를, 그분께서 많은 물소리와 같은 위엄을 드러내시기를 간절히 기도한다.

고통과 씨름하다

폴 틸리히는 "하나님이 질문의 기초가 아니라 질문의 대상일 때 우리는 그분께 닿을 수 없다"고 말했다. 이것을 달리 표현하면 그리스도인에게 모든 신학적 질문은 일종의 기도라는 것이다.

———

토마스 G. 롱, 『고통과 씨름하다』

씨름

발바닥으로 전해지는 모래의 사각거림, 힘을 주고 버티기에는 바닥이 그다지 미덥지 않다. 발을 움직여 체중을 옮기려 하니 요철이 거치적거린다. 이미 수많은 사람의 손길이 거쳐간 땀에 찌든 샅바를 잡기가 썩 내키지 않는다. 더구나 약한 손으로 굵직한 다리를 가진 상대와 힘을 겨루다 보면 상대를 넘기기도, 버티기도 버겁다.

———

옆구리를 파고드는, 땀에 젖어 끈적끈적한 상대의 팔목과 거친 숨소리와 가슴통의 움직임이 팔에 그대로 전해져 올 때의 불쾌하고 찝찝한 기분. 할 수만 있다면 이 모래판을 빨리 벗어나고 싶지만 승부가 나기 전에는 떠날 수 없다.

초등학교 5학년 때 체구가 좀 된다고 씨름부에 불려갔다가 며칠 만에 진저리를 치며 도망쳐 나온 아픔이 있는 나로서는 씨름이라는 단어만 들어도 기운이 빠지고 풀이 죽었다.

씨름판에 어쩔 수 없이 뛰어든 사람에게는 그 판이 곧 온 세계다. 거기서는 더 이상의 세계관도 없고, 신학적 질문도 없다.

리스본으로부터 시작되다

모든 고통은 창세로부터 시작되었다. 그러나 전능하시고 선하시다고 믿어온 하나님께서 우리를 모래판으로 밀어넣고 이 상황을 즐기고 계신 것은 아닌지 하는 의심은 포르투갈의 수도 리스본을 쑥대밭으로 만든 1755년 11월 1일의 대지진으로부터 비롯되었다. 하필 그날은 만성절이었고, 지진이 일어난 시간은 예배 시간인 오전 9시 40분이었다.

리스본 시내의 거의 모든 건축물이 무너지고 인명 피해가 10만 명으로 추정될 정도의 대지진은 서구 신학사에서 하나의 큰 분수령, 씻을 수 없는 상처, 기억하고 싶지 않은 아픔이 되어 신정론 또는 변신론이라는 큰 신학적 주제를 탄생시킨다. 토마스 롱은 이렇게 기록한다.

리스본 참사 이후 하나님의 도덕적 인격이 이런 재난을 허용할 수 있다는 논증은 처음에는 철학자들에게, 나중에는 신학자들에게도 그 견인력을 잃기 시작했다. 리스본 참사는 중세적 사유에서 일어난 피로골절을 아주 극적으로 드러냈으며, 한때는 이런 참사를 포용할 수 있었던 윤리적·신학적 범주를 단숨에 압도해버렸다.*

고통과 씨름하다

리스본 참사 이후 사람들은 "하나님이 존재하시냐?", "하나님은 전능하고 선하시냐?", "만약 그렇다면 하나님은 도대체 왜 우리에게 이런 일이 일어나게 내버려 두시느냐?"라는 의문을 품게 되었다. 이러한 역설적 질문들 앞에서 어떤 이는 "그가 전능하지 못하셨다", 어떤 이는 "그는 선하지 않으신 하나님이다", 또 다른 이는 "그러한 신은 존재하지 않는다"고 소견을 피력하며 각자의 길을 가게 되었다.

자연 재해, 악인의 번창과 의인의 고난, 사회적 약자들에게 닥치는 억울하고 분통 터지는 일들, 이러한 도전들은 역사 속에서 다른 형태로 진화해가면서 우리의 연약한 신앙을 흔들어왔다.

항의의 기도

신앙생활을 시작한 지도 어느덧 30년 가까이 되어간다. 초신자 시절 내게 닥친 신정론적 위기를 돌이켜보면 "신정론은 논리적 문제의 해답이 아니라 의미를 향한 순례에 가깝다"는 토마스 롱의 말에 공감이

---

* 토마스 G. 롱 지음, 장혜영 옮김, 『고통과 씨름하다』(새물결플러스, 2014).

간다.

당시 내 주변인들은 마치 욥의 친구들처럼 적극적으로 훈수를 두었고, 지나고 보니 그 말을 나침반 삼았던 게 패착이었다. 지인들의 충고는 그다지 도움이 되지 못했고, 오히려 내게 큰 상처만 남겼다.

"왜 하필 나에게 이런 일이 생겼냐!"고 절규하며 좌절하는 젊은이들이 있다면, 인과론적 해석과 공식처럼 주어지는 모범 답안을 따르라는 소음이 들리더라도 과감히 무시하고 하나님의 존전에서 따지면서 항의의 기도를 드리라고 말하고 싶다. 장이 끊어지는 듯한 고통(개역한글 성경에서는 "민망하다"고 번역했다)을 참지만 말고, 하나님의 보좌 앞 다리를 붙잡고 부르짖듯이 외치라고 권하고 싶다.

"당신이 나의 하나님이시라면 이러시면 안 됩니다. 회복의 손길을 펼치시기 전에는 이 자리에서 일어나실 수 없습니다. 이제 가만히 계시지 마시고 자비를 베푸셔야 합니다" 하고 말이다.

신정론적 위기 상황에서 온순하고 체념적인 기도는 적절치 않다. 항의의 기도, 그것은 자비와 은총과 정의에 대한 갈망이다.

걸어보면 압니다

그러나 격정적인 감정의 폭발만이 능사는 아니다. 하나님은 감정과 이성을 넘어 존재론적 신 인식을 원하신다.

철학자 제논이 디오게네스에게 와서 궤변을 던지자 디오게네스는 장황한 설명을 하는 대신 *"Solvitur ambulando"*라고 답하고 방안을 걷기 시작했다고 한다. 이 말은 "걸으면 해결됩니다"It is solved by walking라는 뜻이다.

이는 더 발전해서 "이론이 아닌 실제로 하다 보면 해결됩니다"The problem is solved by a practical experiment라는 뜻이 된다.

인생! 살아봐야 안다. 아니, 살아봐도 사실 잘 모른다. 다만 인생은 구호나 원리가 아니라 삶의 스토리다. 공식만 가지고 훈수 둘 수 없는 게 인생이다. 사람에 따라 인생이 어떤 방향으로 풀릴지는 그 경우의 수가 거의 무한에 가깝기 때문이다. 단정적인 돌직구나 근사한 명언도 실은 단 한 번만 유효한 발언임을 알고 나면 그리 멋지게 느껴지지 않을 것이다.

우리에게 종말은 희망 그 이상이다

믿는 자에게 종말은 결코 두려움의 시간이 아니다. 오히려 반드시 임해야 할 심판이자 회복이며 눈물에 대한 신원이다. 하나님의 사랑을 거부한 이들에게 임하는 심판의 폭력성은 죽음으로 사랑을 이뤄내신 하나님의 비폭력성에 근거한다. 궁극적인 평화와 정의를 회복시키려는 하나님의 선한 의지를 십자가에서의 죽음으로 내보이셨던 그리스도의 신실함은 우리에게 희망을 준다.

그러기에 우리는 종말의 회복적 정의를 갈망하며 부단히 신앙의 나무를 심어야 한다. 때로는 십자가를 바라보며 눈물로, 때로는 공동체 속에서 동행함으로, 때로는 새 창조를 기대하는 소망으로, 심고 또 심는 것이 신앙이다. 십자가는 우리에게 마지막 날에는 사랑과 진노가 동시에 임하리라는 사실을 보여주는 표지다.

신정론의 씨름판에서 고통과 씨름하는 젊은이에게 해줄 수 있는 말은 사실상 별로 없다. 그저 어깨 한번, 손 한번 잡아줌으로써 진심을 전하고 온기를 나누는 것이 전부다.

교회에 실망하고 떠나는 사람들도, 다시 교회 문을 두드리는 사람들도 내심으로는 신정론에 대한 답을 갈망하고 있을 것이다. 따라서 교회는 이 시대의 신정론에 눈과 귀를 열어야 한다.

그러나 그들은 정답을 원하는 게 아니다. 진심으로 진지하게 같은 고민을 공유할 만한 "사람 같은 사람"을 원한다.

신정론! 그것은 답이 아니라 삶의 태도다.

욥의 친구들과 맨스플레인

모든 고통이 하나님의 징벌은 아니며 우리 시대의 많은 고통은 하나님의 징벌과 아무 상관없어 보인다. 따라서 이웃에게 하나님의 의중을 다 아는 대리자 행세, 죄책감을 안겨주거나 자책하는 행동은 막아야 한다.

———

박영식, 『그날, 하나님은 어디 계셨는가』

아내가 달라졌다. 『남자들은 자꾸 나를 가르치려 든다』(창비, 2015)라는 이상한 제목의 책을 읽은 뒤부터는 오히려 나를 가르치려 들었다. 아내는 "당신은 내가 물을 때마다, 아니 묻지 않아도 가르치려고 든다"는 훈계와 함께 "맨스플레인"Mansplain이라는 생소한 단어를 내 머릿속에 주입시켰다.

이 말은 「뉴욕 타임스」가 2010년에 올해의 단어로 선정했다는 "Man explain"의 약자로, 저자 리베카 솔닛의 일화와 관련이 깊다.

———

어느 날 그녀는 한 파티에서 어떤 남자와 대화하던 중 최근에 에드워드 마이브리지Eadweard Muybridge에 관한 책을 썼다고 말했다. 그러자 그 남자는 그녀의 말을 뚝 끊고 "마이브리지에 대한 '중요한' 책이 올해 출간된 걸 아느냐?"고 반문하면서 그 "중요한 책"에 대해 장광설을 늘어놓기 시작했다. 고작 서평 몇 줄 읽고 잘난 척하는 남자에게 자신이 그 책의 저자라고 말했지만 그는 그럴 리 없다는 태도로 아는 척을 멈추지 않았다고 한다. 그때의 불편한 경험이 그녀로 하여금 『남자들은 자꾸 나를 가르치려 든다』Men Explain Things To Me라는 책을 쓰게 된 계기가 되었다고 한다.

이 책의 제목에서 유래된 맨스플레인이라는 단어는 이후 백인의 우월감을 나타내는 화이트스플레인Whitesplain, 우파의 잘난 척을 의미하는 라이트스플레인Rightsplain이라는 파생어를 만들어낸다. 이는 후에 더 큰 힘을 가진 자의 뻐김을 의미하는 파워스플레인Powersplain이라는 단어로 진화한다.

곤경에 처한 욥을 찾아온 친구들의 태도를 살펴보자. 고난이 주는 교훈이 있다는 엘리바스, 참새라는 이름처럼 재잘거리며 숨은 죄를 고백하라는 소발, 외침의 주인이라는 이름대로 "네 시작은 미약하지만, 나중은 크게 될 것이니 네가 순결하고 정직하다면 주께서 베푸시는 회복을 기대하라"고 큰 소리치는 빌닷, 그리고 공손한 척하면서 오히려 욥의 염장을 지르는 어린 엘리후에 이르기까지 모두들 불행에 빠진 욥을 가르치려 든다.

마치 "오빠가 가르쳐줄게, 잘 들어봐!" 하며 뒤로 한껏 몸을 젖히고 목소리에 힘을 주는 연상의 남성이 떠오르는 모습이다. 그들 앞의 욥은 마치 잘난 오빠 앞의 어린 소녀, 부유한 백인 앞에 선 가련한 홈리스 같다. 그러나 만약 욥이 잘나가던 시절이었다면 이 친구들이 그럴 엄두나 낼 수 있었을까?

욥에게 닥친 현상에 대해 욥은 욥대로, 친구들은 친구들대로 진단과 해석을 내린다. 욥이 갈망한 것은 도치된 정의의 회복이다. 무언가 잘못되었다고 항변하는 욥이나, 무언가 잘못한 게 있으니 그런 것 아니겠냐는 친구들 모두 공통적으로 고통의 원인을 자의적으로 해석하고 있다. 이러한 해석의 정당성을 뒷받침해주는 유일한 근거는 힘을 소유했는지 여부뿐이다.

그러나 절대자 하나님 외에는 누구도 현상의 이유와 뜻을 제대로 설명할 수 없다. 욥기 38장부터 시작되는 하나님의 길고 큰 설명은, 이를테면 "갓스플레인"Godsplain이다. 하나님은 스스로 자격이 있으시다는 것만 말씀하실 뿐 굳이 일의 시말을 설명하지 않으신다는 점이 자격 없이 떠들어대는 친구들과는 다르다.

땅의 기초를 세운 하나님 자신만이 일의 자초지종을 설명하실 수 있지, 너희들이 어디 엄두나 낼 수 있느냐는 말이 전부다. 그야말로 역대 최상급이자 최강의 맨스플레인이다.

욥기를 읽으면 읽을수록 정의가 무엇인지 잘 모르겠다. 정의롭게 산다는 게 무엇인지도 모르겠다. 고루 분산되지 못하고 편파된 힘은 있어도 원래부터 도치된 정의가 과연 존재했는지도 모르겠다. 그리고 어수선한 현실 앞에서 무엇을 구해야 할지도 모르겠다.

고통의 이유를 설명하거나 가르치는 것은 우리의 소관이 아니다. 다만 고통 앞에서 어떤 태도를 가져야 할지는 어렴풋이 알겠다. 욥기는 정의를 논하는 것이 아니라 정의를 훨씬 뛰어넘는 그 너머의Far more than Justice 어떤 것, 아마도 따스한 손길, 곧 자비mercy를 갈망하라는 책이 아닌가 싶다.

관계와 성품 그리고 질투

명성이야 대충 세워도 좋지만, 성품은 확고히 세워야 한다. 번드레한 옷을 벗으면 성품밖에 남는 것이 없다. 모든 부녀자는 남자들이 인품 있게 처신하고, 책임 있는 사람이기를 소원한다. 남자다움과 그리스 도를 닮음은 동의어이다.

에드윈 루이스 콜, 『남자입니까?』

청년들과의 만남 시간에 어떤 청년이 이런 질문을 했다. "사람들과 좋은 관계를 맺고 잘 유지해나가려면 어떻게 해야 되나요?" 나는 이런 말씀을 나누었다. "관계는 성품의 발현입니다. 성품이 모나면 관계도 일그러지게 되지요. 관계를 기술적으로만 좋게 하려 한다면 오래가지 못합니다. 우리는 성품과 관련해서 개성personality과 성품character을 구분할 필요가 있습니다."

스티븐 코비에 의하면 최근 50년 동안 우리의 삶은 개성 윤리

personality ethic라 명명된 성공의 비전에 좌지우지되었다. 이 비전에 의하면 "성공이란 대인관계를 매끄럽게 하는 개성, 공적인 이미지, 태도와 행동, 기술의 결과물이 되었다." 코비는 지난 두 세대를 지배한 이 윤리가 피상적이고 온전하지 않다는 점을 지적한다.

그러나 그 이전 150여 년 동안에는 성품 윤리character ethics가 지배적이었다고 한다. "성공적인 삶에는 기본 원칙이 있으며 이러한 기본 원칙을 기본 성품에 잘 일치시켜야 진정한 성공과 지속적인 행복을 경험할 수 있다"는 것이다. 또한 그는 "성품 윤리에는 어느 정도의 안락과 독립성을 희생해야 얻을 수 있는 성실, 인내, 근면, 검소라는 덕목이 포함된다"고 지적한다.*

초등학교 미술 시간에 배우는 "스크래치 기법"이 기억나는가? 흰 도화지에 온갖 화려한 색을 먼저 칠하고 검은색을 덧입힌 뒤 칼이나 날카로운 기구로 검은색을 제거하면 그 모양을 따라 아름다운 색이 드러난다. 이처럼 죄 된 본성을 발견할 때마다 우리가 주 앞에 자백하고 회개한다면 아름다운 성품이 드러날 것이다.

그러나 경쟁 사회에서 성품을 개발하기란 그리 쉽지 않다. 우리 안에 샘솟는 질투심이 있기 때문이다. 폴 스티븐스는 질투란 남이 잘 되는 것을 괴로워하는 것이라고 정의한다. 사촌이 논을 사면 배가 아프다는 속담은 지극히 솔직한 표현이다. 그러나 질투가 나서 힘들다고 순순히 인정하는 사람은 거의 없다. 사회생활을 통해 자연스럽게

* Robert Banks & Paul Stevens, *The Complete Book of Everyday Christianity* (IVP, 1997).

질투의 추함을 은폐하는 법을 배우기 때문이다.

폴 스티븐스는 질투의 발전 단계를 다음과 같이 설명한다. 먼저 주변과 비교하는 "살피기"로 시작하여 점차 "자기 연민"에 빠져 타인의 영광을 내가 받아야 마땅했다는 생각에 낙담하고, 뒤이어 소극적으로 험담하는 "게릴라전"을 거쳐, 마지막으로 적극적으로 깎아내리는 "전면전"에 다다르면 질투의 노예가 된다고 한다.

저자는 질투의 생성을 차단하고 극복하기 위해 타인과 비교하지 말고, 자신을 딱하게 여기지 말며, 뒤에서 험담하지 말고, 사소한 일에 감사하는 훈련을 하자고 제안한다.* 그러나 이러한 방법은 질투의 본질을 간과하는 대증요법이기에 본질적 해결책이 되기 어렵다.

르네 지라르는 사탄의 본성이 바로 모방 욕구mimesis/mimetic desire라고 정의한다. 그는 하나님처럼 지극히 높아지겠다는 사탄의 욕망(사 14:13-14)에서 질투의 뿌리를 찾아낸다.** 그래서 질투는 본질상 사악한 것이라고 지적한다.

이 점을 알아야 질투에 바로 대처하는 길의 출발점에 서게 된다. 여기서 구약의 하나님은 질투하시는 하나님이라고 쓰여 있지 않느냐고 반문할 수 있다. 그러나 사람을 향한 하나님의 질투는 그분이 당연히 받으실 영광에 대한 합당한 권리이므로 실제로는 사랑의 발현이며 또한 잘못된 것을 바로잡는 정의의 실천이다. 그러나 사탄이나 인간의 질투는 자신에게 없는 권리를 주장하는 것이므로 본질상 절도다.

---

* 폴 스티븐스·앨빈 웅 지음, 김은홍 옮김, 『일삶구원』(IVP, 2011).
** 르네 지라르 지음, 김진식 옮김, 『나는 사탄이 번개처럼 떨어지는 것을 본다』(문학과 지성사, 2004).

또 르네 지라르에 의하면 불교에서는 닮고자 하는 욕망 자체를 거세하고 단절하는 것이 해결책이라고 주장한다. 그것의 폭력성을 경고하는 것은 기독교뿐이다. 기독교는 욕망을 순화시킬 뿐 아니라 욕망을 창조적으로 포기하도록 가르친다. 나아가 야수성에서 벗어나 참된 인간성으로 향하는 숭고한 길이 있음도 가르친다. 예수님은 십자가에 달려 참 인간의 본을 보이심으로써 우리가 참된 후마니타스 humanitas(인간성)를 향해 나아가도록 하신다.*

모방을 갈망하는 질투는 하나님을 대적할 정도로 사악한 것이지만, 우리는 십자가에 달리신 예수님을 모방함으로써 동물적 본성으로부터 걸음을 돌려 참 인간의 길로 향하게 된다. 질투의 사악한 본질을 깨닫고 그리스도를 모방하길 원하는 것이야말로 질투를 극복하는 바른길이다.

개성 윤리로는 관계성이 개선되지 않는다. 다시 말해 본성은 그대로 둔 채 기술로 포장하는 것은 아무 소용이 없고 인간의 본바탕에 좋은 성품을 형성해야만 비로소 인간관계가 개선된다. 그리고 그것은 내면에 그리스도의 형상을 빚어가는 참된 인간성의 회복을 통해서만 가능한 일이다. 따라서 기독교는 참된 인간성을 지향해야 마땅하다Christianity is true humanity.

---

* 정일권 지음, 『우상의 황혼과 그리스도: 르네 지라르와 현대 사상』(새물결플러스, 2014).

죽임당하신 어린 양

유대교와 기독교는 세상 안에 계신 하나님에 대해 훨씬 흥미롭고 복잡한 견해를 보인다. 그들은 하나님과 세상, 하늘과 땅이 실제로 중첩되고 흥미로운 방식으로 서로 맞물려 있다고 주장한다.

―――

톰 라이트, 『모든 사람을 위한 요한계시록』

처음 찬양대원이 되었을 때 가장 힘들고 낯설었던 일은 베이스 파트의 낮은음자리표를 보면서 가사를 따라가는 것이었다.

국방부 군의관으로 복무 중이던 30여 년 전의 어느 날, 마침 국군의장대 성악사병이 치료를 받으러 왔다. 애국가 등 국가 행사곡을 연주하던 이 사병을 붙잡고 찬양대 송영곡 악보를 주면서 다음주까지 녹음해오면 신경써서 잘 치료해주겠다고 말했다. 그렇게 협박과 꼬임을 병행해 얻은 테이프를 매일 듣고 노래 연습을 했다.

―――

시간이 흘러 베이스 악보가 눈에 익으니 "솔"과 "도"만 적절히 낼 줄 알면 베이스 파트는 소화하기가 그리 어렵지 않다는 사실을 깨닫게 되어 어쭙잖게나마 이런저런 찬양을 따라 부를 정도로 실력이 늘었다.

후일 헨델의 오라토리오 메시아 중 "할렐루야"를 처음 접하고는 엄청난 당혹감을 느꼈다. 4성부가 한 곡조를 부르는 호모포니는 자신 있게 따라 불렀는데 각 파트가 중간중간 튀어나오는 폴리포니는 어디쯤 나가야 할지 몰라 주저하느라 내 차례를 놓치기도 하고, 엉뚱한 때에 끼어들어 악보에 없는 솔로 파트를 선보이는 민망한 경험도 했다.

시간이 흘러 1995년 겨울, 진료 봉사차 태국 국경에 위치한 미얀마 소수 민족인 카렌족 난민촌을 방문했다. 그곳에 가보니 기독교 복음화율이 높아 난민촌에도 신학교가 있을 정도였다. 우리 팀원들은 의약품과 학용품을 가지고 위로차 방문했는데, 우리 일행에 대한 환영의 뜻으로 10대 중반의 앳된 남녀 신학생 100여 명이 악보도 반주도 없이 4성부로 "할렐루야"를 완벽하게 불러주었다. 그 순간 마치 엄청난 폭포수 앞에 서 있는 것 같았다. 왜 예수님의 음성을 많은 물소리로 묘사하는지(계 1:15) 이해가 되었다. 그 후로 "할렐루야"를 부를 때면 항상 온몸을 울리던 그때의 전율과 감동을 떠올린다. 특별히 성탄절에 관현악 연주와 함께 "할렐루야"를 부르면 그때의 기억이 더욱 생생히 되살아난다.

헨델이 메시아의 피날레 곡으로 환희에 찬 "할렐루야" 대신 제목부터 패배적인 "죽임당하신 어린 양"을 선택한 것이 아쉬워 그 이유가 궁금했는데 요한계시록을 공부하면서 의문이 풀렸다.

요한계시록 4장에서 신구약 교회를 대표하는 이십사 장로는 머리의 관을 벗고 보좌에 앉으신 하나님께 경배드린다. 그리고 5장에서 요한은 하늘과 땅을 둘러보아도 두루마리의 인을 해제할 이가 아무도 없음을 알고 통곡한다. 그 두루마리가 펼쳐져야 온 세상에 정의가 선포되고 불의가 심판받을 수 있는데 말이다.

그때 장로 한 사람이 요한에게 "유대 지파의 사자, 다윗의 뿌리가 이겼다. 그가 인을 떼실 것이다"(계 5:5)라고 말한다. 그러자 요한은 그리스도가 죽임을 당하셨기 때문에 이기셨음을 깨닫는다.

드디어 어린 양이 두루마리를 취하시자 이십사 장로와 네 생물이 자신의 보혈로 백성을 구원하신 어린 양께 인봉을 떼기에 합당하심을 고백한다. 또한 이들을 둘러싼 수많은 천사들이, 죽임당하신 어린 양이 능력과 부와 지혜와 힘과 존귀와 영광과 찬송을 받으시기에 합당하다고 노래한다. 그러자 우주 만물이 능력과 부와 지혜와 힘과 존귀와 영광과 찬송을 하나님과 어린 양께 돌리고 이어서 수많은 천사들이 아멘으로 화답한다. 이것이 천상에서 울리는 영원한 찬송의 모델이 된다.

요한계시록은 묵시문학이다. 묵시문학의 가장 큰 특징 중 하나는 초월성, 즉 시공간을 초월하여 현재가 미래와 만나고 또한 이곳과 그곳이 연결되어 있다는 것이다.

달리 표현하면 지금 여기서here & now 벌어지는 일은 그곳 천상에서 그때there & then 일어난 일과 연결되어 있다. 하늘에서 이루어진 승리가 우리의 삶을 응원하며 팍팍한 현재를 영원의 관점에서 살아가도록 힘을 불어넣는 것이다. 개인적으로 찬양대에 서면 이 장면이 연상된다.

　천상에서 승리한 공동체가 고백하며 부르는 찬송과 아멘이 곧 지상 교회 공동체의 목표다. 동시에 현재 지상에 위치한 교회 공동체는 미래적 가치를 삶으로 구현할 책임이 있는 현존하는 미래다. 그런 생각과 지향점을 가지고 찬양할 때면 온몸에 짜릿한 전율이 울린다. 그리고 영원의 관점으로 현재를 바라보며 그 영원을 향한 작은 씨앗 하나를 심겠다는 마음으로 오늘을 살게 된다. 그래서 "죽임당하신 어린 양"이 피날레를 장식하는 것이 참 좋다.

카이노스 세상을 기대하며

젊은 치과 의료인 그리고 치과대학 학생들에게

환자의 생명을 죽일 수도 있고 죽어가는 환자도 살릴 수 있는 것이 의사의 언어이다. 의학적 기술보다 의사의 언어가 환자에게 희망을 불어넣는다.

———

버나드 라운, 『치유의 예술을 찾아서』

치과 의료인으로서 우리가 진료실에서 하는 일은 소독disinfection, 상처 관리debridement, 수복restoration이라는 세 단어로 요약할 수 있을 것이다. 그중에서도 특히 수복은 다른 의학 분야와 치과를 구분 짓는 중요한 특징이다. 붕괴되고 상실된 치아의 기능과 형태를 재건하는 일은 참으로 보람된 일이다. 잃어버린 건강의 회복은 모든 사람이 갈망하는 것이다. 신체 기능이 상실되면 사람은 무기력해지고 누군가의 도움 없이는 살 수 없다는 두려움과 좌절감이 깊어져서 영원한 회복을 간절히 원하게 된다.

치과의사로서 우리는 이처럼 붕괴된 구강 기능 회복을 위해 충전 치료, 근관 치료, 보철 치료, 임플란트 치료 등 다양한 치료 방법을 개발해왔다. 우리의 손길을 거친 환자들이 치아의 기능을 회복해 만족스러워한다는 소식을 듣고 큰 위안과 보람을 얻는다. 구강 기능의 회복은 그저 단순히 음식을 씹는 기능을 되찾는 것이 아니고 삶의 모든 영역에 작용한다. "이 틀니로 나는 당신의 삶에 개입한다"고 고백한 어떤 치과의사의 시가 과언이 아니다.

그러나 눈을 구강 밖으로 돌려보자. 붕괴된 곳이 어디 치아뿐일까? 사람들은 어떤 분명한 증상이 있어서 병원에 오지만 우리는 눈에 보이는 증상 뒤에 숨어 있는 문제의 본질에 관심을 가져야 한다. 마음 한구석이 충지처럼 허물어진 사람의 기분은 조증과 울증을 오가며 널을 뛰듯 한다. 주위 사람과의 관계 또한 기분에 따라 수시로 사랑이 되기도 하고 미움이 되기도 한다. 만나는 사람과의 관계도 붕괴되어 마음을 주고받는 통로가 단절된다. 자존감이 허물어진 사람에게는 마음에 왕관을 씌우는 크라운 치료가 필요하며 단절된 이웃과의 사이에 브리지를 해줌으로써 서로 존중하고 도와주는 관계로의 회복이 필요하다.

때로는 의학적 지식이 의사와 환자와의 진실한 접촉을 방해하기도 한다. 폴 투르니에는 자신의 저서 『성서와 의학』에서 우리가 인간으로서의 깊은 동등성을 자각할 때, 즉 나도 초라한 피조물에 지나지 않음을 자각하고 다른 사람을 진정으로 동정하며 함께 괴로움을 나눌 때에야 서로 접촉할 수 있다고 밝혔다.

　지금의 여러분처럼 전문 지식과 기술을 연마하는 기간에는 앞과 위만 보면서 달려야 한다. 하지만 그것이 굳어지면 어느 날 나이 들어 환자들과 교감을 주고받는 센서가 녹슬어버린 자신을 발견하게 된다. 참 안타까운 일이다. 그렇게 되지 않기 위해서는 앞과 위를 향하면서도 동시에 아래와 옆을 보면서 가야 한다. 그것이 진정으로 환자를 돌보는 의료인의 자세다. 물론 이것이 하루아침에 얻어지는 것은 아니다. 감사와 존중의 훈련을 포함한 부단한 노력이 필요하다고 본다.

　먼저 주변에서 나를 도와주는 분들에게 항상 감사해야 한다. 그들의 노고 없이는 아무것도 할 수 없음을 인정해야 한다. 진료실에서 도움을 주는 사람들, 기계를 고쳐주는 사람들, 재료를 공급하는 사람들, 정성스럽게 기공물을 제작하는 사람들 모두를 우리의 동료로 생각하고, 그들의 수고를 인정하며 감사하고, 좋은 결과를 얻은 기쁨을 함께 나눠야 한다. 좋은 의료인이 되려면 이분들과의 관계가 회복되어야 한다. 이런 진심이 통하면 진료실은 서로 존경하고 사랑하는 분위기로 바뀔 것이다. 이런 마음이 마치 잔이 넘치듯 환자들에게도 이어져 진료실 분위기도 환자를 아끼고 존중하는 방향으로 바뀔 것이다.

　처음에는 회복을 위한 노력이 마치 근육 운동처럼 고통스럽고 지겨운 일처럼 느껴질 것이다. 그러나 시간이 지날수록 힘을 얻어 나중에는 물 흐르듯 자연스럽게 이어지게 된다. 그러면 우리의 태도나 말투가 변하고 성품도 변하여 환자와 대면하는 시간이 즐거워질 것이다. 이런 작은 노력들이 하나하나 쌓이면 치과 의료계 내부의 신뢰도가 높아질 것이고, 나아가 치과 의료인과 환자들도 서로 신뢰하게 되어 점차 사회 전반의 신뢰 회복에까지 기여할 것이다.

회복된 상태를 성경에서는 카이노스καινός, renew라고 한다. 성경은 완전히 회복된 세상을 새 하늘과 새 땅이라고 표현하면서 그 일은 이미 시작되었고 그리스도께서 다시 오심으로써 성취된다고 말한다.

질병도 고통도 눈물도 없는 그날을 소망하는 참된 의사라면, 그날이 오기까지 우리 주변부터 회복되도록 힘쓰고 그날이 도래하기를 노래할 일이다.

덴탈 커뮤니티의 회복을 위하여

덴탈 커뮤니티 회원들에게

속박으로부터의 구원은 순종과 짝을 이뤄야 하며 이는 하나님의 백성
의 삶의 방식이 변화해야 함을 의미한다. 따라서 구원은 그 공동체의
삶을 공의와 의를 향해 인도하려는 목적으로 주어졌다.

_____

J. 리처드 미들턴, 『새 하늘과 새 땅』

신약의 윤리적 비전

리처드 헤이스는 자신의 저서 『신약의 윤리적 비전』(IVP, 2002)을 통
해 신약 본문을 오늘의 우리 삶에 대입하기 위해 필요한 세 가지 초
점 이미지를 제안한다. 십자가, 새 창조, 공동체가 그것이다. 이는 한
가지 렌즈만으로는 사물이 입체적으로 읽히지 않기 때문에 세 개의
복합 렌즈가 필요한 것과 같은 이치다.

_____

예수님 편에서 십자가는 우리를 향한 사랑과 신실함의 표현이고, 우리 편에서는 죄의 각성이며 은혜의 출발이다. 또 십자가는 자기 부인과 주 예수를 본받겠다는 다짐이요, 부활의 약속이다.

새 창조는 주님께서 만물을 모두 회복하신다는 말이다. 새 창조의 날에는 하나님과 우리의 관계는 물론 만물이 새롭게 회복된다. 눈물, 사망, 애통, 아픔이 전부 사라지는 완벽한 회복은 고통을 겪는 타인을 돌보는 일을 하는 우리로서도 참으로 원하는 바다.

출발점으로서의 십자가, 목표 지점으로서의 새 창조가 현재 우리의 활동 무대인 공동체 안에서 만난다. 교회는 하나님의 명령을 최우선으로 여기는 제자도 공동체라고 규정할 수 있다. 따라서 신자들의 도덕적 관심의 최우선 영역은 개인의 성품을 넘어선 공동체의 집단적 순종이다. 공동체는 세상에 대한 하나님의 구속 목적에 합당하게 대안적 질서를 구현하라는 부르심을 입었기 때문이다. 그것이 공동체에 주어진 사명이다. 초기 교회에서 이방인들이 그리스도인의 구별된 삶에 도전받고 그들의 도를 따르고자 했듯이 말이다.

부활 신앙과 새 창조

그리스도인들은 사도들의 고백에 따라 영생과 육체의 부활을 믿는다. 육체의 부활은 단순한 구원 그 이상이다. 예수님은 부활한 몸으로 제자들 앞에 나타나셔서 생선과 떡을 나누어주는 일상의 삶을 사신다. 이처럼 부활에는 육체의 삶과 기억의 연속성이 있다. 즉 부활 이전과 이후의 몸과 기억이 연결되는 것이다.

또한 부활은 회복이다. 예수님이 부활하셔서 베드로를 회복시키셨듯이 예수님의 부활은 곧 새로운 생명의 시작이다. 구원의 개념 안에는 천국 가는 것을 넘어서 하나님의 통치 질서인 "새 하늘 새 땅"에서 새로운 생명으로 태어난다는 의미가 있다. 부활은 미래의 목표이기도 하지만 현재의 질서 속에서도 일부 누릴 수 있다. 따라서 세상에 하나님의 질서를 불러오고 공동체를 세우며 유지하는 것이 이 시대를 사는 그리스도인으로서의 임무다. 우리에게는 미래적 관점으로 현재를 살고, 미래적 관점으로 현재를 변화시킬 책임이 있다.

새 창조의 적용

이제 일터와 덴탈 커뮤니티의 회복을 위한 실질적인 문제들을 한번 살펴보자.

관계의 회복

먼저 우리에게는 치과계에 존재하는 직업적 계급주의를 타파하고 동역자 정신을 회복시킬 책임이 있다. 기공물이 좋지 않을 때 우리는 흔히 기공사들을 책망하게 된다. 그렇다면 좋은 결과를 얻었을 때는 함께 즐거워하고 칭찬을 아끼지 않아야 한다. 위생사들에게 존칭을 쓰고 이들을 인격적으로 대접하며 나아가 그들의 직업적 성취감을 증진시키는 교육과 재투자를 아끼지 않아야 한다. 치과 재료상을 배려하는 차원에서 필요한 물품을 한꺼번에 주문해 가급적 방문 횟수를 줄여주고 제때에 대금을 지급해야 한다. 기구를 수리하는 분들에게도 이와 같은 배려가 있어야 하며 여건이 허락하면 몇 개의 치과가 연합하여 일정한 소득과 적정한 수고비를 보장할 수 있는 방안을 마련해도 좋겠다. 출장 방문하는 분들께는 간단한 차나 음식을 대접하면 좋겠다. 치과 공동체에서 치과의사는 오케스트라의 지휘자 심정으로 모든 공은 수고하신 다른 분들께 돌리고 모든 책임은 스스로 감내해야 한다.

하나님을 경외하며 정직과 겸손으로

하나님은 일터에서 우리가 하는 행동과 대화 가운데 함께 울고 웃으신다. 진료를 하다 보면 환자에게 지나치게 공격적이거나 방어적으로 대하는 경우가 허다하다. 그러나 하나님께서 판결해주시고 변호해주신다는 사실을 믿는다면 의사로서 환자를 대하는 태도가 달라질 것이다. 환자에게 신뢰를 주지 못한 동료 및 선후배의 잘못을 내 허물로 받아들이고 참회하는 마음으로 진료에 임해야 한다. 지금 치과계는 심각한 몸살을 앓고 있으며 자칫하면 국가와 사회로부터 차가운 비판을 받게 될 것이 우려되지만 우리는 필히 정직과 겸손으로 이 문제를 해결해야 한다.

사회적·우주적 회복

우리는 사회적 회복을 기대하는 마음으로 어려운 사람에게 관심을 두어야 한다. 치과도 자본주의의 지배에서 자유로울 수 없다 보니 치료의 기회로부터 소외된 사람들은 식사 때마다 힘겨운 싸움을 할 수밖에 없다. 이들의 탄식을 들으시는 분이 누구겠는가? 이분들이 마음 놓고 진료받을 수 있는 열린 통로가 하나쯤은 있어야 할 것 아닌가. 이를 위해 그리스도인 치과의사들이 지역사회 공동체와 뜻을 모아 어떤 형태로든 분명한 방안을 마련해야 할 것이다.

또 우리는 우주적 회복을 바라는 마음으로 치과 진료로 인해 발생하는 환경 파괴를 막아야 한다. 껄끄러운 문제들을 언제까지 덮어 두고 있을 수만은 없다. 이미 소독 문제로 치과계가 한번 발칵 뒤집힌 적이 있다. 모든 병원에서 배출되는 오염수도 사회적 이슈로 불거질 날이 있을 것이다. 진실은 언젠가 드러나게 마련이니 앞으로 치과계에 몸담고 있는 그리스도인들이 머리를 맞대고 풀어가야 할 문제들이 많다.

우리 앞에 놓인 과제들을 떠올리면 마음이 무겁다. 우리가 정말 부활과 영생을 믿는다면 오늘 하는 행동 하나하나가 영원한 날 기쁨의 소재가 되는 씨 뿌림이 될 수도 있고 후회의 씨 뿌림이 될 수도 있을 것이다. 우리를 통하여 덴탈 커뮤니티가 회복되고 우리가 속한 사회 공동체에서 회복의 물결이 일어나기를 소망한다.

좋은 치과 체크리스트가 나오기까지

공적인 의를 이루려는 신념은 관용과 타협을 인정해야 한다. 시민 교양을 배운다는 것은 반항적인 피조물을 참을성 있게 다루시는 하나님을 본받는 것이다.

리처드 마우, 『무례한 기독교』

신앙과 일치된 삶은 내 오랜 목표였다. 하지만 왜 그래야 하는지는 어렴풋이 알겠는데 나 자신과 다른 이들을 설득할 콘텐츠가 없었다. 그 질문을 붙잡고 신학을 공부했다. 요한계시록과 종말론을 공부하면서 오늘 내 삶의 자리를 읽는 눈이 생겼다. 종말론으로 일상을 돌아보면서 어떻게 살아야 하는지에 대해 정리된 생각을 얻었다. 사회 구조나 시스템 또는 교회 전체의 문제와 함께 가야 하지만 내 그릇을 알기에 거대 담론이나 크고 기이한 일을 다룰 엄두는 내지 못했다.

다만 사람들이 오를 직한 동산이 되면 좋겠다 싶었다. 그저 업무적인 영역에서라도 선한 영향력을 끼치고 싶은 열망이 생겼다.

그리하여 기독치과의사회 웹진의 편집장을 맡았다. 웹진과 칼럼을 통해 신앙적인 삶을 살려면 일상을 어떻게 관리해야 하는지를 꾸준히 나누었다. 그 뒤로 일이 조금씩 커지기 시작했다. 교회생활에 지쳐 있는 후배들, 선교단체의 부르심을 조금 부담스러워하는 후배들이 반응했다. 그들의 요구에 응하여 "좋은 치과 만들기" 심포지엄을 열었다. 뜨거운 반응과 많은 질문이 쏟아지는 것을 보면서 나와 같은 갈증을 느끼는 사람들이 많다는 것을 깨달았다. 한 가지 묵직한 숙제를 떠안은 기분이 들었다.

그 뒤 벽돌 하나부터 쌓아야겠다는 생각으로 "좋은 치과 기도 모임"을 만들었다. 한 달에 한 번씩 모여 책 나눔과 기도의 시간을 가졌다. 한편으로 아픔과 고민을 함께 나누는 유익한 시간이기도 했지만, 다른 한편으로 늘 참석 인원이 열 명도 채 되지 않는 데다가 신앙적 성장과 성숙의 정도를 가늠하기 힘들 만큼 모임 진행이 지지부진하다는 점 때문에 부담감과 책임감이 어깨를 짓눌렀다. 4-5년간의 책 나눔을 통해서 신앙적 토대를 다져가고 있기는 했지만 후배들의 실질적인 궁금증을 해결해줄 뾰족한 답이 없어 무척이나 안타까웠다.

2016년 구정 연휴에는 키르기스스탄으로 단기 봉사를 떠나 미국 치과의료선교회GDA와 한국치과의료선교회DSI가 연합하여 현지 의료봉사팀을 섬겼다. 나눔 시간에 "좋은 치과 만들기 모임"을 소개했더니 GDA 회장을 역임한 샘 리 선생님이 실질적인 점검을 위한 가이드라인이 있으면 좋겠다는 제안을 했다. 그렇지 않아도 필요성을 느끼고 있었다고 말하자 꼭 만들어달라는 주문을 하시기에 또 다른 숙제를 안게 된 듯해 무거운 발걸음으로 돌아왔다.

어쩌면 좋을지 골몰한 끝에 집단 지성을 구했다. "좋은 치과 만들기 체크리스트"를 만들어보자는 데 뜻을 모은 선생님들끼리 뭉쳐 TF팀을 결성한 것이다. 2016년 3월 종려주일 저녁, 주님 오시는 길에 종려 나뭇잎을 하나 깔아드리겠다는 마음으로 TF팀의 첫 모임을 가졌다. 그간 생각해온 "좋은 치과가 되어야 하는" 신앙적 근거와 이유를 정리했다. 이를 통해 우리 사회와 치과계를 섬기는 마음으로 "어떻게 좋은 치과를 만들어갈 것인가" 하는 가이드라인을 만들어보았다. 팀장으로 변춘석 선생님, 간사로 장영배 선생님, 서기로 조만종 선생님께서 섬기셨고 팀원으로 오은성, 지수정, 이학상 선생님께서 함께해주셨다.

"좋은 치과란 무엇인가?"라는 기초적인 개념부터 시작해서 "과연 누구에게 좋은 치과여야 하는가?"라는 질문 등 매달 다양한 주제로 논의를 펼쳤다. "좋은 치과"란 내부 고객(원장, 직원) 및 외부 고객(환자, 협력업체)을 비롯해 공공기관과 지역 사회 모두에게 좋은 치과라는 결론에 이르렀고 각 구성원과 어떻게 관계를 형성하고 어떤 유익을 끼칠 것인지에 대해 토론했다.

6개월의 논의 끝에 TF팀은 체크리스트 초안을 완성하여 공지함으로써 최종 결과를 보고하고 영어와 중국어 번역본을 만들어 제7차 치과의료선교대회에서 소개했다. 작업에만 무려 반년이 걸렸고 지난 여러 해 동안 모임을 가졌음을 생각하면 두 페이지 분량의 체크리스트는 초라한 결실이다. 그렇지만 앞으로 이를 발판 삼아 보다 발전

된 기독 의료인 가이드라인, 다양한 사례들을 모은 백서white paper가 세상에 나올 수 있기를 소망한다. 비록 가다가 멈추는 한이 있더라도 가는 편이 이득이라는 내 신념에는 변함이 없다.

이 체크리스트가 누군가에게, 어디엔가 조금이나마 도움이 되었다면 그만큼 하나님 나라의 도래에 기여한 것이라고 스스로 위안한다. 일상의 영역에서 삶으로 복음을 증거하는 것만이 오늘날 나락으로 떨어진 한국 기독교의 위상을 다시 세우는 진정한 길이라고 생각한다.

다른 분야에서도 응용할 수 있도록 우리가 만든 체크리스트를 소개해본다.

"좋은 치과 만들기" 체크리스트 작성 배경

오늘날 세상은 경제 논리에 지배받고 있다. 매사에 손익계산이 앞서다 보니 중요한 삶의 지침이 되었던 도덕적 가치관들이 설 자리를 잃어가고 있는 것이 현실이다.

지난 한 세대 동안 치과계는 임플란트의 물결, 심미 보철의 물결, 디지털의 물결이라는 격랑 속에 발전을 이루며 치과계의 지형도에 많은 변화를 일으켰다.

그럼에도 치과계의 현실은 냉정하다. 원가에도 미치지 못하는 의료보험 수가, 고정 비용의 증가, 의료 서비스에 대한 사회적 수요 급증, 의료인 과잉 배출에 따른 과당경쟁, 정책적인 의료 영리화 등으로 의료의 본질이 심각하게 훼손되고 있으며, 병원들은 생존을 고민하고 있다. 무자비한 자본이 주인 행세를 함으로써 고가 치료 편중,

과잉 치료, 과도한 선전이 관행으로 굳어지고 있으며, 치과계를 구성하는 치위생사, 치기공사, 치과 재료상 등의 희생도 가중되고 있다.

그 결과 치과 공동체 안팎으로 치과계를 향한 우려와 불신이 팽배하다. 이런 현실에서 치과 공동체, 나아가 사회 공동체를 섬기는 소명을 가진 신앙인으로서 무거운 책임감을 느낀다. 이에 사회의 빛과 소금의 역할을 하는 바람직한 치과의 모습을 제시하고자 한다.

원장

① 주된 환자층과 그들이 쉽게 알 수 있는 차별화된 진료 영역이 있는가?

② 임상 능력 향상을 위한 노력과 투자를 하고 있는가?

③ 직원과 공유하는 철학과 발전 계획이 글로 명시되어 있는가?

④ 진료와 운영에 대한 규칙과 지침이 문서화되어 있는가?

⑤ 경영 악화, 환자와의 분쟁, 직원 문제 등의 위기가 발생했을 때 마땅한 대응 방안이 있는가?

⑥ 커뮤니케이션 향상과 건강 등 자기관리를 위해 노력하는가?

⑦ 치과 의료와 병원 경영에 대한 윤리적 지침을 가지고 있는가?

⑧ 동료, 선후배 의료인, 예비 치과의사에 대해 관심을 가지고 존중과 배려를 하는가?

⑨ 채무 상환과 재투자에 대한 계획과 시점이 분명한가?

직원

① 직원을 확보하기 위한 채용 경로와 기준, 과정이 있는가?

② 직원의 적절한 직무 교육, 배움의 기회, 진급의 기회를 주고 있는가?

③ 적절한 의사소통의 기회가 공식·비공식적으로 이루어지고 있는가?

④ 직원의 급여 체계와 노무 사항이 정리되어 공유되고 있는가?

⑤ 직원에게 삶 속에서 신뢰를 받고 선한 영향력을 미치고 있는가?

환자

① 정확하고 정직한 진단과 치료 계획을 수립하고 설명하려는 노력을 하는가?

② 환자의 정신 건강을 위해 과잉 진료 방지, 2차 감염 예방 등의 노력을 기울이는가?

③ 필요한 진료와 가능한 진료 사이에서 환자와 함께 고민하고, 치료비 지불 방식을 다양하게 제공하는가?

④ 환자와의 갈등 예방을 위해 사전 동의를 얻어내는 데 최선을 다하며 분쟁 발생 시 적절한 대응 방안을 갖추고 있는가?

⑤ 환자의 전인적 회복을 위한 따뜻한 소통과 인격적 관계 수립에 노력 하는가?

협력 업체

① 경제적 이익보다 협력 업체와의 신의와 상생을 우선순위에 두는가?

② 협력 업체를 갑을관계가 아닌 파트너로 바라보려 하는가?

③ 협력 업체와의 금전거래가 투명하고 공정하게 이루어지고 있는가?

④ 기공료, 물품 대금, 서비스 이용료 등을 기한 내에 지급하고 있는가?

⑤ 협력 업체의 잘못에 대한 적절한 지적 못지않게 잘한 점에 대해서도 칭찬하고 격려하는가?

공공기관

① 정확하고 정직한 보험 청구가 되도록 노력하는가?

② 정직한 세금 납부, 지혜로운 절세를 위하여 노력하는가?

③ 여러 공공기관에서 요구하는 사항을 잘 숙지하고 업데이트하는가?

④ 환자가 폭언과 완력을 사용할 시 대처할 법령과 기관 이용 요령을 숙지하고 있는가?

⑤ 공공선을 위하여 공공기관과 협력하고자 하는가?

지역 사회

① 치아 건강이 좋지 않은 지역주민을 돕고자 하는가?

② 취학, 미취학 학생 주치의 사업에 적극적으로 참여하는가?

③ 나눔을 통해 어려운 이웃을 돕고 섬기고 있는가?(진료 봉사, 기부 등)

④ 예방 교육 활동을 통해 지역 교회나 기관을 돕고자 하는가?

⑤ 지역 사회에 올바른 치과 지식을 전달하기 위해 노력하는가?

삶으로 읽는 요한계시록

요한계시록은 우리에게 책에서 제시하는 세계가 우리가 "실제 세계"
라고 부르는 것보다 훨씬 실제의 세계로 받아들기를 원한다. 실로 요
한계시록은 우리가 눈으로 믿는 확신을 흔들어놓으려 한다.

———

Darrell W. Johnson, *Discipleship on the Edge*

새물결아카데미에서 마이클 고먼의 『요한계시록 바르게 읽기』(새물
결플러스, 2014) 강좌를 진행 중이다. 일부러 수요일 저녁에 개설했는
데도 불구하고 목사님과 전도사님이 다수 등록하셔서, 그분들이 귀
한 시간을 내어 들을 만한 강좌가 되어야 할 텐데 하는 조바심에 목
이 잠겨 진행에 애를 먹고 있다. 하지만 강사의 긴장을 풀어주려는
마음에서인지 수강생들이 열띤 반응을 보여주어 크게 힘들이지 않고
첫 시간을 열었다. 앞으로 당분간은 "여기와 저기", "지금과 그때"의

현실이 뒤섞이는 묵시적·초월적 현실을 보내게 될 것 같다.

지금부터 함께 요한계시록 산책에 나서보자. 이번 기회에 "읽는 본문"reading text보다는 "실행하는 본문"working text이 되도록 삶으로 요한계시록을 읽어보자는 것이 내 목표였다. 진지하지만 무겁지 않게, 위선과 위악을 배제한 채 서로를 진정성 있게 대하자는 다짐으로 시작하는 이 여정에는 긴장과 기대가 공존한다.

먼저 요한계시록 1-3장의 첫 번째 환상 및 목회 예언 서신과 4-5장의 하나님과 그리스도의 현현에 대해 나누었다. 두 환상을 연결하는 연결고리가 바로 "이기다"라는 단어다. 요한계시록 2-3장에는 일곱 교회의 "이기는 자"에게 주시는 예수님의 약속이 있다. 또한 봉인된 두루마리를 열 수 있는 자가 없어 슬피 우는 요한에게 장로 중 한 사람이 어린 양이 죽음으로 "이기셨기" 때문에 인을 떼실 자격이 있다고 말해준다.

그리스도의 이기심은 곧 죽으심이다. 십자가에서의 죽으심을 통해 신실함을 "지켰기" 때문에 이기신 것이다. 그래서 세상의 관점과는 다르게 요한계시록의 "이기다"라는 단어에는 신실함과 죽음의 그림자가 어려 있다. 십자가의 죽음으로 이기신 예수님의 뒤를 따라 신실하게 살기 위해 세상의 위협에 저항하며 나아가는 과정 전체를 "지키다"라는 단어로 표현할 수 있다. 우리는 하나님과 예수 그리스도를 향하여 신실함을 지키고keep, 하나님은 영원하신 약속으로 우리를 지키신다protect. 개인적으로는 요한계시록에서 가장 중심이 되는 메시지로는 "일곱 개의 복이 있도다"seven blessings라는 표현을, 가장 중심이 되는 단어로는 "지키다"를 꼽고 싶다.

톰 라이트에 의하면 유대교적 세계관에서 하나님의 영역(하늘)과 우리의 영역(땅) 사이가 깊은 심연으로 단절된 것이 아니고 오히려 그 두 세계 사이에 접점이 있다고 한다. 구약 시대에는 성막과 성전이 두 세계를 연결했지만 신약 시대에 이르러 예수 그리스도께서 하늘과 땅을 연결하는 인격적 성전이 되셨고 부활을 통해 두 세계를 잇는 통로를 만드셨다. 그리고 종말에는 하늘과 땅이 완전히 하나되는 소망을 주셨다. 이 하나됨의 소망을 품고 산다면 비록 현실 세계를 살아가는 것이 힘은 들지만 마냥 팍팍하지만은 않을 것 같다. 이 메시지로 풍성한 은혜를 나누었다.

후반부에는 요한계시록 21-22장이 말하는 마지막 환상, 곧 "새 하늘과 새 땅"을 다루었다. 강의를 마친 후의 소감을 들어보니 나와 수강생들은 현실에 대해 크게 두 가지 안타까움을 공유하고 있었다.

첫째는 돈과 권력의 포도주에 취해 음녀 바빌론과 같이 타락한 우리의 정치 현실이고, 둘째는 그리스도의 신부라는 귀한 신분을 망각하고 권력의 장단에 놀아나며 음녀의 무수리로 전락한 한국교회의 모습이다. "윤리는 삶으로 표현된 종말론"이라는 말처럼 이 땅의 정치·사회·종교·문화 현상을 보고 있자면 한국교회가 말하는 신앙 혹은 종말은 아예 실체가 없거나 초라하기가 이루 말할 수 없는 지경에 이른 것 같다.

새 예루살렘에는 혼돈과 악을 상징하는 "바다"가 없다. 죽음과 눈물, 애통과 곡소리, 악과 더러움 등의 온갖 부정적인 것들도 없을 뿐 아니라 본체 되신 하나님의 영원한 임재로 인해 성전, 해와 달, 닫힌 문 등 영광의 본체를 제한적으로 상징하던 것들도 더는 필요가 없다.

그렇다면 한국교회는 과연 종말의 새 예루살렘, 곧 하나님은 우리의 하나님이 되시고 우리는 그의 백성이 된다는 오랜 약속이 성취되는 그 축제의 현장에 대한 기대를 가지고 있을까? 그 소망을 따라 어린 양께 순종하는 가운데 세상과 시민종교에 저항하며 나아갈 의지를 가지고 있는가? Yes와 No의 갈림길에서 분연히 일어나 주께서 가시는 길을 따라갈 마음이 있는가? 한국교회가 처한 현실을 냉정히 바라본다면 이러한 질문에 대해 긍정적인 답을 얻기가 매우 어렵다.

아우구스티누스의 『고백록』에는 시간에 관한 통찰이 있다. 그는 과거와 현재 및 미래는 결국 우리의 마음(영혼) 안에서 현재로 드러난다고 말한다. 과거는 기억으로 현재가 되고, 현재는 직관으로 현재가 되며, 미래는 기대로서 현재가 된다고 한다. 그는 과거, 현재, 미래를 하나로 연결하여 바로 눈앞에 보이듯 존재하게 하는 능력을 "상기의 힘"*vis memoriae*이라고 한다. 비록 우리의 몸은 흘러가는 "물리적 시간"을 살지만 우리의 마음은 "신적 시간"(심리적 시간)을 살 수 있다는 것이다(『고백록』 10.17).

십자가를 기억하며 새 창조를 기대한다. 과거와 미래가 바로 지금, 영원에 잇대어지는 시간이 되기를 소망한다.

"아! 그럼 종말은 End가 아니라 And군요!"

수강생 한 분이 마지막으로 남긴 한 마디 말이 잔상처럼 귓전을 맴돈다.

요한계시록을 읽는 유익

요한계시록은 놀라울 정도의 조심성과 기술을 가지고 엮어진 문학 작품이다. 요한이 현저한 환상적 경험을 했다는 사실과 그것들을 오랜 사색과 기록을 통해 문학적 창조로 변환했다는 사실을 절대로 의심하지 말아야 할 것이다.

_____

리처드 보컴, 『요한계시록 신학』

요한계시록은 바르게 해석되어야 한다

어떤 사람들은 "성경을 해석하지 않고 있는 그대로 믿는다"고 말한다. 그들은 성경을 해석하는 것이 하나님의 뜻을 훼손하는 것이라고 믿는다. 그러나 성경은 다양한 문학 장르가 혼합된 텍스트이기에 율법서, 역사서, 시편, 서신서 등의 형태를 따라 그에 걸맞은 필터를 적용한 해석이 필요하다. 성경을 있는 그대로 믿는다는 견해도 실은 모종의 해석 틀을 가진 것이다. 요한계시록은 다음의 세 가지 성격 때문에 잘못 해석되기 쉽다.

첫째, 요한계시록은 예언의 책이다. 하나님이 예수님께 주시고 또한 천사와 요한을 통해 하나님의 종들에게 주시는 말씀이기에 예언서의 계보에 속한다.

둘째, 묵시문학의 책이다. 묵시문학이란 이야기의 틀 속에 계시적 종말, 천상의 비밀들을 담은 글이다. 요한이 묵시적 관점에서 사용하는 이미지들이 우리에게 익숙하지 않다 보니 많은 오해가 발생한다.

그러나 가장 중요한 점은 요한계시록이 회람 서신이라는 사실이다. 이 사실을 알면 해석상의 많은 오류를 바로잡을 수 있게 된다. 수신자가 한정된 편지도 그렇지만 여러 명이 돌려보는 편지라면 발신자와 수신사들 사이에는 보종의 공감대가 있어 서로 느끼는 문제점과 기대하는 바가 일치한다. 따라서 우리 눈에는 낯설고 괴상한 이미지들조차도 요한과 수신자들에게는 일종의 그림 언어이며 지시 대명사다. 요한의 서신을 받은 사람들은 요한계시록에 담긴 두려움, 희망, 상상들을 공유하고 있던 동시대 사람들이라 별도의 해석 없이도 무리 없이 편지를 이해했던 것이다.

요한계시록은 어떤 목적으로 쓰였는가?

당시는 바울과 베드로를 순교케 한 기독교 제1차 박해가 지나가고 1세기 말경의 도미티아누스 황제에 의한 제2차 박해의 시기로, 황제를 살아 있는 신으로 모시는 제사를 거부하는 것을 중죄로 간주하던 시련의 시기였다. 요한은 이런 절망적인 상황 속에서 기독교 공동체

4장 | 핸드피스를 멈추고

를 위로하고 권면하며 격려하기 위해 붓을 든다. 바울이 만년필을 들어 논리 정연하게 글을 썼다면 요한은 화구를 들어 장엄하고도 생생한 그림을 그려나간다. 그러나 그의 그림이 꼭 시간 순서에 따라 배열된 것은 아니다.

첫 장면에서 일곱 교회의 형편을 둘러보며 "지금, 여기"의 지상교회들에게 그들의 누추한 모습을 보여줌으로써 회개와 인내를 촉구하고(1-3장), 이어서 "지금, 저기"에 있는 천상교회의 모습을 보여주며 격려한다(4-5장). 이십사 장로로 대표되는 구약과 신약의 모든 교회가 그곳에서 이곳의 누추한 형편과 비교할 수 없이 장엄한 예배를 드리고 있음을 보여준다. 또한 성도들의 눈물과 기도가 하늘에 전달될 뿐 아니라 성도들이 어린 양이신 예수님과 함께 왕과 제사장이 됨을 알려준다.

그다음 6장에서 16장에 걸친 방대한 분량에 걸쳐 인, 나팔, 대접으로 내리는 심판을 서술하면서 성도는 보호받고, 회개하지 않는 자들에게는 심판이 임해 결국 세상의 핍박을 받던 하나님의 교회가 승리하는 한편의 장엄한 드라마를 완성한다. 그 드라마의 중심에는 역사의 주관자요, 어린 양이신 예수 그리스도가 계신다.

요한계시록에 자주 등장하는 144,000이라는 숫자는 구약과 신약을 포함한 하나님의 교회 공동체(12×12)와 군대 단위인 1,000이 결합한 수치로서 전투하는 교회의 정체성을 상징한다. 또 교회는 베옷을 입고 회개를 선포하는 두 증인으로 묘사되기도 하고(7장), 용의 공격을 받아 몸을 숨기는 여인의 이미지로 그려지기도 한다(12장). 이처럼 교회는 사명을 감당하는 가운데 핍박과 공격을 받다가 마침

311

내 승리하여 찬양을 부르는 모습으로 그려지는 심판 드라마에서 신데렐라 같은 주인공이다.

교만하여 스스로를 여왕이라 지칭하며 교회를 핍박하던 로마 제국, 곧 음녀 바빌론은 마침내 멸망하게 된다(17-18장). 바빌론 추종자들의 애곡 소리는 성도들의 할렐루야 찬양 소리에 묻히고 교회는 어린 양의 신부가 되어 혼인 잔치가 이루어진다. 어린 양의 신부로서 핍박을 이겨내고 옳은 일을 행한 자들에게는 깨끗한 세마포가 주어진다.

장면이 바뀌어 예수 그리스도는 백마 탄 전사로 재림하시어 종말론적 심판 전쟁을 수행하신다(19장). 바빌론에 이어 짐승과 거짓 선지자가 소탕되고 혼인 잔치의 포도주 향연은 심판의 피와 죽음의 잔치로 바뀌게 된다.

이제 관심은 악당 중의 악당인 용(사탄)의 운명에 집중된다(20장). 용은 예수님이 오신 뒤부터 오랫동안 결박되어 더는 힘을 쓰지 못하다가 재림 때 잠시 풀려나 최후의 전쟁을 일으키려 하다가 멸절된다.

요한은 지금은 사탄이 승리하는 시대지만 나중에 죽으면 주님이 승리하는 시대에 살게 된다고 말하지 않는다. 오히려 이미 사탄은 결박되어 멸망할 것이 기정사실이며, 성도의 고난은 잠시지만 승리는 영원하다는 것이 그가 던지는 메시지다.

완전히 다른 모습이 된 새로운 교회 공동체는 새 하늘과 새 땅 가운데 임하여 진정한 하나님의 백성이 되는 감격스러운 결말을 맞는다(21장). 이를 나무인형 피노키오가 사람이 되어 제페토 영감의 진정한 아들이 되는 것에 비교할 수 있지 않을까 싶다.

요한계시록은 고군분투하는 기독교 공동체를 향해 "반드시 속히 될 일"을 보여줌으로써 정녕 승리가 보장되어 있으니 낙심하지 말라는 응원을 담고 있다. 따라서 요한계시록을 공포가 가득한 책으로 읽거나 또는 미래에 대한 호기심을 충족시켜주는 책으로 본다면 본래의 저술 목적과 반대로 읽는 오류를 범하게 된다.

자, 이제 요한계시록이 주는 메시지를 우리 삶에 적용해보자.

예배

예배의 감흥이 사라졌다면 눈을 들어 하늘을 보라. 이십사 장로로 대표되는 모든 교회와 수많은 천사가 하나님을 찬양하는 천상의 예배에 동참하고 있다고 상상해보라. 엎드려 쉬지 않고 영광과 존귀와 감사를 돌리는 그들 사이에 끼어 마지못해 찬송을 부른다면 얼마나 부끄러운 일인가? 대여섯 명이 모이는 초라한 예배 중에 드리는 찬양도 천상의 장엄한 찬양과 함께 어우러져 우주를 울리게 된다고 상상하고 예배의 열정을 회복하도록 하자.

고난

예수님을 믿는다고 해서 만사형통이 보장되는 것은 아니다. 오히려 믿는 사람은 필연적으로 고통을 겪게 된다. 그러나 어떤 일도 하나님의 허락 없이는 되지 않는다는 사실과 하나님이야말로 역사의 주관자이심을 믿어야 한다. 낙심되는 현실 속에서도 하나님의 계획을 깨달아, 겉으로는 실패한 듯 보이지만 실상은 승리하신 예수 그리스도의 길과 비교해보면서 오히려 기뻐하고 감사해야 한다.

삶의 자세

요한계시록은 종말에 관한 지식을 전해주는 책이 아니라 종말을 살아가는 우리의 자세가 어떠해야 하는지 말해주는 책이다. 이는 주께서 이스라엘을 회복하실 시기를 묻는 제자들에게 오히려 성령이 임함으로써 그들이 어떤 자세로 살아야 하는지 답하신 것과 같은 이치다(행 1:6-8). 종말에 대한 인식이 바로 설 때 오늘을 사는 우리의 자세가 바뀔 것이다. 오늘 우리가 눈물로 심는 씨앗 하나가 영원한 날에 비교할 수 없이 큰 즐거움으로 돌아오게 될 것이다.

교회의 사명: 전투, 증인

요한계시록의 주된 관심사는 교회와 성도다. 교회는 증인이요, 전투하는 자로 세워졌다. 따라서 교회인 우리에게는 이 말씀을 듣고, 지키고, 전해야 할 사명이 있다. 요한계시록은 어떤 사람이 복 있는 자인지를 일곱 번 서술하는데, 말씀을 지켜 행하고 신앙과 인격을 지켜 성도로서 의연하게 살라는 말씀이 그중 핵심이다.

마무리하면서

바아Barr는 요한계시록을 그 배경이 되는 장소에 따라 3개의 독립적인 스토리로 설명한다.* 첫째는 밧모 섬에서 예수님께서 일곱 교회를 향해 말씀을 선포하시는 내용, 둘째는 천상에서 어린 양이신 예수님을 향해 이십사 장로와 천사가 경배하는 내용, 셋째는 지상에서 예수

---

* David L. Barr, *Reading the Book of Revelation*(Society of Biblical Literature, 2003).

님이 전사로 등장하시어 용과 짐승 그리고 악의 추종자를 섬멸하시는 내용이다.

각각의 스토리는 독립적이어서 인과관계나 연관성을 갖지 않는다. 다만 첫 번째 스토리에 등장하는 일곱 교회를 향해 말씀하시는 예수님이 어떤 분이신지를 나머지 스토리를 통해 설명한다. 즉 천지를 주재하시며 이미 사탄을 결박하셨고 최후에 섬멸시키실 그분께서 우리에게 말씀하신다는 것이다.

우리는 일곱 교회를 향한 "첫사랑을 회복하고 회개하라", "고난을 두려워하지 말고 충성하라", "말씀을 분별하라", "악의 유혹을 물리치라", "하나님의 말씀을 지키는 너의 수고를 안다", "미지근한 신앙을 버리라"는 주님의 권면과 책망 그리고 위로를 바로 지금 우주적 무게로 받아들여야 할 것이다. 이런 벅찬 말씀 앞에 우리의 한탄과 낙담, 애증과 욕심은 너무나도 하찮은 것이 될 것이다.

종말적 비전! 이 비전 앞에 우리를 내려놓으면 우리의 삶이 총체적으로 변화되어 이생을 넘어서서 영생을 꿈꾸며 살아가게 될 것이다. 영원한 회복의 날을 위해 우리 자신을 온전히 드리게 될 것이다.

무엇이 참된 복인가[*]

계시록에 등장하는 일곱 지복 선언은 계시록이 예전의 성격을 드러내는 차원이며 어린 양 예수의 다시 오심과 종말적 축하연을 기대하는 가운데 신실한 제자로 살아가라는 핵심 메시지이다.

———

마이클 고먼, 『요한계시록 바르게 읽기』

요한계시록은 공동 회람 서신, 즉 어려운 처지에 있는 성도를 위로하고 격려하기 위해 쓰인 편지다. 신실한 자들에게는 더욱 신실하게 살 것을 격려하고, 실족한 자들에게는 돌이켜 회개하라고 권하는 윤리적 목적으로 쓰였다.

[*] 이철규, 신학석사 학위논문, 「요한계시록의 일곱 Macarism에 관한 연구」의 내용을 정리하여 인용하였다.

———

말씀대로 살고자 할 때 '이러한 삶을 산다면 우리에게 어떤 보상이 있지?'라는 질문이 생기는 것이 당연하다. 요한계시록은 최후의 승자이신 예수 그리스도를 좇아 무엇이 참된 복이고 신앙인지를, 종말과 현재, 하늘과 땅, 즉 시간과 공간 속의 부조화에서 어떻게 살아야 할지를 알려주는 책이다.

칠복

마태복음의 팔복처럼 요한계시록에도 일곱 개의 복이 있다. 이는 요한계시록의 핵심 메시지로 여기에는 성도가 얻게 될 종말론적 승리, 새 왕국에서 맞이할 축복, 윤리적이며 신앙 고백적인 진술이 담겨 있다.

따라서 요한계시록의 칠복Seven Blessings은 그냥 읽고 감탄하기 위해 쓰인 글Reading Text이 아니라 실행하고 따라야 하는 글, 즉 실천 강령 같은 말씀Working Text이다.

칠복의 6+1 구조

③ 깨어 옷을 지키는 자(16:15) ─ ④ 혼인 잔치에 참여하는 자(19:9)

② 주 안에서 죽는 자(14:13) ─ ⑤ 첫째 부활에 참여하는 자(20:6)

① 말씀을 지키는 자(1:3) ─ ⑥ 말씀을 지키는 자(22:7)

⑦ 옷을 빠는 자, 생명나무 및 성에 들어갈 권세(22:14)

일곱 개의 복은 요한계시록 본문 전체에 걸쳐 흩어져 있는데 절묘하게도 그중 여섯 개는 첫째와 여섯째, 둘째와 다섯째, 셋째와 넷째가 짝을 이루어 X자로 교차하는 구조다. 이 세 개의 짝은 내용상

점진적으로 의미가 강화되면서 마지막 일곱째 복에서 절정을 이룬다. 창세기에 하나님께서 6일간에 걸친 창조 후에 심히 좋았더라 하시고 일곱째 날에 안식일을 맞이하듯이 요한계시록의 여섯 개의 복은 일곱째 복인 영원한 안식, 곧 생명나무의 복으로 완성된다. 이 지점에서 창세기에 제시된 문화명령이 완결된다.

그러나 여기에는 심한 역설이 있다. 첫째와 여섯째 복, 즉 첫째 짝을 이루는 복에서 본문은 "자, 말씀 잘 들었으니 이제 말씀을 지켜라"라고 우리를 복 있는 삶으로 초대한다. 그러나 둘째 짝을 이루는 본문에서는 복인 줄 알고 따라갔는데 알고 보니 죽음의 길로 초대하는 것임을 알게 되고, 다시 그것이 주 안에서 누리는 안식 및 주님과 함께 다스리는 축복이라고 말한다. 반전에 반전이다. 마지막 셋째 짝을 이루는 본문에서는 "옷을 잘 지키고 혼인 잔치에 참여하라"고 권면한다.

흰옷과 혼인 잔치는 무엇인가?

본문은 주님이 다시 오실 때 우리가 벌거벗은 상태에 있지 않도록 권면하는 내용이다. 벌거벗음이란 성도답지 못하고 명예롭지 못한 품행, 즉 우상숭배를 말한다. 옷은 성도라는 이름에 걸맞은 신앙 인격과 의로운 품행을 가리킨다.

혼인 잔치에서 우리는 예수님의 신부인 동시에 하객이다. 혼인 잔치 참석은 왕에 대한 변함없는 충성심을 보이는 것이다. 왕의 초대에 불응함은 권위에 대한 모독이요, 왕권에 대한 반역이다. 그러니 연회 의복이 아닌 더러운 평상복을 입고 나타나는 것은 왕을 모욕하는 것일 뿐 아니라 왕의 기쁨에 동참하고 싶지 않다는 의사를 표현하는 대역죄를 범하는 것이다.

지속적인 실천윤리

마지막 절정인 일곱째 복에서는 옷을 빠는 행위를 통해 생명나무에 접근하기로 허락받는 것이 영원하고도 측량 불가능한 복이라고 말해준다.

그러나 쉽지 않다. 옷을 빠는 것은 단회적이고 수동적인 세례나 일회적인 순교에 비해 지속적이고 능동적인 것이다. 이는 도덕적인 생활로의 끊임없는 결단이며, 증인으로 살겠다는 의지와 삶의 방식의 변화가 뒤따라야 하는 일이다. 요한계시록은 두루마리를 빨아 신앙인의 품격을 유지할 뿐 아니라 하나님의 명예를 드높이는 실천적인 윤리를 말한다.

요한계시록이 말하는 복을 요약하면 다음과 같다.

어려운 처지에 놓인 성도들이여!
신앙을 희석하는 혼합주의의 세태 속에서 말씀을 따라 굳건히 살기를 권합니다.
이것이 참된 복입니다.

그렇게 살다 보면 여러분은 사회적·경제적 난관에 부딪힐 겁니다.
그러나 낙심하지 마십시오.
그것이 주님의 다스림에 동참하는 삶입니다.

그러니 성도 여러분!

신앙의 정결한 품격을 지키십시오.

하나님을 왕으로 모시고 신랑이신 그리스도의 정결한 신부가 될 그날을

기대하며 사십시오.

여러분은 삼위일체 하나님과 한 가족처럼 지내게 될 겁니다.

다시 한번 말합니다. 부단한 노력으로 신앙을 정결하게 유지하십시오.

여러분은 회복된 새 하늘과 새 땅에서 영원한 생명으로 보상받게 될 것

입니다.

기독 치과인 선서[i]

무슨 일을 하든지 마음을 다하여 주께 하듯 하고 사람에게 하듯 하지 말라(골 3:23).[ii]

우리는 예수 그리스도의 제자로서 이웃의 건강[iii] 회복을 위하여 치과 의료 현장으로 부름받았다. 우리는 성삼위 하나님께서 주신 이 거룩한 소명을[iv] 인식하며 다음과 같이 선서한다.

하나. 우리는 그리스도께서 친히 보여주신 사랑과 긍휼의 마음으로 환자를 대하며, 최선의 진료를 위해 힘과 지혜를 다한다.

하나. 우리는 윤리 지침에 따라[v] 진료에 임하며, 영리 추구를 우선시하는 의료의 상업화를[vi] 거부한다.

하나. 우리는 치과 공동체 동역자로서 서로를 섬기고 사랑하며, 헌신적이고 역동적인 팀워크를 이루어 즐거운 일터를 만든다.

하나. 우리는 치과의 협력 업체들을 소명의 파트너로 대하여 공정하고 성실한 거래 관계를 이룬다.

하나. 우리는 공공선을 위해 공적 업무를 정직하게 처리하고 공공기관과 열린 마음으로 협력한다.

하나. 우리는 치과 공동체를 넘어서 사회 공동체를 향하여 하나님 사랑과 이웃 사랑을 실천한다.

이를 통하여 우리의 일터인 치과의료 현장에서 선한 열매를 맺으며 세상의 빛과 소금의 역할을 감당하게 되기를 기도한다.*

i 치과의료 종사자 중 치과의사만이 의료법상 의료인의 범위(의료법 2조 1항: 의사, 치과의사, 한의사, 조산사, 간호사)에 포함된다. 따라서 치과의료인이라는 제한된 표현보다는 치과인이라는 표현을 사용하여 그 범위를 확장하였다. 여기엔 치과의사, 치위생사, 간호조무사, 치기공사는 물론 치과 재료상, 코디네이터 등 치과 공동체 구성원 모두가 포함된다.

ii 성경 말씀의 권위 아래 선서한다는 의미에서 독일의 바르멘 선언의 형식을 차용했다. 하나님 사랑과 이웃 사랑이라는 가장 큰 계명(신 6:5; 막 12:30-31)이 더 포괄적이지만 노동 현장에 구체적으로 적용할 수 있도록 일터 신학에서 가장 널리 인용되는 골로새서 3:23 말씀을 선택했다.

iii 세계보건기구(WHO) 헌장은 "건강이란 질병이 없거나 허약하지 않을 뿐만 아니라 신체적·정신적·사회적으로 완전한 안녕 상태"라고 정의한다.

iv 그리스도인에게는 주의 자녀로 부름 받은 자로서의 일차 소명과 직업 영역으로 부름 받은 자로서의 이차 소명이 있다. 이러한 소명의식을 근간으로 하는 직업 활동은 직종과 상관없이 모두 구별되고 거룩한 일이다.

v 치과의사 윤리선언헌장지침(대한치과의사협회), 좋은 치과 만들기 체크리스트(좋은 치과 만들기 모임) 참조.

vi 의료의 본질 회복과 사회적 신뢰 회복을 위해 노력하고, 의료의 공공성보다 영리 추구를 앞세우는 것을 반대한다.

－－－－－

* 이 기독 치과인 선서는 2016년 제7차 치과의료선교대회에서 발표된 좋은 치과 체크리스트에 이어 2017년 6월 24일, 제2차 치과의료선교회 학술대회에서 발표되었다. 치과의사를 포함하여 치과의료 현장에 참여하는 모든 직능을 아울러 작성되었다는 점이 이 선서문의 가장 큰 의의다.

－－－－－

오늘을 그날처럼

어느 치과의사의 일터신앙 이야기

Copyright ⓒ 이철규 2017

1쇄발행 2017년 6월 23일
3쇄발행 2018년 1월 17일
지은이 이철규
펴낸이 김요한
펴낸곳 새물결플러스

편집 왕희광 정인철 최율리 박규준 노재현 한바울 신준호 정혜인 김태윤
디자인 김민영 이재희 박슬기
마케팅 임성배 박성민
총무 김명화 이성순
영상 최정호 조용석 곽상원
아카데미 유영성 최경환 이윤범

홈페이지 www.holywaveplus.com
이메일 hwpbooks@hwpbooks.com
출판등록 2008년 8월 21일 제2008-24호
주소 (우) 07214 서울특별시 영등포구 양평로 11, 4층(당산동5가)
전화 02) 2652-3161
팩스 02) 2652-3191

979-11-6129-018-8 03230

책값은 뒤표지에 있습니다.

이 도서의 국립중앙도서관 출판예정도서목록(CIP)은 서지정보유통지원
시스템 홈페이지(seoji.nl.go.kr)와 국가자료공동목록시스템(nl.go.kr/
kolisnet)에서 이용하실 수 있습니다. CIP2017013915